AF532647

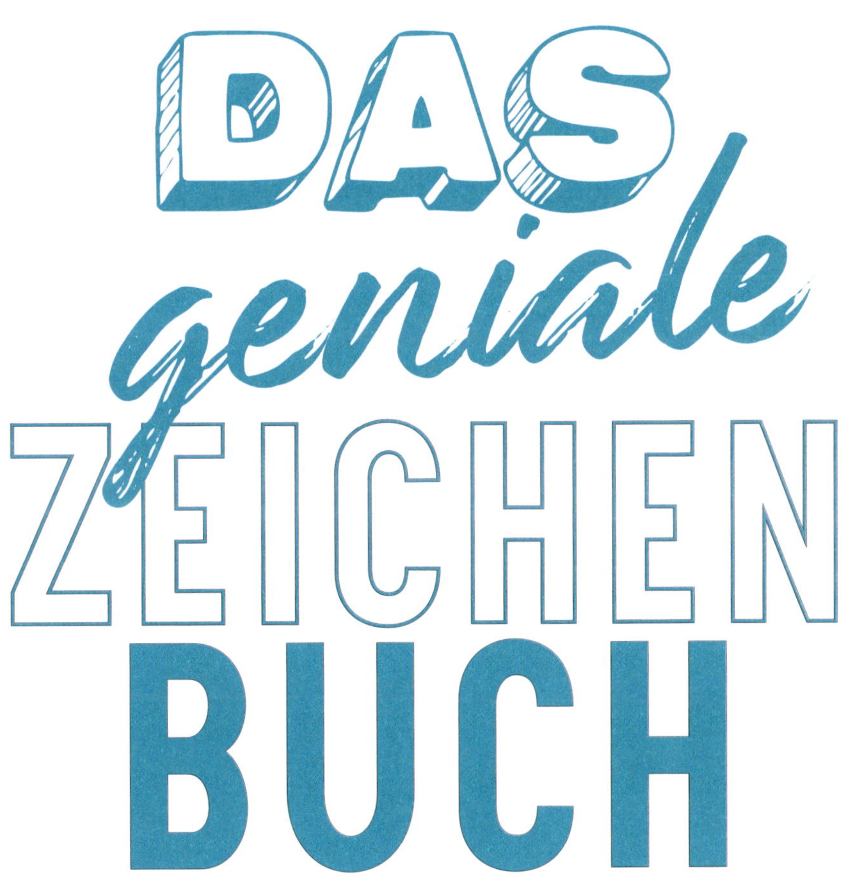
DAS
geniale
ZEICHEN
BUCH

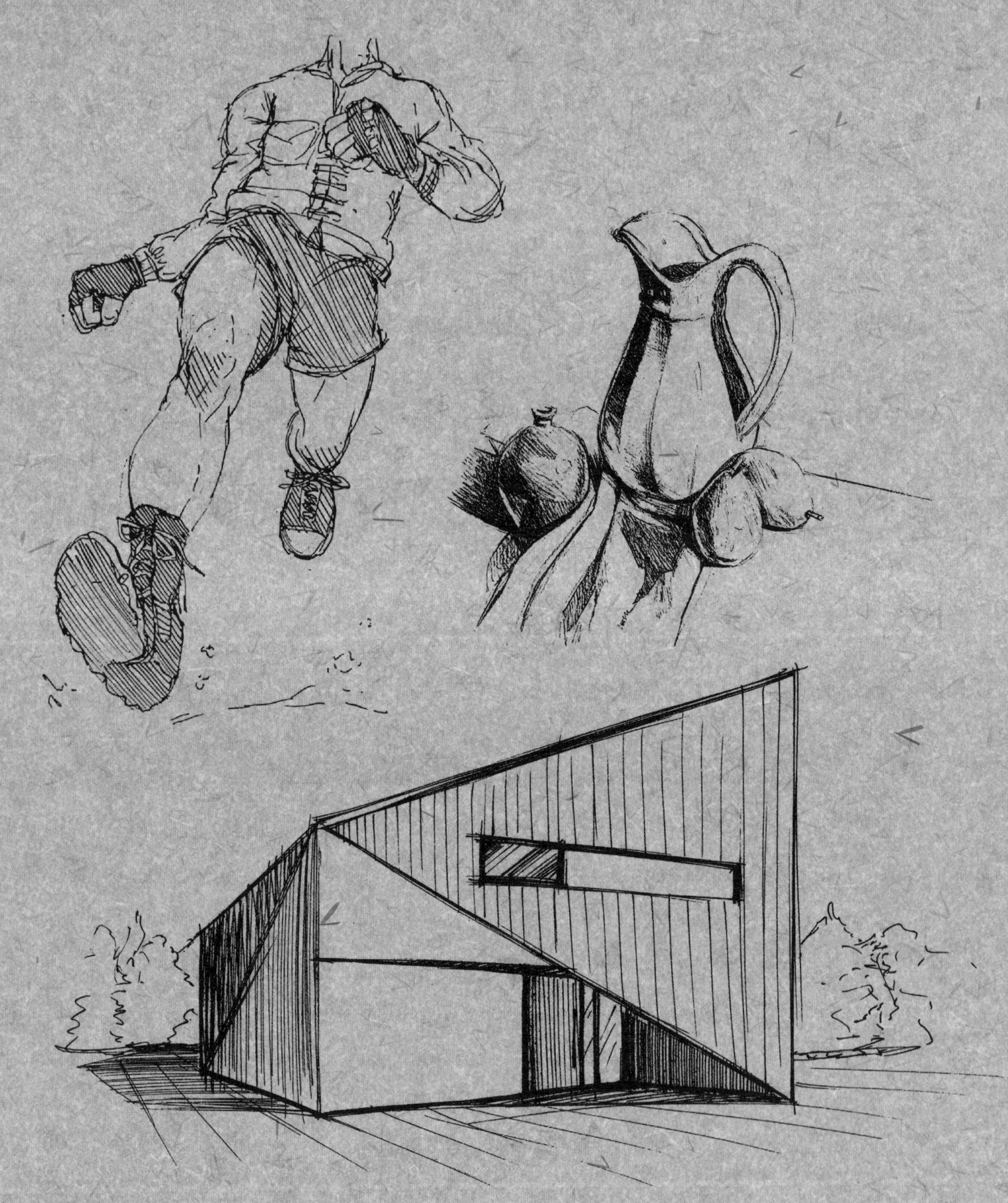

ANDREAS M.
MODZELEWSKI

DAS *geniale* ZEICHENBUCH

WERDE ZUM ZEICHENPROFI MIT NEUEN TECHNIKEN

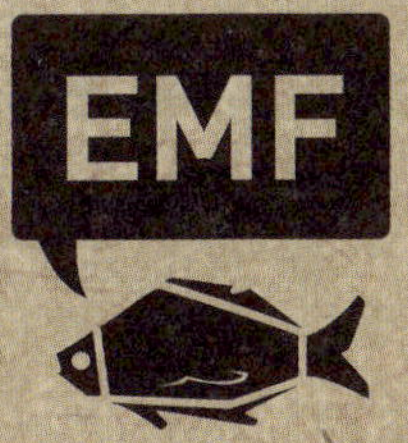

EIN BUCH DER
EDITION MICHAEL FISCHER

DER INHALT

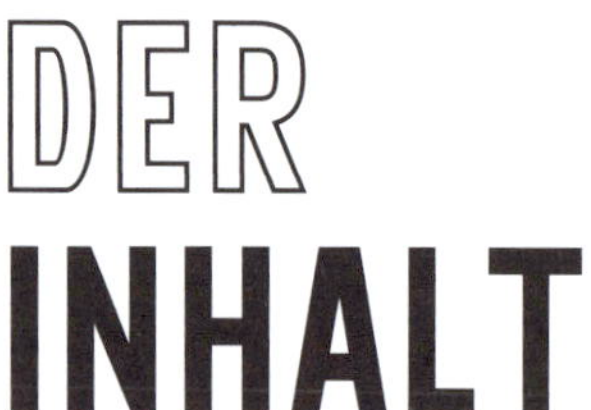

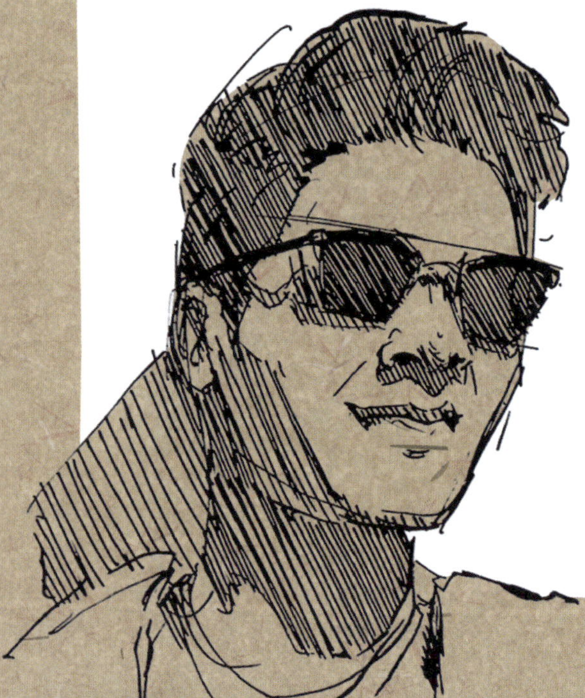

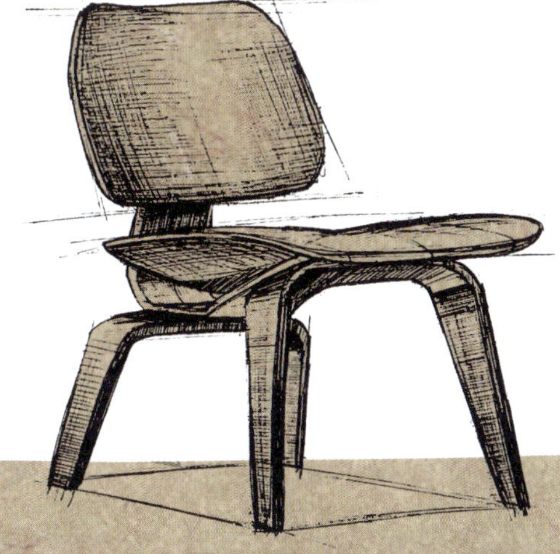

VORWORT

Inspiration. Mit offenen Augen und Ohren durch die Welt zu gehen ist tendenziell sicher nie falsch, um neue Ideen entwickeln zu können und bei mir auf der Liste meiner Inspirationsquellen ganz oben.

In den letzen dreizehn Jahren Akademie Ruhr hatte ich zudem eine ganz große und wichtige Quelle für viel Inspiration – unsere tolle Community bei YouTube mit all ihren Fragen, Anregungen und Kommentaren zu diversen Zeichenvideos.

In diesem Buch findet ihr Antworten auf die meist gestellten Fragen, die uns täglich erreichen.

Hier geht es nicht um einen bestimmten Bereich wie das perfekte Porträt oder die aussagekräftigste Architektur- oder Produktskizze, sondern um alles, was euch interessiert.

Daher waren wir das ganze letzte Jahr auf YouTube mit euch im ständigen Austausch. Ihr hattet die Möglichkeit an je einer Abstimmung pro Monat teilzunehmen. Daraus entstanden sind 12 Kapitel zu ganz unterschiedlichen Themenbereichen mit jeweils einem Schwerpunkt.

Wie wird nun aus einem Dreieck ein Gebäude und wie zeichne ich denn jetzt Licht? Diese Fragen und viele mehr habt ihr uns gestellt. In diesem Buch zeichnen wir euch die Antworten.

Auf den folgenden Seiten findet ihr viele Tipps und Tricks rund um das schnelle Skizzieren sowie für die Ausarbeitung eurer Zeichnungen. Wir zeigen euch welche Materialien und Zeichenwerkzeuge sich für welches Motiv am besten eignen und welche Zeichentechniken ihr unbedingt einmal ausprobieren solltet.

An dieser Stelle noch einmal einen herzlichen Dank für die tatkräftige Abstimmung in unseren Umfragen auf YouTube!

Wir wünschen euch ganz viel Zeichenspaß mit diesem Buch.

Euer
Andreas M. Modzelewski

Akademie-Leiter

DIE AKADEMIE RUHR

Zeichnungen, in denen Perspektive, Ausdruck und Proportion stimmen, wirken auf uns unglaublich stark. Da muss bestimmt eine Menge Talent dazugehören .... oder?

Wir von der Akademie Ruhr sagen – zeichnen kann jeder!

Bei uns ergänzt sich das Know-how unserer Zeichenexperten aus den verschiedensten kreativen Bereichen. Ob Architektur, Modezeichnung, Porträt oder das perfekte Produktkonzept – mit Begeisterung vermitteln wir unseren Kursteilnehmern/innen das nötige Wissen rund um alle Zeichentechniken.

Seit dreizehn Jahren bieten wir Fortbildungen für Designer und Planer an. Uns ist es dabei wichtig, individuell auf jeden Einzelnen einzugehen und hinsichtlich der bereits vorhandenen Zeichenkünste weitere Fähigkeiten für das Zeichnen in der Freizeit, für die Studienbewerbung oder die berufliche Fortbildung zu vermitteln.

In unseren Fortbildungen arbeiten wir mit namhaften Unternehmen der Design- und Architekturbranche zusammen und helfen Planungsbüros und Designabteilungen, ihre Entwurfsprozesse zu verbessern. Wichtig hierbei sind uns besonders gute Schnellskizzen und Präsentationstechniken für Verkaufsgespräche und Meetings.

In unseren Mappenkursen unterstützen wir alle Architektur-, Kunst- und Designinteressierten auf dem Weg zu ihrem Traumstudium mit Tipps für Bewerbungsgespräche sowie die richtige Präsentation und Erstellung der Bewerbungsmappe. Gemeinsam erarbeiten wir die individuelle Mappe und sind sehr stolz darauf, mit einer Annahmequote von 99 % fast allen ihr Traumstudium ermöglichen zu können.

Über die Jahre sind wir so zu einer Institution in der gestalterischen Weiterbildung geworden und konnten einen Erfahrungsschatz anhäufen, an dem wir alle Zeichenbegeisterten in diesem Buch sehr gerne teilhaben lassen möchten.

Informationen zur Akademie, unseren Kursen und weitere Kontaktmöglichkeiten findest du auf unserer Webseite. Dort kannst du dich umfassend über unser Kursprogramm informieren und auch viele weitere Beispielskizzen anschauen.

www.akademieruhr.de.
www.mappenvorbereitungskurs.de

Dein Akademie-Ruhr-Team

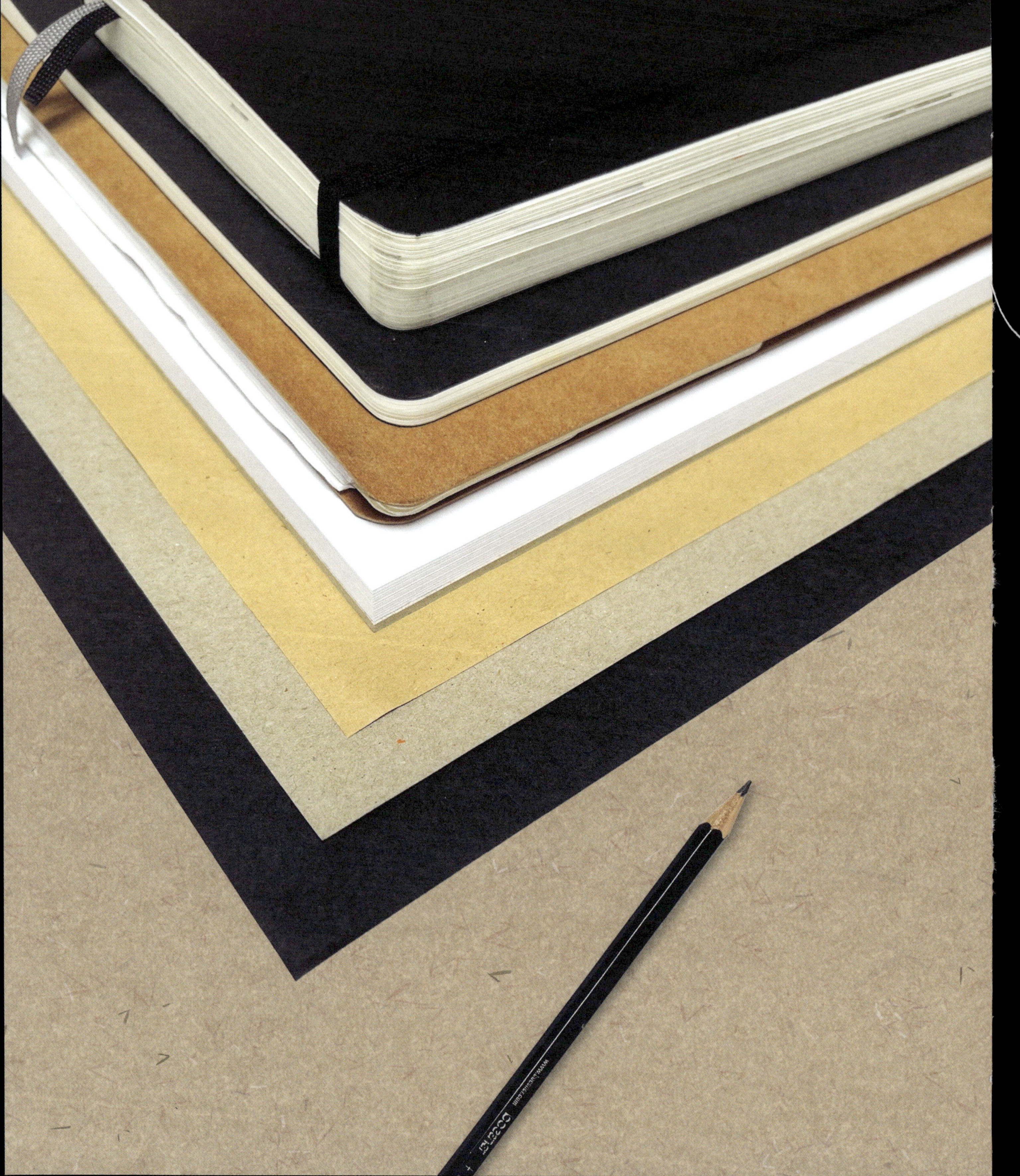

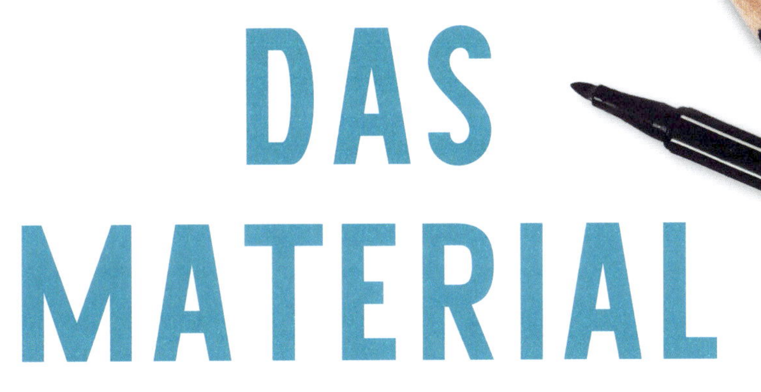

DAS MATERIAL

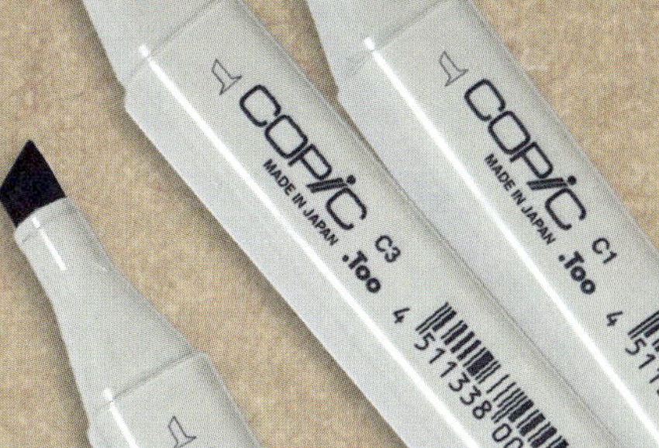

BLEISTIFTE

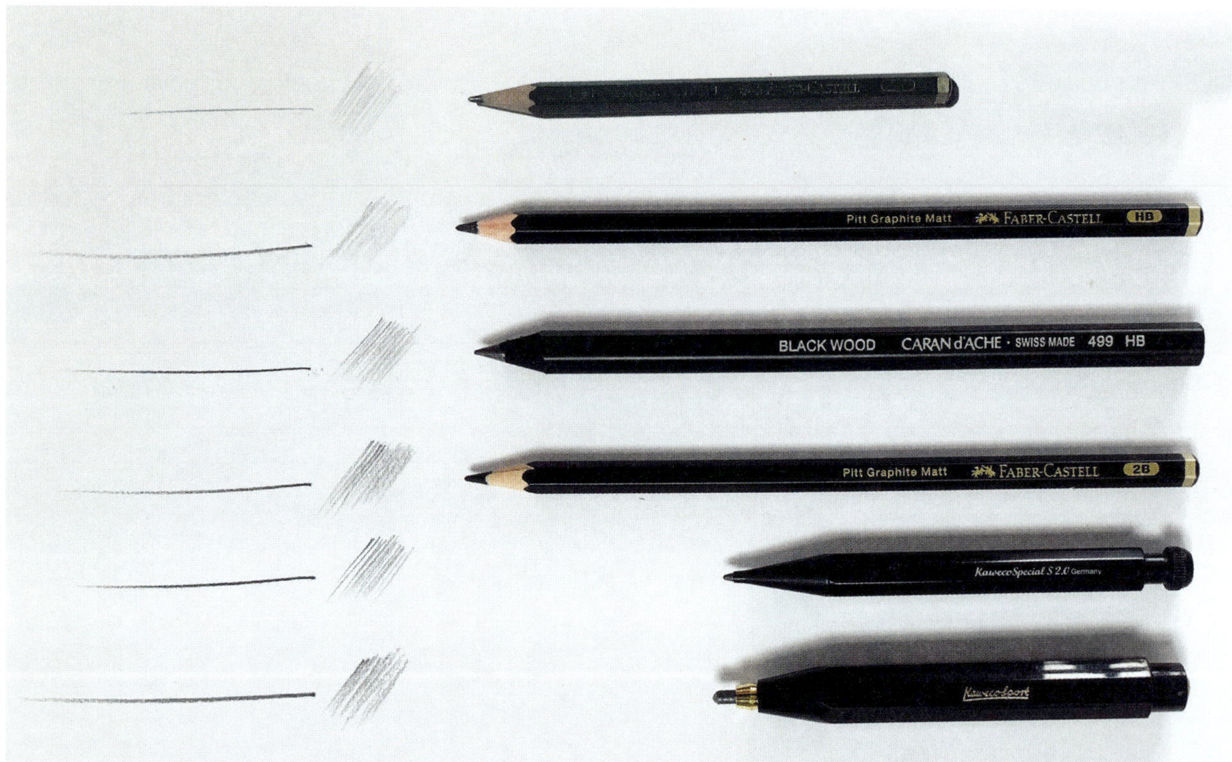

FABER CASTELL BLEISTIFT 2H
Ein Spitzenprodukt für Zeichner/innen. Hiermit wird deine Vorskizze hauchdünn.

PITT GRAPHITE MATT HB
Anders als bei anderen Grafitstiften entsteht bei diesem kein schimmernder Abstrich. Ein HB eignet sich perfekt für präzise Skizzen.

BLACK WOOD CARAN D'ACHE MAXI HB
Mit seinem breiteren Griff liegt dieser Grafitstift gut in der Hand und ermöglicht es dir, feine Zeichnungen anzufertigen.

PITT GRAPHITE MATT 2B
Ideal zum Schreiben, Zeichnen und Skizzieren. Gehe hiermit deine Vorskizze nach, um den Fokus zu setzen.

KAWECO DRUCKBLEISTIFT DÜNNE SPITZE
Der perfekte Bleistift für unterwegs. Er muss nicht angespitzt werden und eignet sich fürs Skizzieren.

KAWECO DRUCKBLEISTIFT DICKE SPITZE
Die breitere Mine bietet die beste Grundlage für grobe Schraffuren und zum Füllen von Flächen.

KUGELSCHREIBER

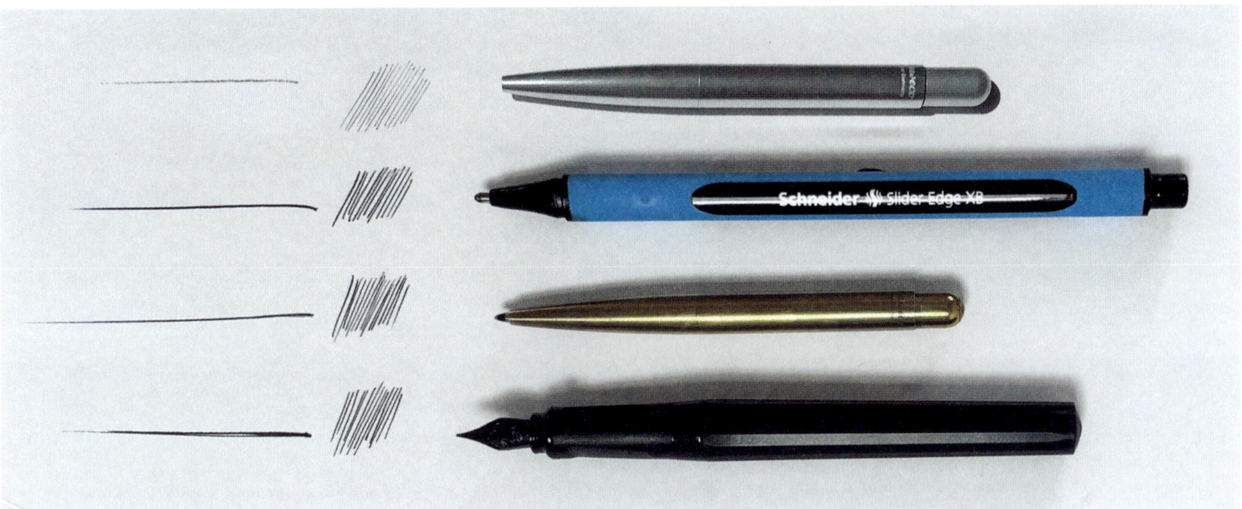

PIGMA MICRON 02 0,3 MM
Zeichnen, Schreiben oder malen ist mit diesem Fineliner kein Problem. Kombiniert mit Lineal oder Geodreieck schaffst du präzise Linien.

SCHNEIDER SLIDER EDGE XB
Dieser Kugelschreiber liegt durch seinen dreikantigen Griff gut in der Hand und trägt ohne Lücken auf.

KAWECO KUGELSCHREIBER
Ideal zum Mitnehmen, präzise Spitze für Linienzeichnungen.

KAWECO FÜLLER
Schnelle Strichführung ermöglicht dir feine Linien. Die Arbeit mit Tinte gibt deinen Skizzen die nötige Abwechslung.

MARKER

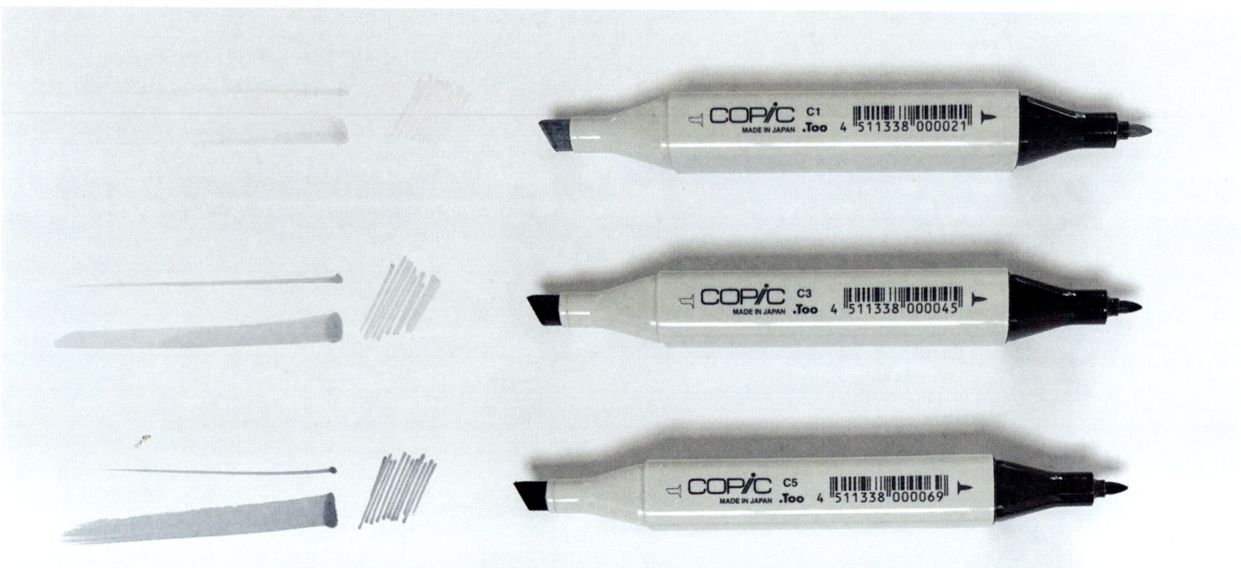

COPIC C1, COPIC C3, COPIC C5

Das ideale Handwerkzeug für Architekten und Designer. Die zwei Spitzen eignen sich sowohl für feine Striche als auch für große Flächen. Benutze die verschiedenen Grautöne für leichte Schatten und schichte sie für einen verstärkten Effekt.

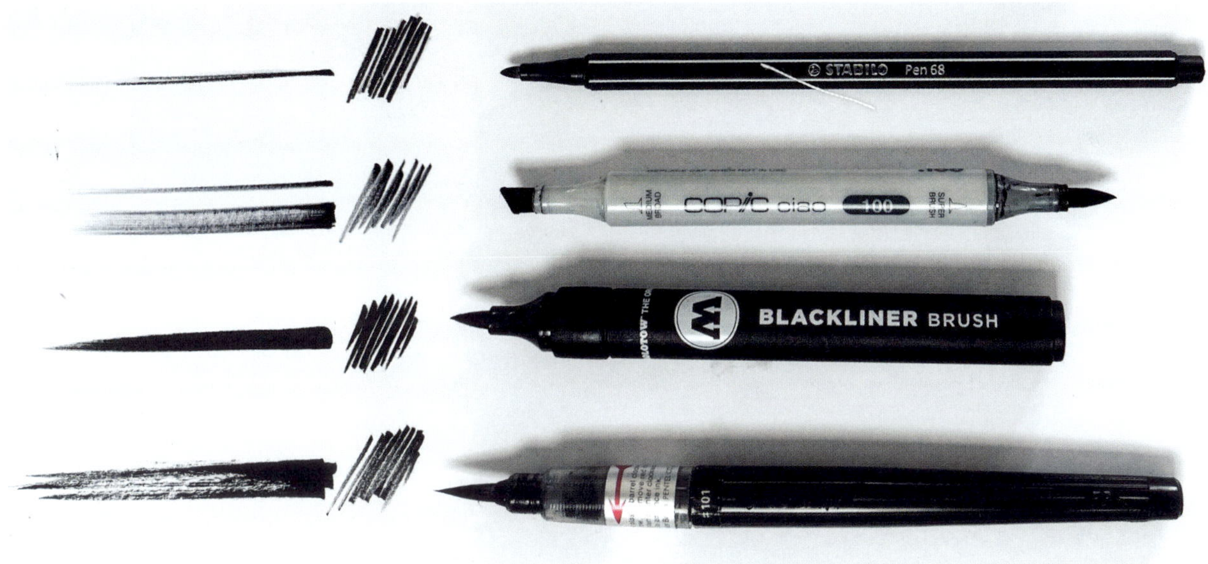

STABILO PEN 68

Er ist gut geeignet, um kräftige Linien zu ziehen oder eine Fläche deckend auszumalen.

COPIC CIAO BLACK 100

Der Allround Marker für deine Skizzen. Die Tinte ist mischbar und übermalbar.

MOLOTOW BLACKLINER BRUSH

Für Kalligrafie oder flächenfüllende Skizzen. Die Brush-Spitze ermöglicht es dir, einen flüssigen Auslauf zu erzeugen.

PENTEL COLOR BRUSH

Das optimale Werkzeug für Comic- oder Mangaskizzen. Die Pinselspitze bietet ein breites Zeichenspektrum durch unterschiedlich starken Druck.

FINELINER

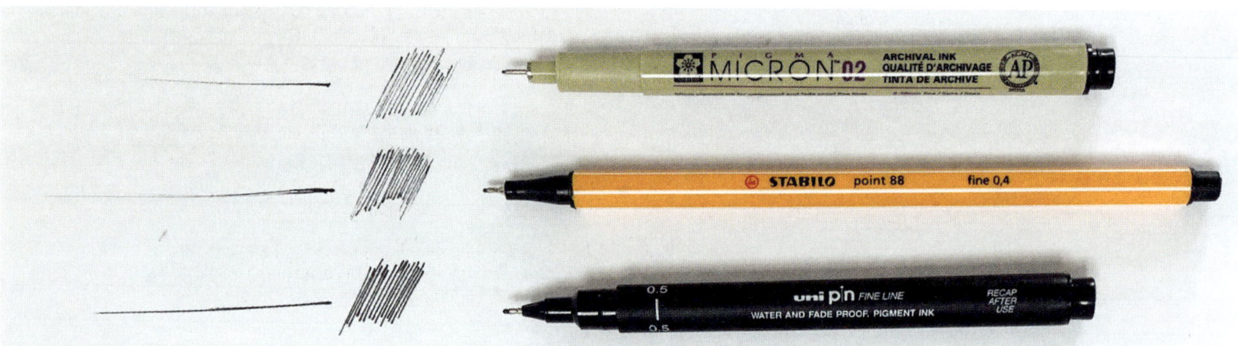

PIGMA MICRON 02 0,3 MM

Zeichnen, schreiben oder malen ist mit diesem Fineliner kein Problem. Kombiniert mit Lineal oder Geodreieck, schaffst du präzise Linien.

STABILO POINT 88 FINE 0,4

Das optimale Werkzeug für Skizzen und Aufschriebe jeder Art. Verschmiert nicht und lässt sich gut mit Markerzeichnungen kombinieren.

UNI PIN FINE LINE 0,5 MM PIGMENTLINER

Ob Manga oder technische Zeichnung, hiermit verleihst du deinen Skizzen Ausdruck.

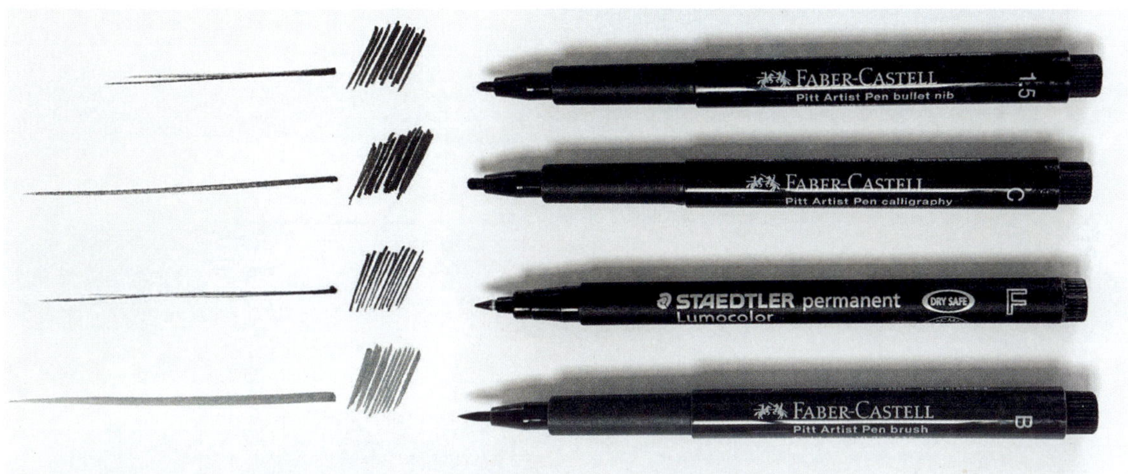

FABER CASTELL PITT ARTIST PEN BULLET NIB 1.5 MM TUSCHESTIFT

Dieser Stift drückt nicht durchs Papier durch und ist damit die perfekte Alternative zu einem Marker für dein Skizzenbuch.

FABER CASTELL PITT ARTIST PEN CALLIGRAPHY C BLACK 199 TUSCHESTIFT

Sehr deckend, die formstabile Pinselspitze bietet Möglichkeit für verschiedenste Verwendungen.

STAEDTLER PERMANENT F

Der runde Griff liegt gut in der Hand, er läuft nicht aus und ist damit die beste Option für präzise Striche.

FABER CASTELL PITT ARTIST PEN BRUSH B TUSCHESTIFT

Die feine Pinselspitze sorgt für einen schönen Auslauf des Striches. Ideal für große Flächen und Linien.

WEISSE STIFTE

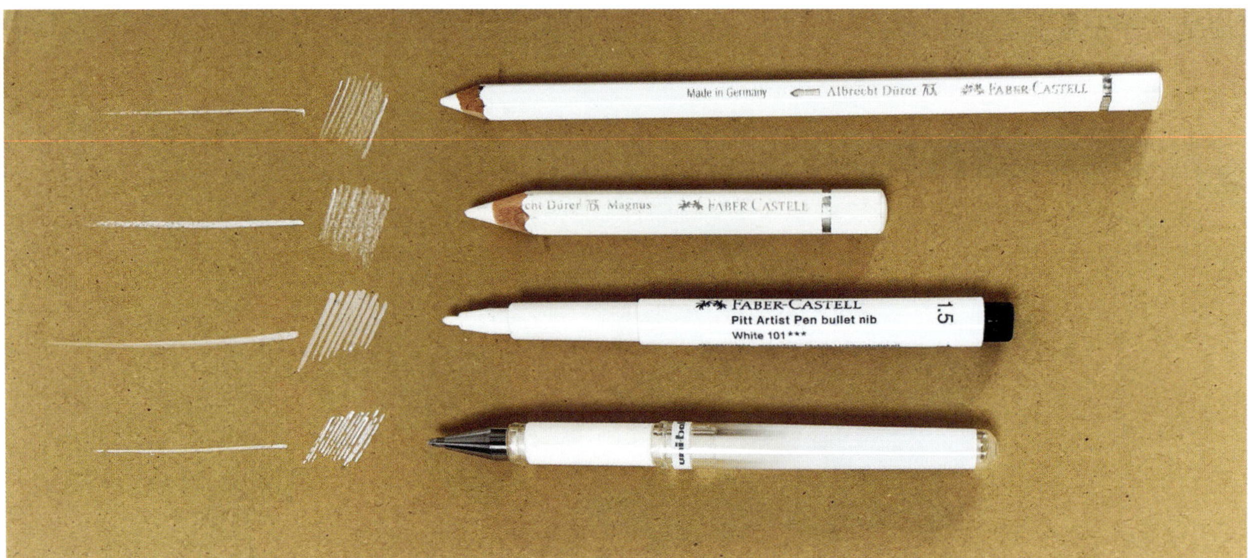

FABER CASTELL WHITE 101

Perfekt für farbige Untergründe und raue Oberflächen. Die dünne Spitze lässt sich gut für feine Linien und Schraffuren verwenden.

FABER CASTELL MAGNUS WHITE 101

Die breitere Mine ist die beste Grundlage fürs Flächenfüllen. Auf farbigem Papier zeichnest du hiermit sowohl Highlights als auch Spiegelungen.

FABER CASTELL PITT ARTIST PEN BULLET NIB WHITE 101 1,5 MM TUSCHESTIFT

Der weiße Tuschestift eignet sich für kräftige Linien und betonte Highlights auf farbigem Papier.

PASTELLKREIDE

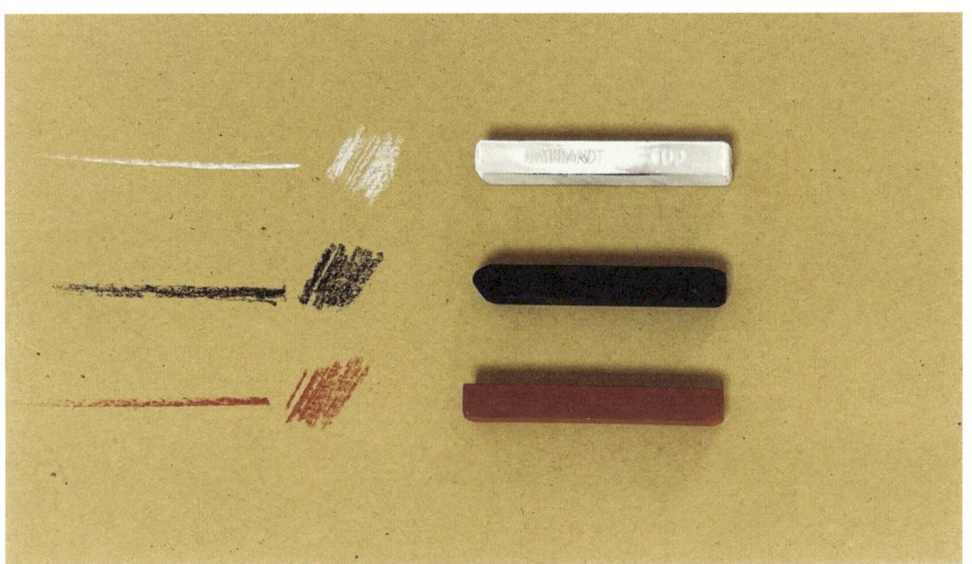

REMBRANDT CARRE PASTELS TRADITIONAL

Pastellkreiden und -stifte lassen sich am besten für Schatten und große Flächen einsetzen. Hiermit erzeugst du Tiefe und erhältst automatisch die verschwommene Optik.

Du kannst sie schichten und verwischen, um unterschiedliche Farbnuancen zu kreieren.

PAPIER

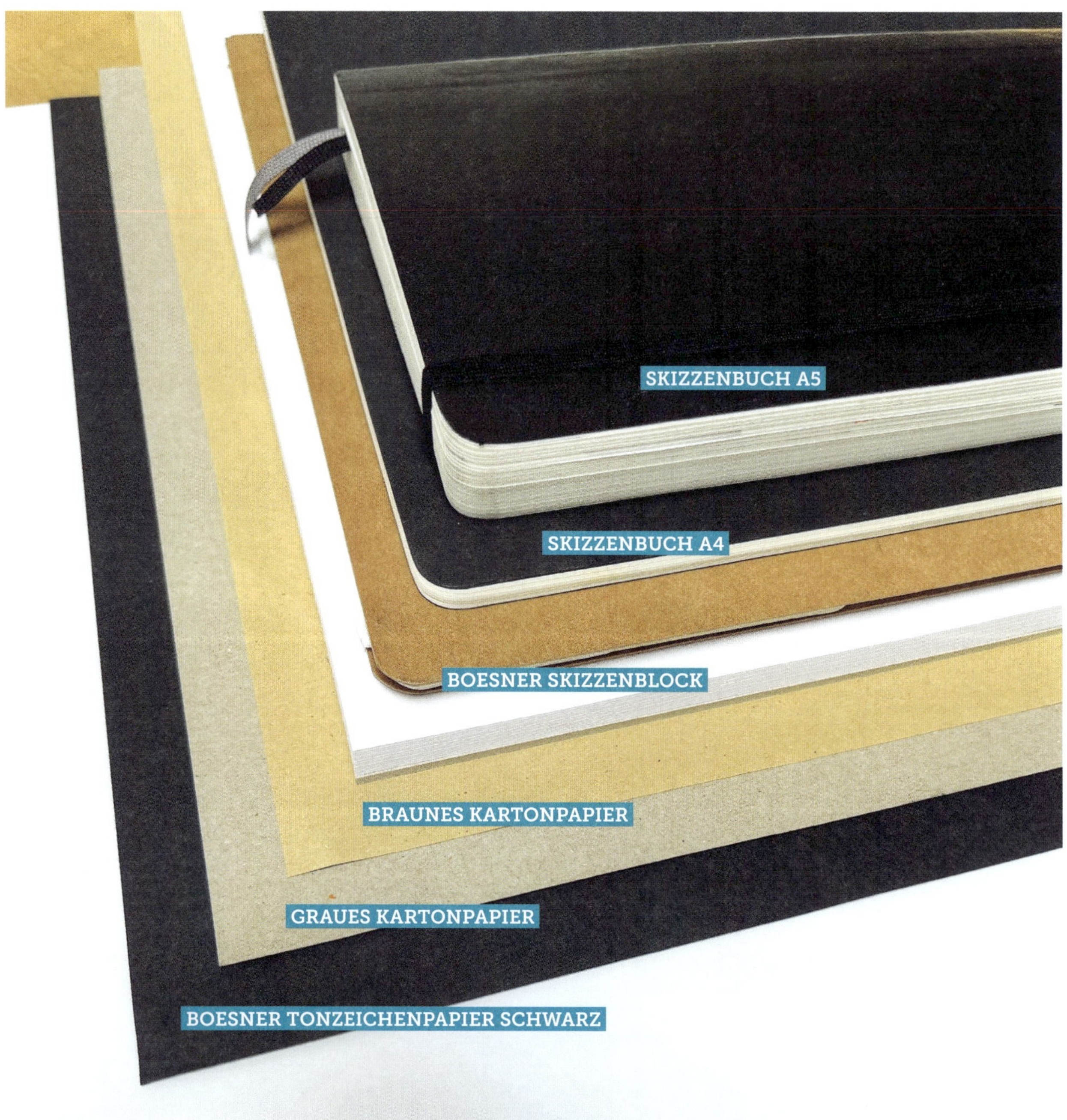
SKIZZENBUCH A5
SKIZZENBUCH A4
BOESNER SKIZZENBLOCK
BRAUNES KARTONPAPIER
GRAUES KARTONPAPIER
BOESNER TONZEICHENPAPIER SCHWARZ

Meist macht das richtige Material den Unterschied. Dabei kommt es nicht nur auf dein Zeichenwerkzeug an, sondern auch auf deinen Untergrund. Verschiedene Oberflächenbeschaffenheiten können deine Skizzen sehr beeinflussen. Verwendest du zum Beispiel eher raues Papier, wird es dir schwerer fallen, feine und präzise Linien zu ziehen. Auf glattem Papier wird dein Tuschestift eventuell nicht die Wirkung erzeugen, die du dir erhoffst.

Überlege deshalb, bevor du anfängst zu zeichnen, gut, mit welchen Materialien du arbeiten möchtest.

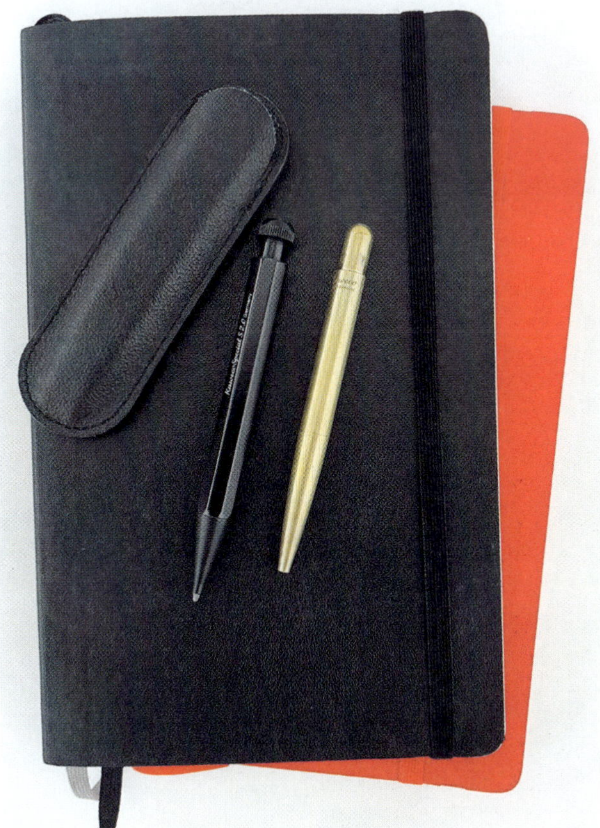

Durch Farbigkeit kannst du deine Skizzen ganz einfach interessanter gestalten. Tuschestifte oder Marker wirken beispielsweise besonders gut auf Tonzeichenpapier oder Kartonpapier. Du kannst hiermit allerdings auch den Gebrauch von flächenfüllenden Stiften vermeiden, indem du die Farbe des Papiers bereits als Grundfarbe deiner Skizze ansiehst und lediglich die Konturen und Highlights zeichnest.

Wichtig ist auszutesten, mit welchen Zeichenwerkzeugen und Materialien du am besten arbeiten kannst und womit du dich am ehesten wohlfühlst. Am Ende liegt die Entscheidung über die Skizze bei dir! Probiere verschiedene Möglichkeiten aus, mische Optionen, die du sonst nicht mischen würdest, oder benutze Stifte zum Schreiben einfach mal zum Zeichnen. Traue dich, ungewöhnliche Materialien zu verwenden, um deine Skizzen einzigartig zu machen!

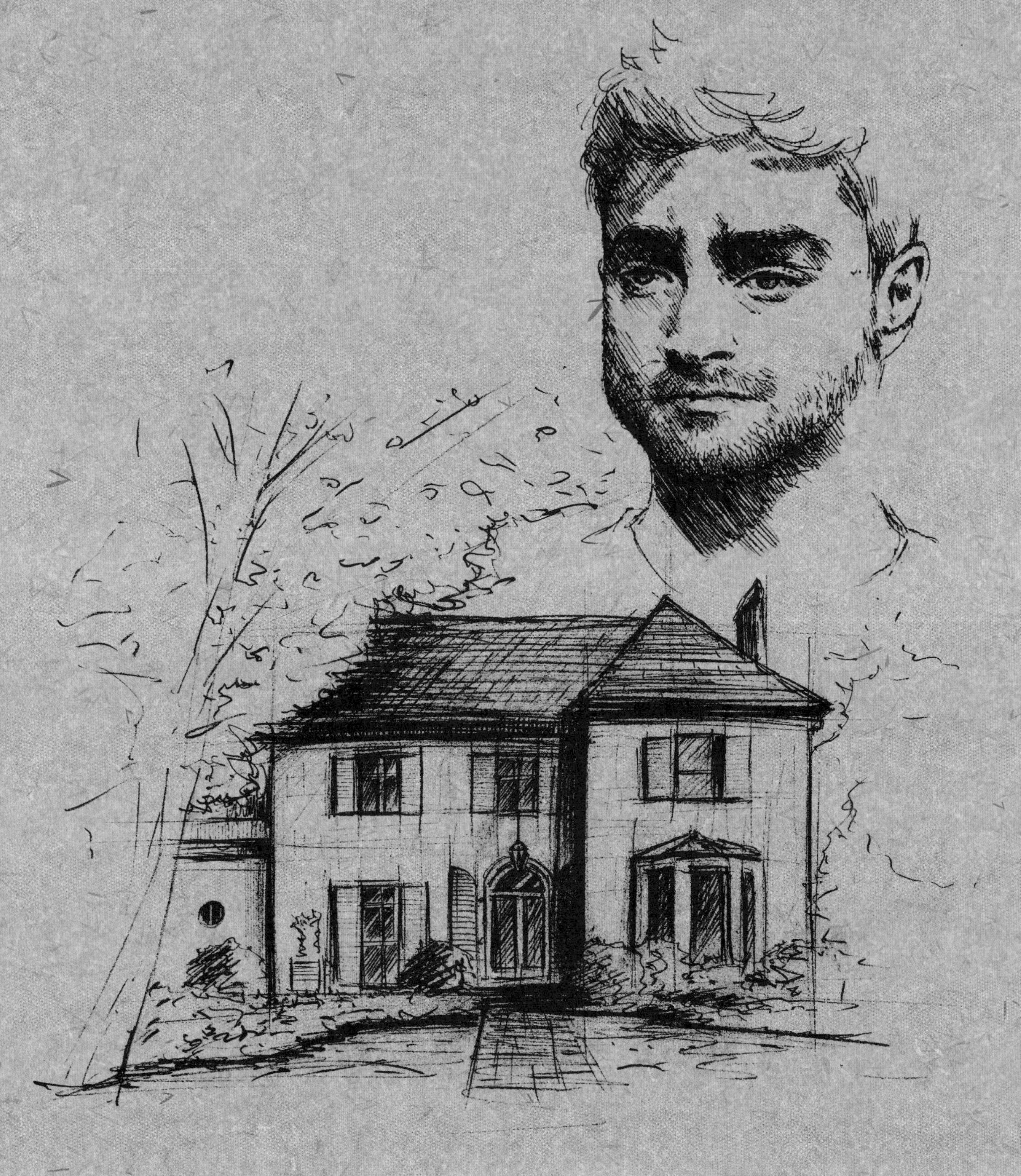

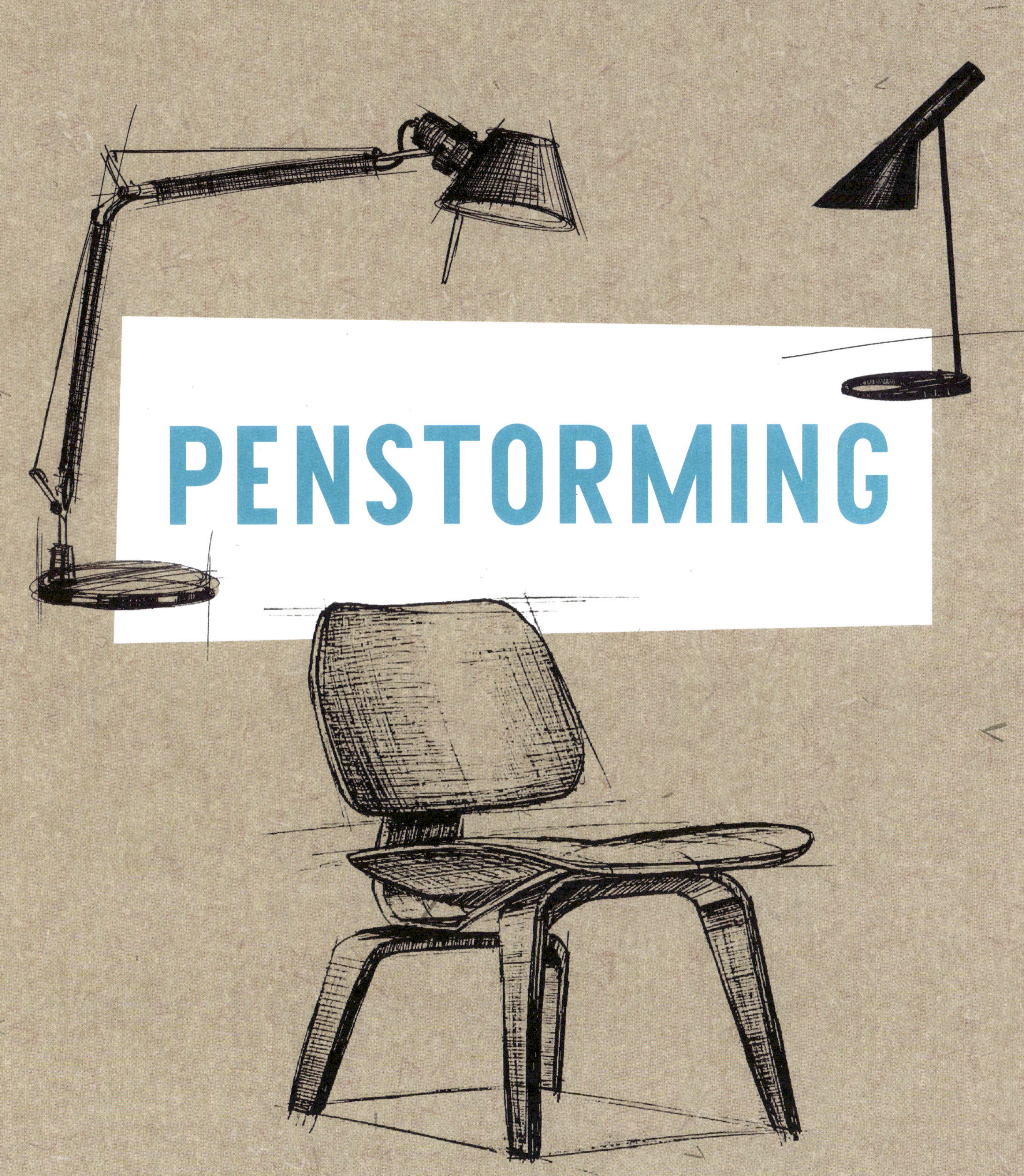
PENSTORMING

ZEICHNEN MIT MARKERN

Wer mit Markern zu zeichnen beginnt, kann auf eine unendliche Farbauswahl zugreifen. Bei Bleistift und Fineliner ist man meist auf die Schwarz- und Grautöne beschränkt. Neben der Farbvielfalt bieten die Marker auch unterschiedliche Zeichenstärken an. Diese können auf unterschiedliche Art und Weise die Stimmung der Zeichnung ausmachen. Von einer detailliert ausgearbeiteten Farbzeichnung bis hin zur einer schnellen Produkt- oder Architekturskizze.

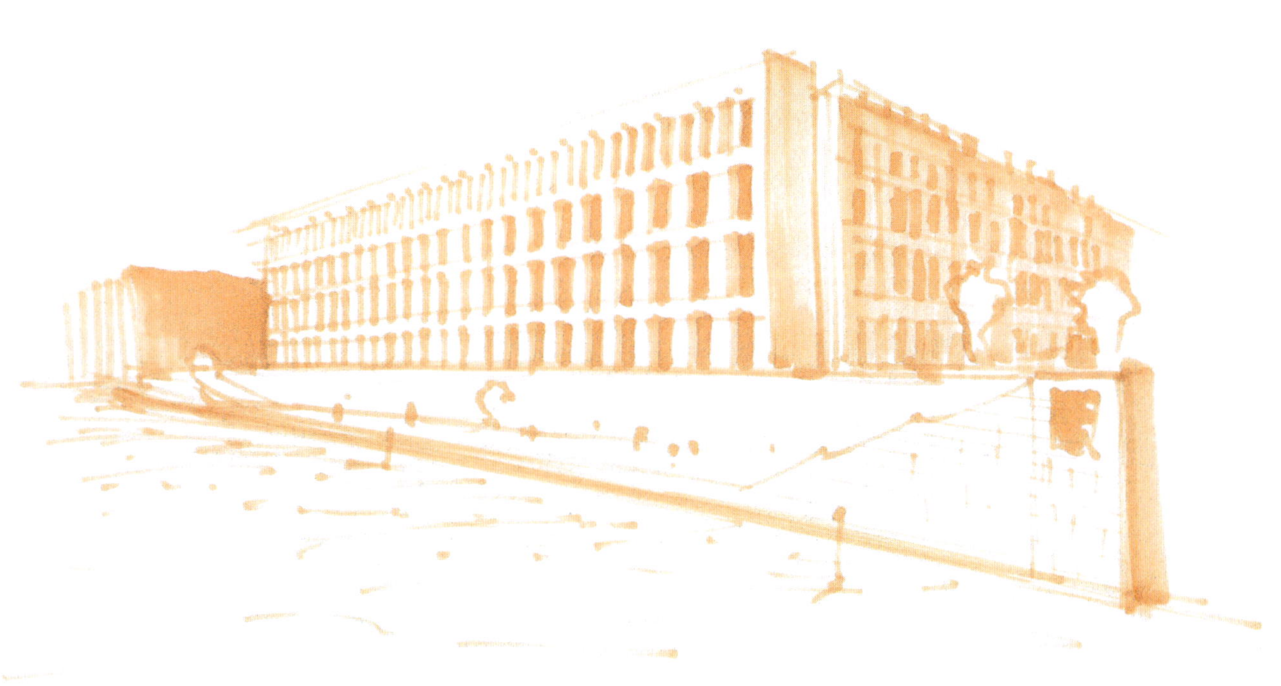

WOW EFFEKT!

Beim Zeichnen mit dem Marker konzentriert man sich mehr auf das Wesentliche und kann durchaus viele Details vernachlässigen.

ZEICHNEN MIT STABILO

Wer kennt sie nicht. Die Stifte, mit denen jeder sein Schuletui vollgekritzelt hat. Mittlerweile gibt es den Klassiker in vielen verschiedenen Breiten. Eine feine Spitze für die Details und eine breite zum schnellen Skizzieren. In unseren Workshops nutzen wir die breite Spitze für Ideenfindung. Ein ideales Zeichenwerkzeug für Penstorming. Mit solchen Stiften zu zeichnen, bringt auch einen ganz anderen Vorteil mit sich. Man lernt zu zeichnen, ohne radieren zu müssen.

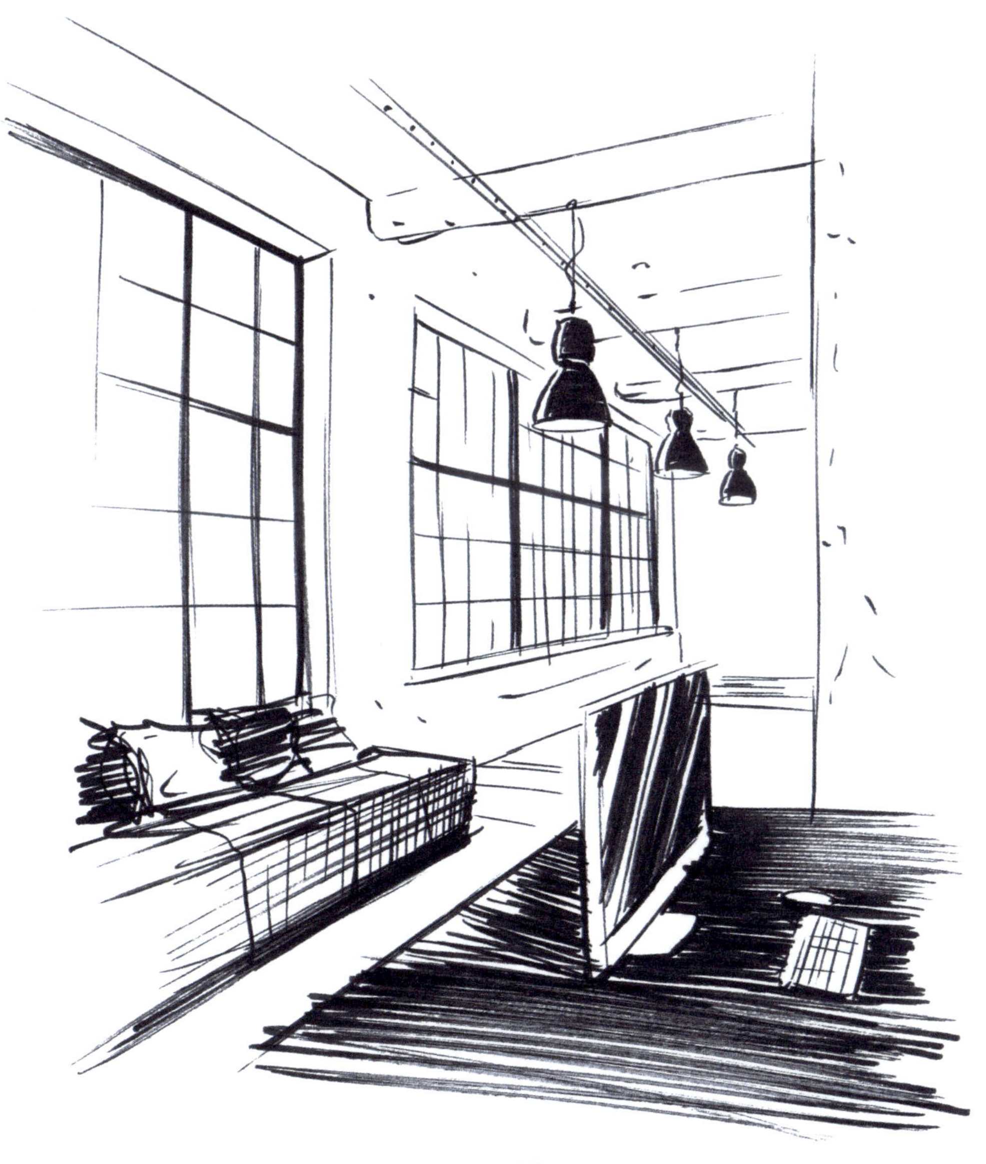

ZEICHNEN MIT BLEISTIFT

Der Bleistift ist der Klassiker unter den Zeichenwerkzeugen. Kaum ein anderer Stift bietet so eine enorme Bandbreite an Strichstärken. Ich empfehle den 2H-Bleistift für die Vorskizze und den 2B bzw. HB für die Kontraste. Mit H-Stärken lassen sich leider keine guten Kontraste erzielen. In unseren Zeichen-Videos auf YouTube kannst du sehen, wie viel du aus einer Zeichnung mit dezentem Einsatz von Kontrasten herausholen kannst. Bitte Kontraste gezielt einsetzen, damit die Spannung zwischen dem leichten und kräftigeren Strich zu sehen bleibt.

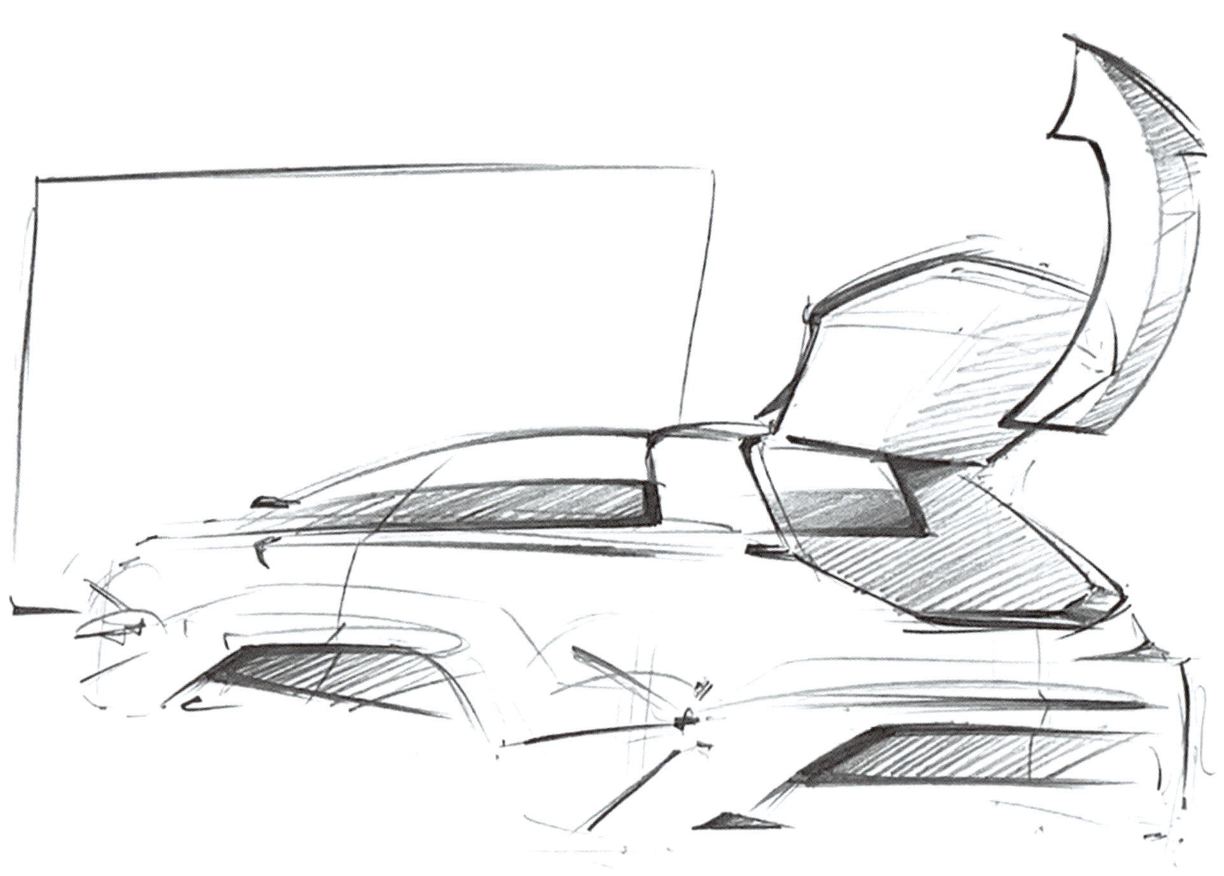

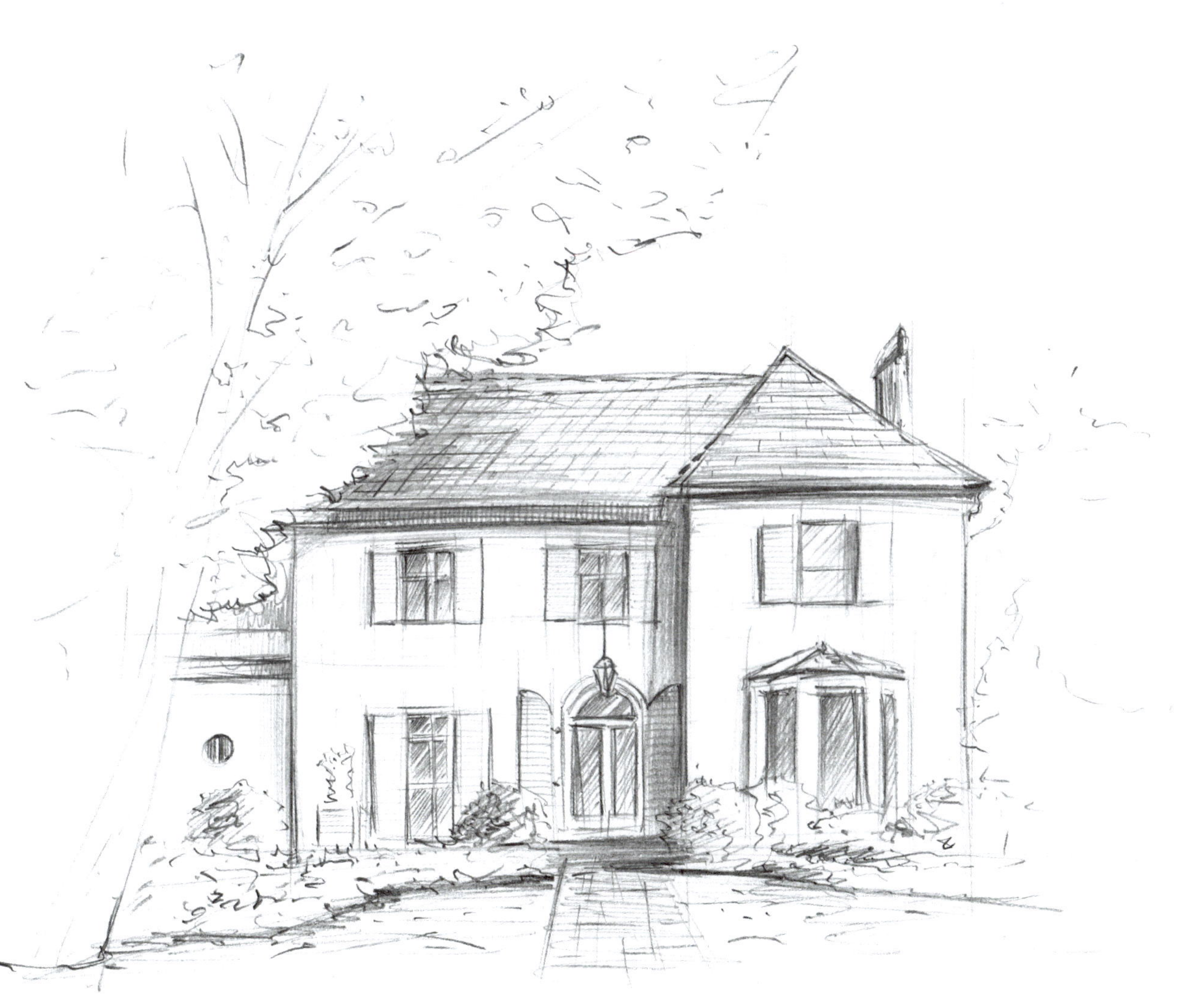

MATERIAL

2H-Bleistift
2B-Bleistift

1

GRUNDFORM

Skizziere erst die Grundform des Gebäudes auf. Die Gesamtbreite muss zur Gesamthöhe passen, da das Motiv sonst nicht gelingen wird.

2

AUSARBEITUNG

Jetzt werden die ersten Details wie Fenster und Türen grob eingezeichnet. Achte auf die richtige Position.

3

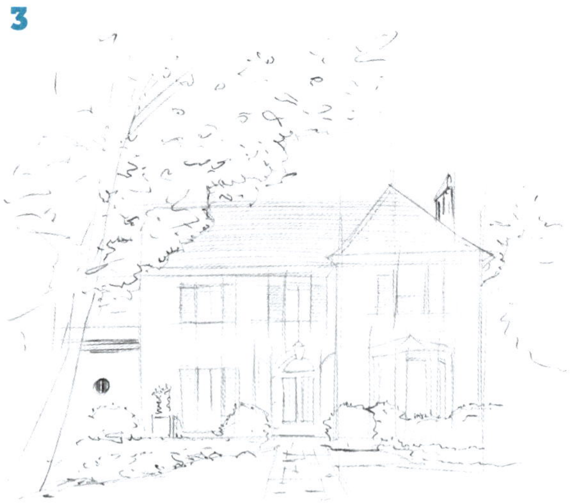

FEINHEITEN

Nun kannst du auch die Umgebung mitskizzieren. Die Bäume und die weiteren Details in der Fassade.

4

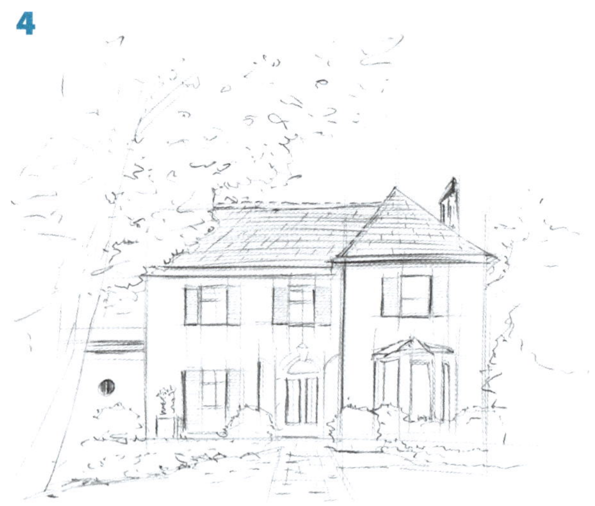

SCHRAFFUR

Als Erstes kannst du beginnen die großen Flächen zu schraffieren. So siehst du, wo später der Kontrast erhöht werden kann.

5

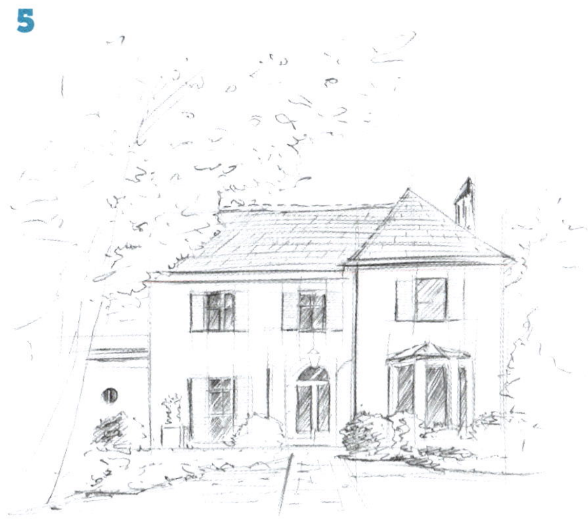

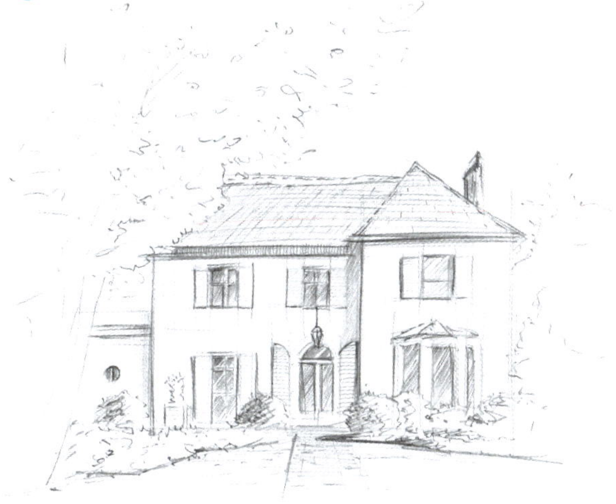

FENSTER

Achte darauf, dass Fenster immer am Tag dunkel darzustellen sind und bei Nacht hell. Solange das Licht Abends leuchtet.

6

UMGEBUNG

Hier kannst du auch noch mehr Umgebung mit einbeziehen. Lasse Bäume oder Grasflächen langsam ins Nichts auslaufen. Keine harten Übergänge.

7

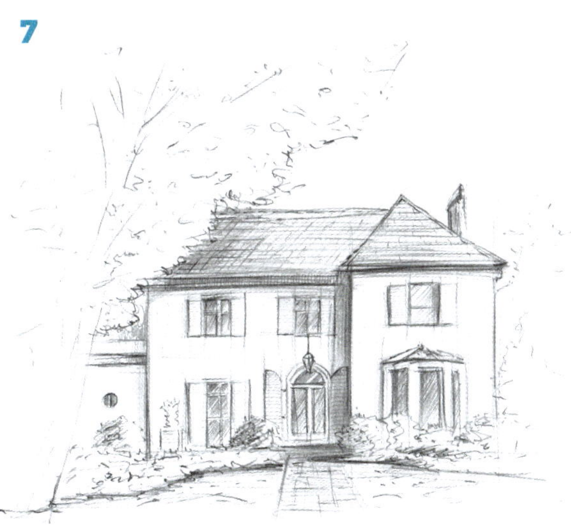

LICHT UND SCHATTEN

Beobachte dein Motiv genau. Wo siehst du die Schattenflächen? Aus welcher Richtung scheint die Sonne?

8

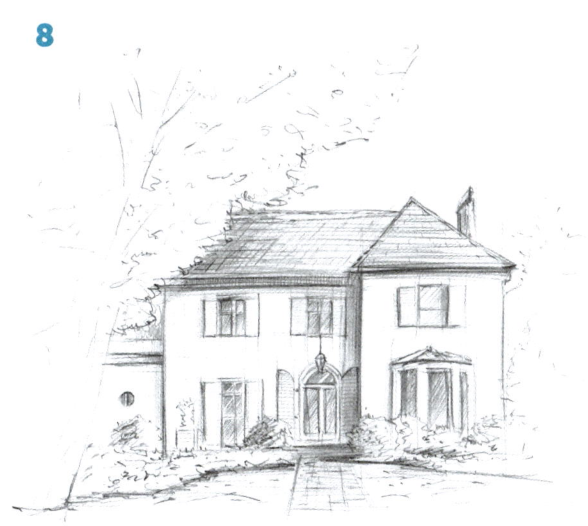

KONTRASTE

Der letzte Handgriff sind die Kontraste. Hier kannst du verschiedene Flächen und Kanten noch mehr hervorholen.

ZEICHNEN MIT KUGELSCHREIBER

Einen Kugelschreiber hat man immer dabei. Der Kugelschreiber ist ein Allrounder. Er lässt zu, dass die Striche auf dem Papier hauchleicht, aber auch mit etwas Druck kraftvoll wirken können. Ich persönlich zeichne sehr gerne mit einem Kugelschreiber. Der Zeichenfluss ist sehr angenehm bei der Schraffur. Beim Kontakt mit dem Papier hinterlässt er keine Flecken im Vergleich zu Markern oder Filzstiften, bei denen sich das Blatt sofort vollsaugt. Mit einem Kugelschreiber kannst du zudem nicht nur auf Papier zeichnen. Holz, Leder, Stoffe ... sind ebenfalls gute Zeichenuntergründe.

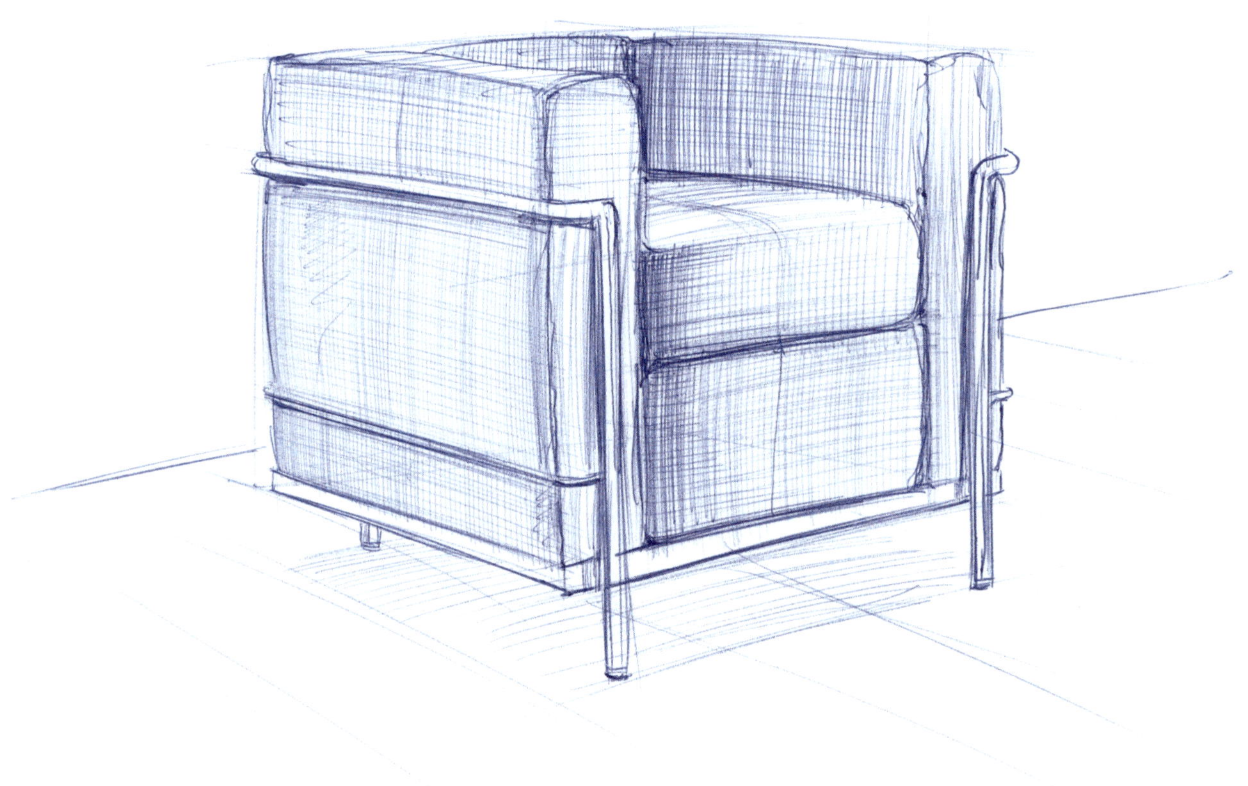

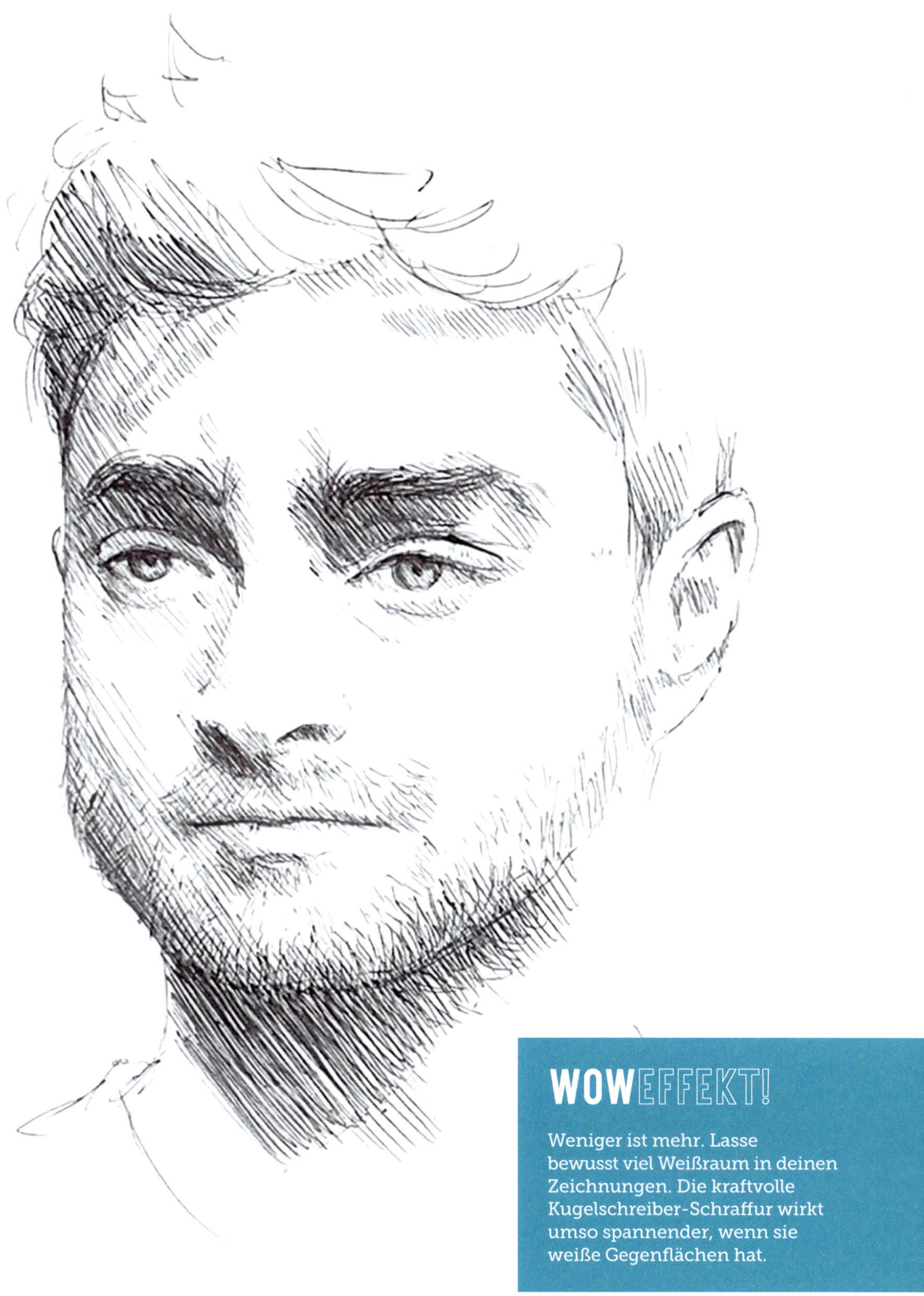

WOWEFFEKT!

Weniger ist mehr. Lasse bewusst viel Weißraum in deinen Zeichnungen. Die kraftvolle Kugelschreiber-Schraffur wirkt umso spannender, wenn sie weiße Gegenflächen hat.

ZEICHNEN MIT FINELINER

Mit keinem Zeichenwerkzeug lassen sich so detailtreue Zeichnungen erzielen wie mit einem Fineliner. Mit einer 0,03-Miene kannst du ein realistisches Porträt in der Größe einer Briefmarke zeichnen. Die feinen Spitzen eignen sich sehr gut für rasche Vorskizzen, da sie nur einen Hauch von Strich hinterlassen. Mit z. B. einer 0,1-Spitze kannst du dann Details ausarbeiten und mit einer 0,5 bzw. 0,8 die Kontraste einsetzen. Auch die Schraffur wirkt mit einem Fineliner sehr gleichmäßig.

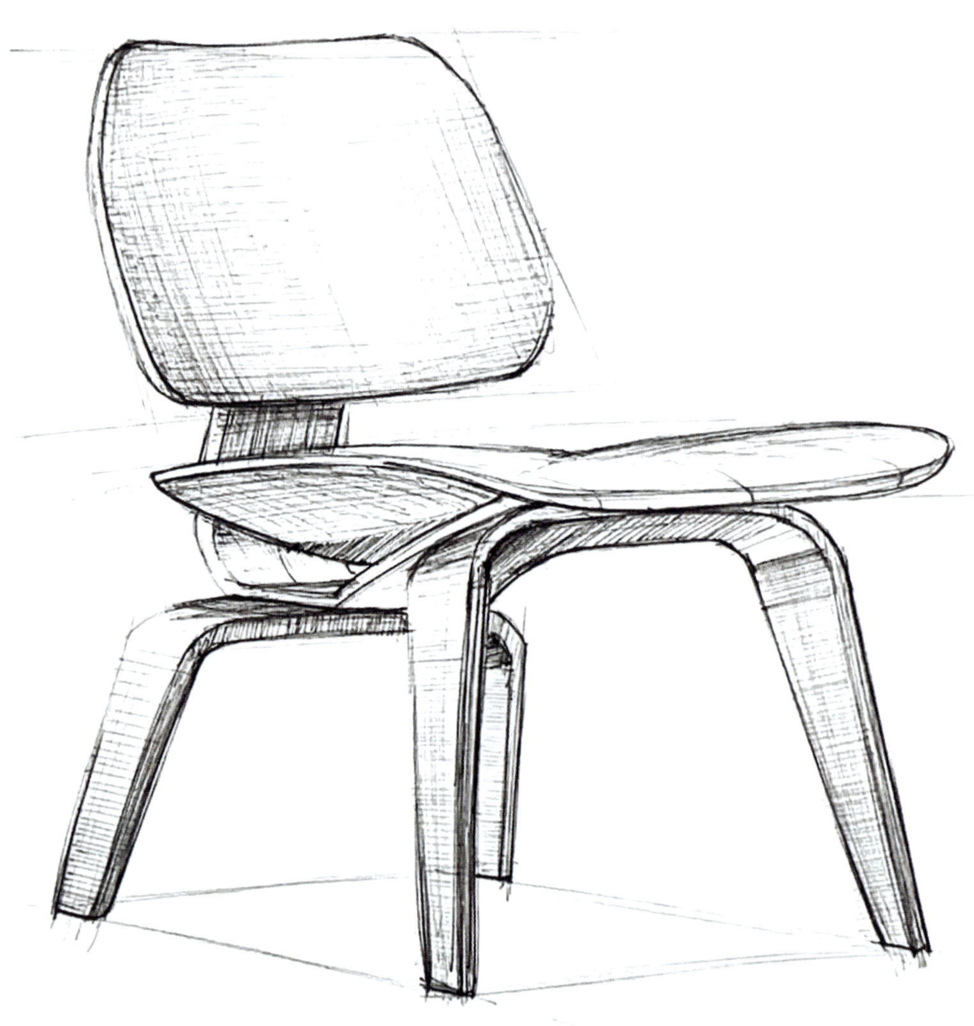

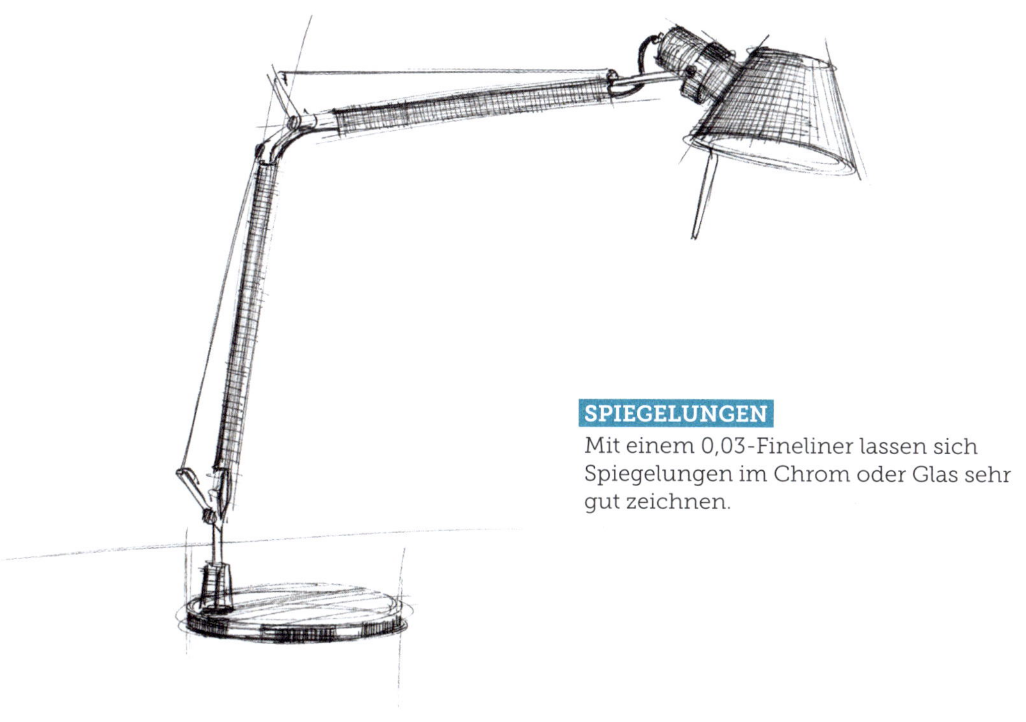

SPIEGELUNGEN

Mit einem 0,03-Fineliner lassen sich Spiegelungen im Chrom oder Glas sehr gut zeichnen.

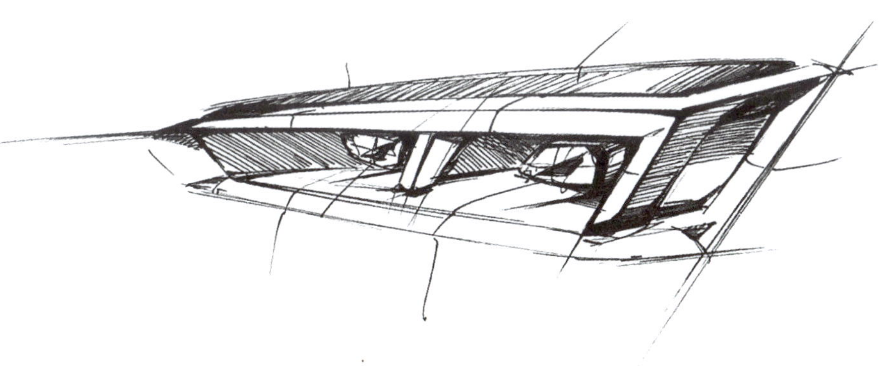

LAUFRICHTUNG DER STRICHE

Schraffiere immer mit der Laufrichtung der Kanten. So arbeitest du nicht gegen die Objektform. Die Form wird dadurch noch greifbarer.

INSPIRATION

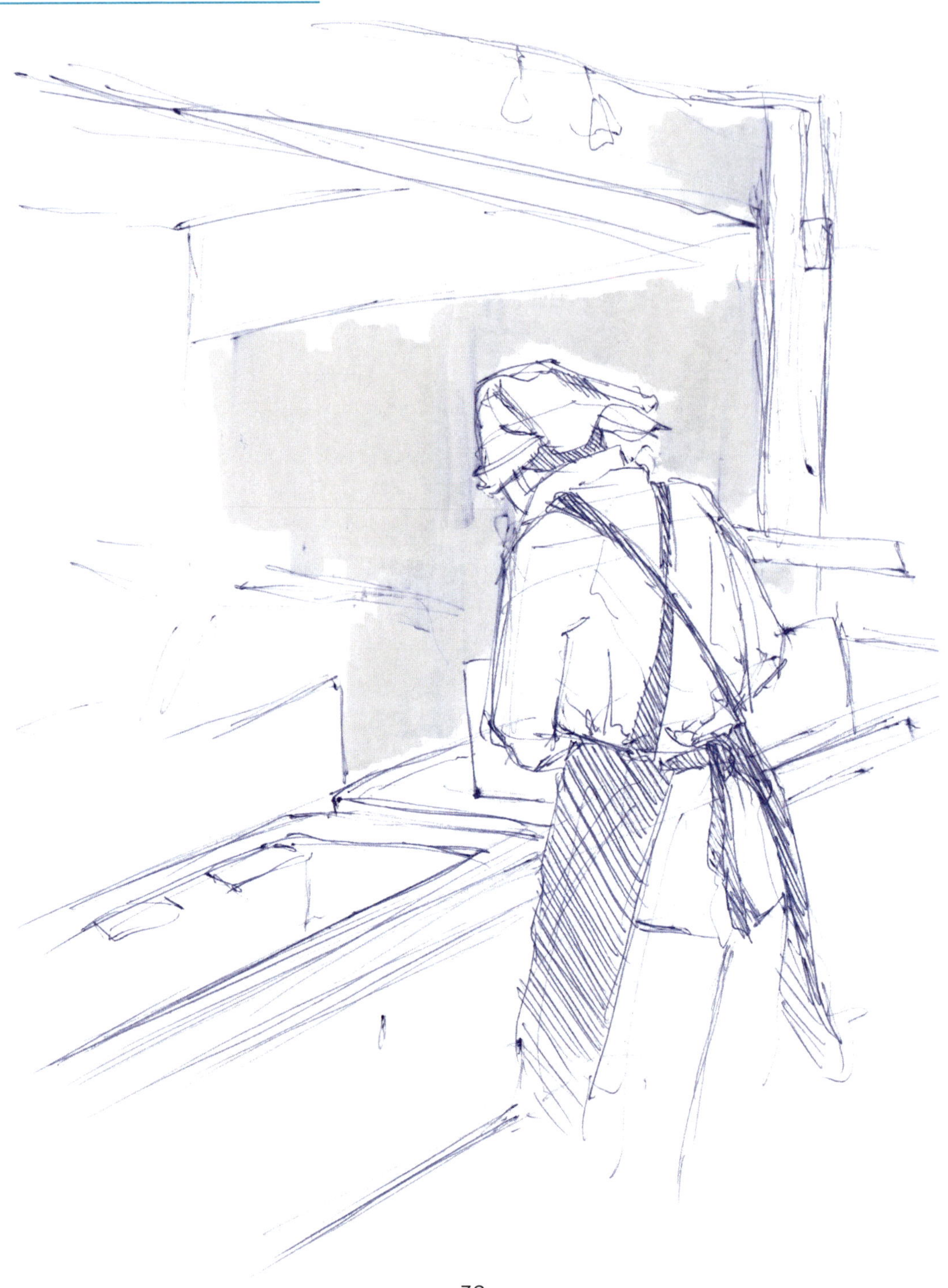

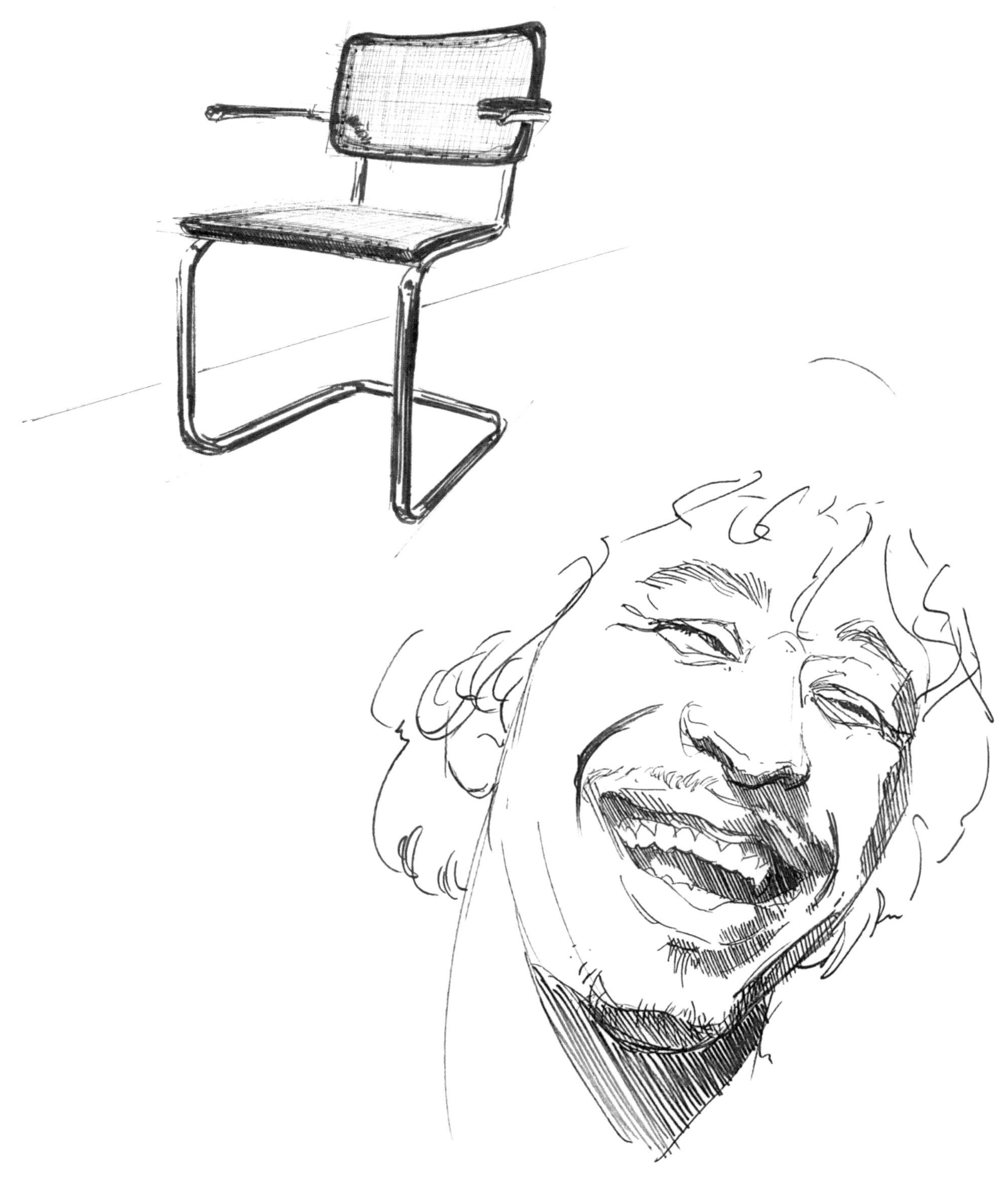

ZEICHENÜBUNG

Nimm deinen Fineliner zur Hand und versuche, eine der beiden Lampen nachzuzeichnen.

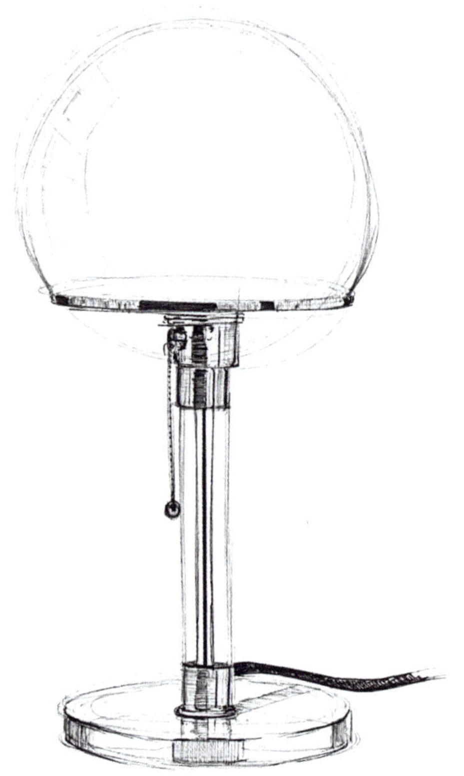

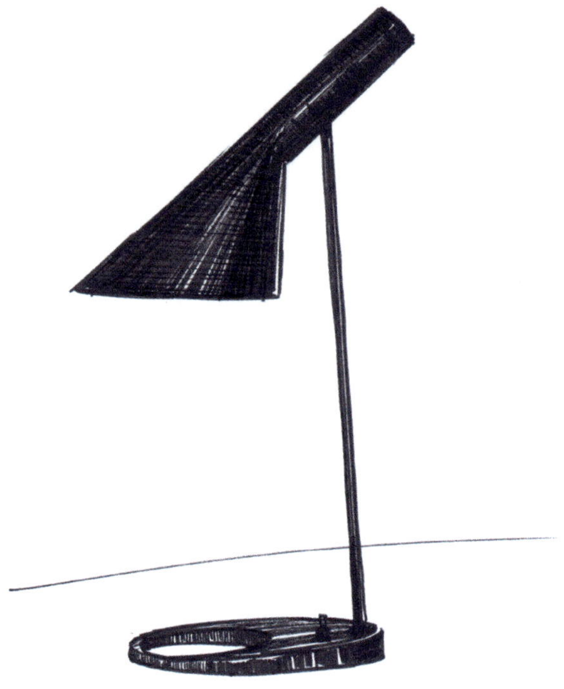

Los geht's!

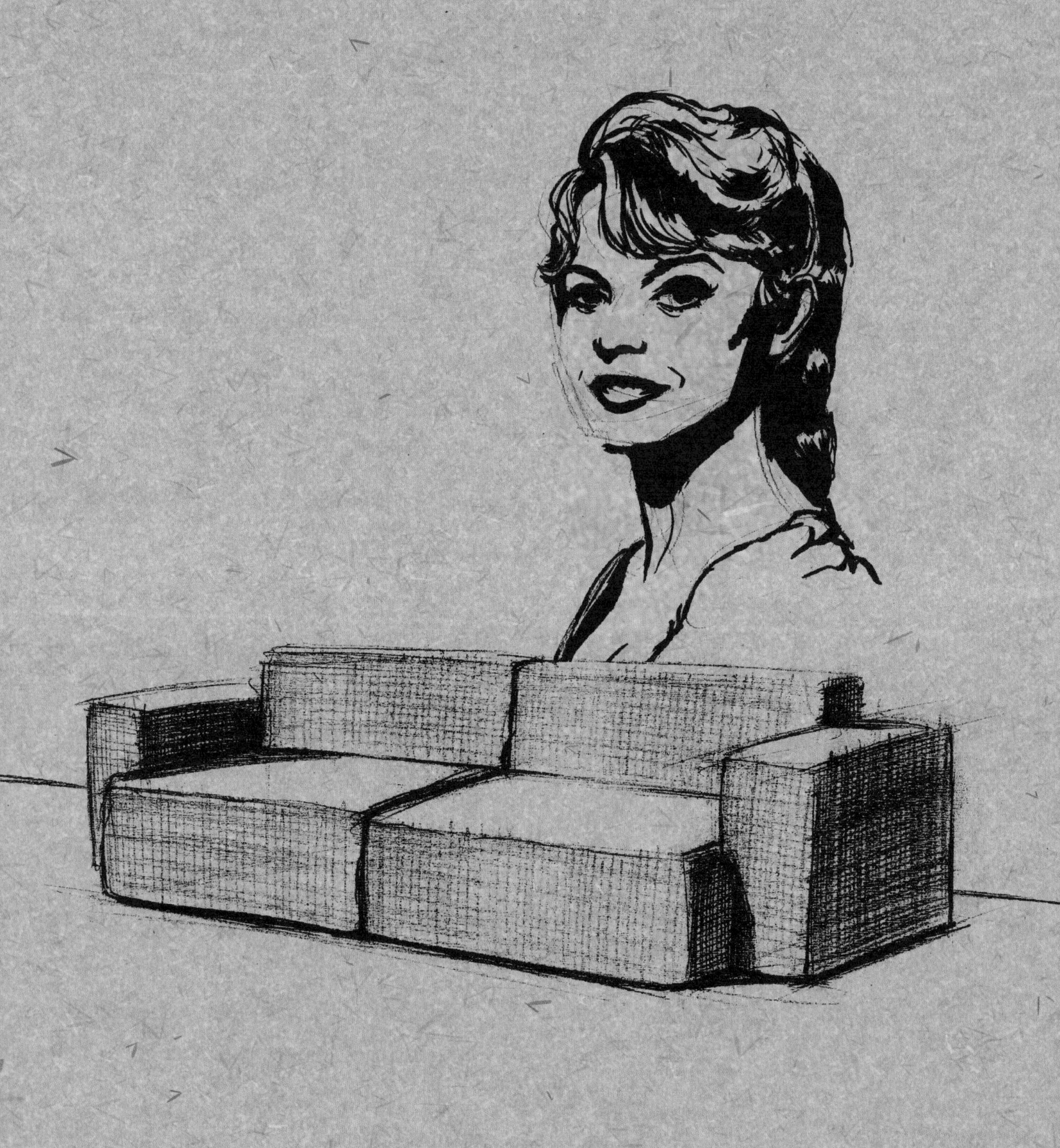

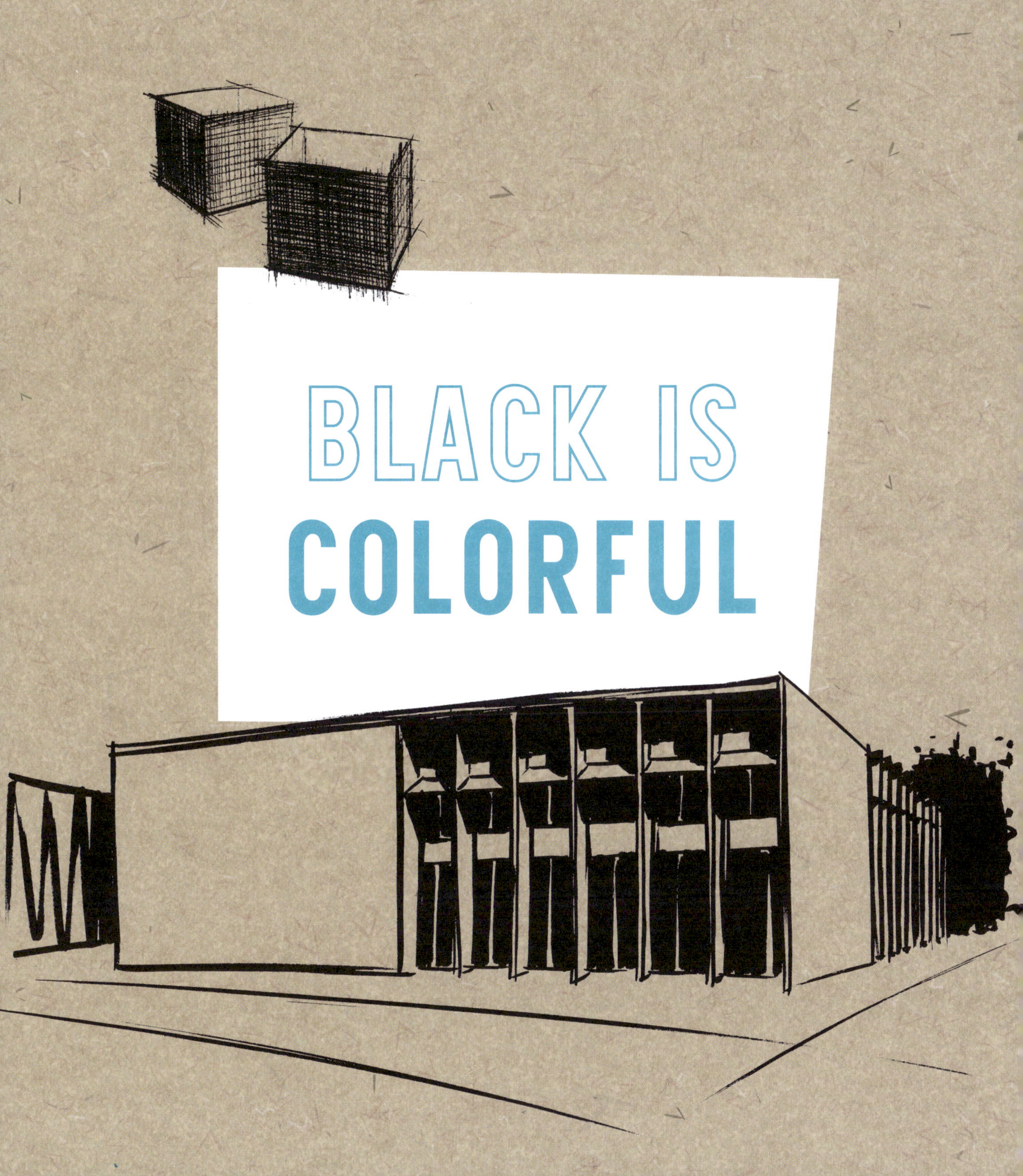
BLACK IS
COLORFUL

SCHWARZ MIT SCHRAFFUR

Die Schraffur verleiht der Zeichnung die gewünschte Tiefe. Ohne Schraffur wirkt eine Zeichnung nicht dreidimensional. Eine Schraffur kann grob, aber auch fein angelegt sein. Je nach Motiv und Zeichenwerkzeug kannst du unterschiedliche Schraffurarten einsetzen. Hier siehst du einige Beispiele und wofür du welche Schraffur einsetzen kannst.

FLÄCHIG
Mit der Seite des Bleistiftes lassen sich schnell große Bereiche schraffieren.

MARKER
Marker finden viel Anwendung in Architektur, Innenarchitektur und Produktdesign.

2H-BLEISTIFT
Leichte 45-Grad-Winkel-Schraffur eignet sich gut für helle Bereiche in der Skizze.

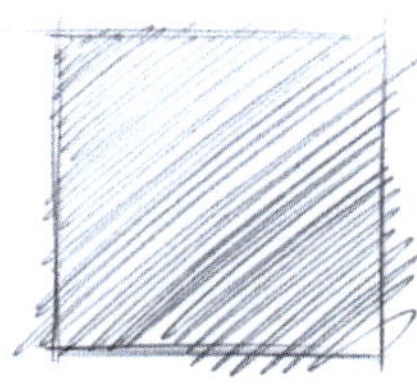

2B-BLEISTIFT
Mit dem 2B-Bleistift grenzen sich die hellen von dunklen Bereichen in deiner Zeichnung besser ab.

FINELINER DÜNN
Mit einem feinen Fineliner z. B. 0,05 kannst du sehr gut Details ausschraffieren.

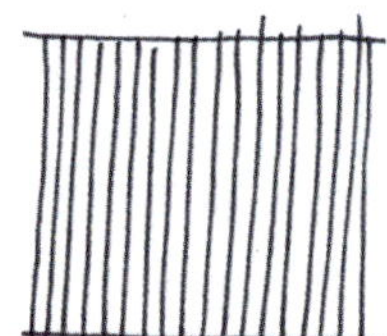

FINELINER GROB
Mit einem 0,1- oder 0,5-Fineliner werden Architektur-Skizzen grob schraffiert.

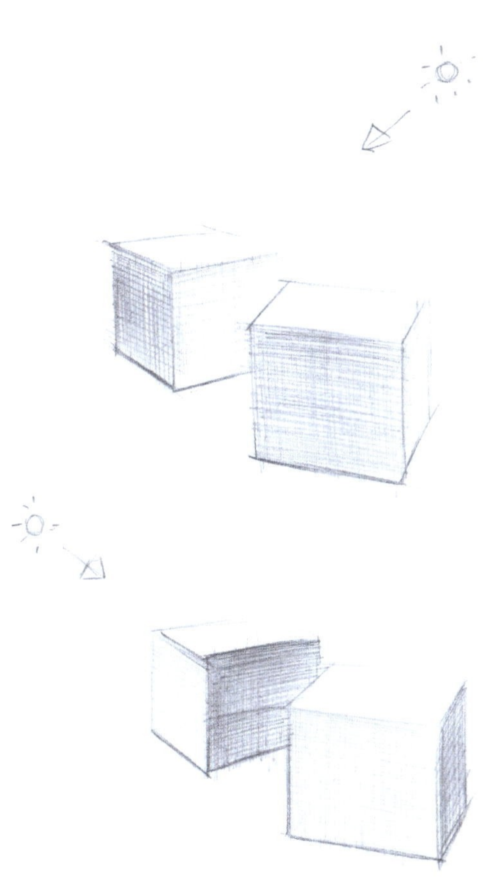

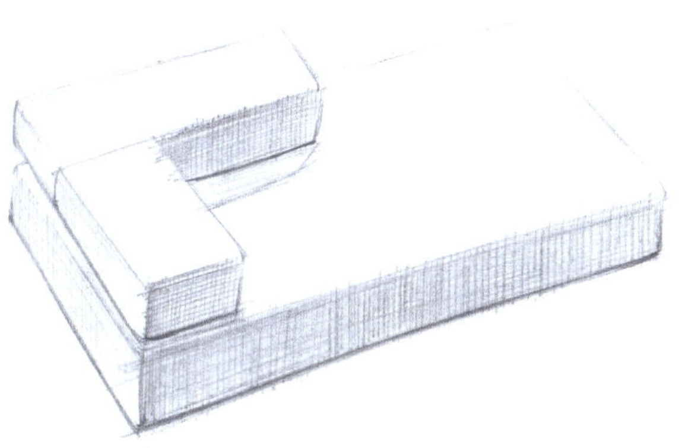

WOWEFFEKT!

Sehen ist das halbe Zeichnen. Beobachte deine Motive und die Umgebung achtsam. Nur so lernst du, mit Licht und Schatten deine Zeichnungen dreidimensional aussehen zu lassen.

SCHWARZE SCHATTEN

Ohne Schatten keine Tiefenwirkung. Am Beispiel dieses Sofas hier möchte ich dir demonstrieren, wie eine Schraffur zum Schatten wird und die Zeichnung dadurch authentischer wirkt. Wichtig ist dabei, dass du dir im Vorfeld deiner Zeichnung die Richtung der Lichtquelle überlegst. In diesem Fall kommt das Licht von links oben. Achte auch zugleich auf die Darstellung der Materialität. Es handelt sich hierbei um eine Couch und nicht um einen Betonblock.

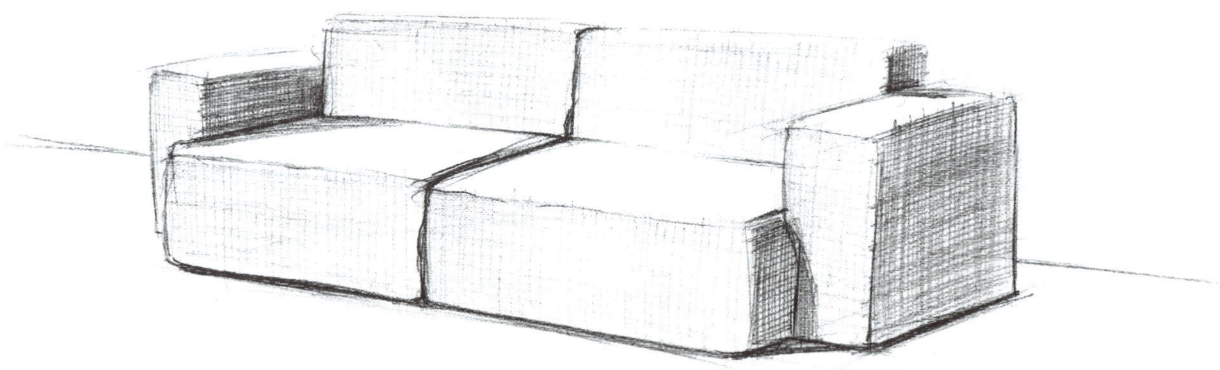

WOWEFFEKT!

Die Linie zwischen den Polstern und unter dem Sofa solltest du stärker ausarbeiten. Diese sind immer einem starken Schatten ausgesetzt.

1

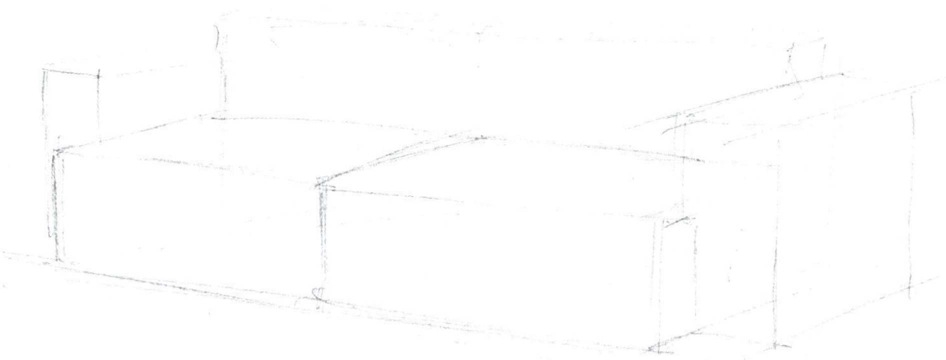

2

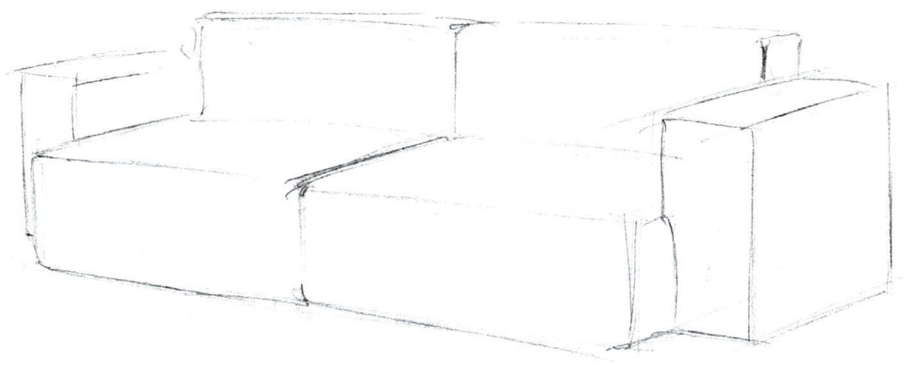

3

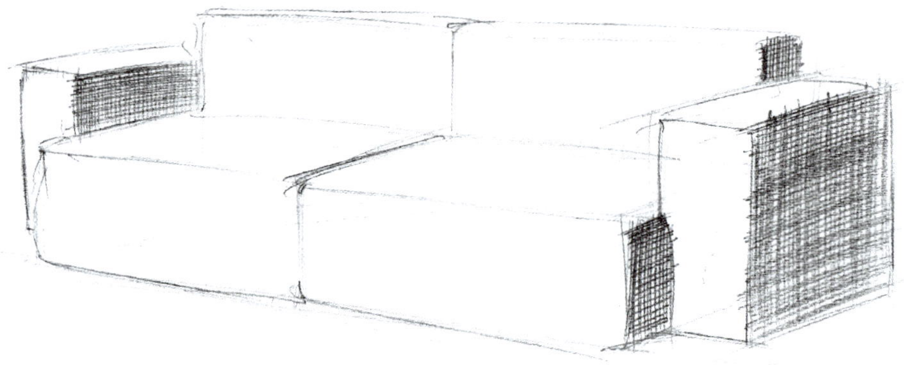

4

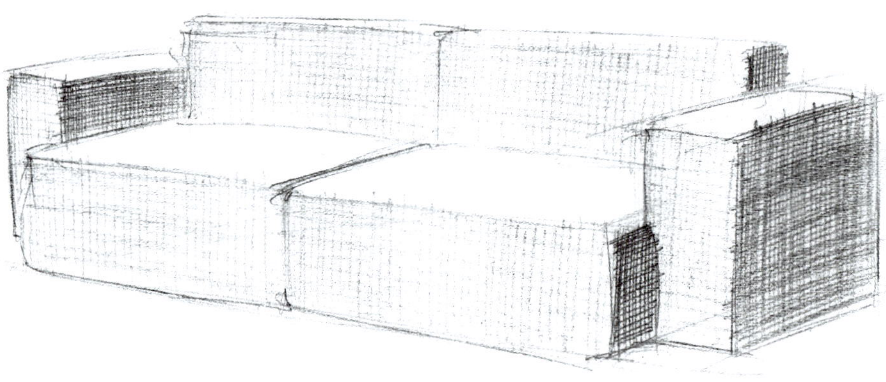

5

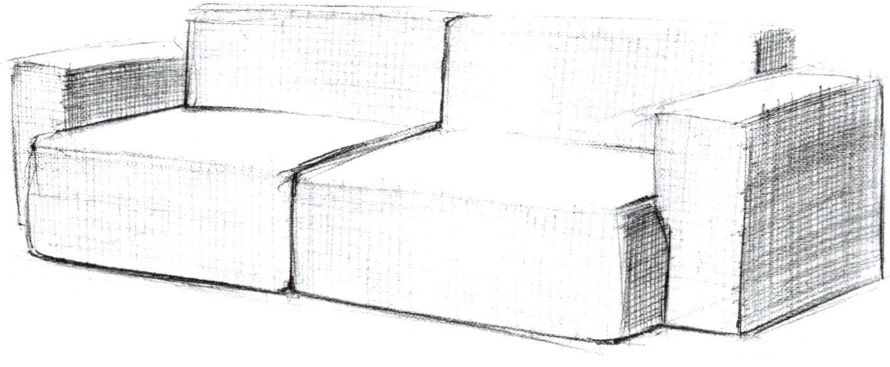

6

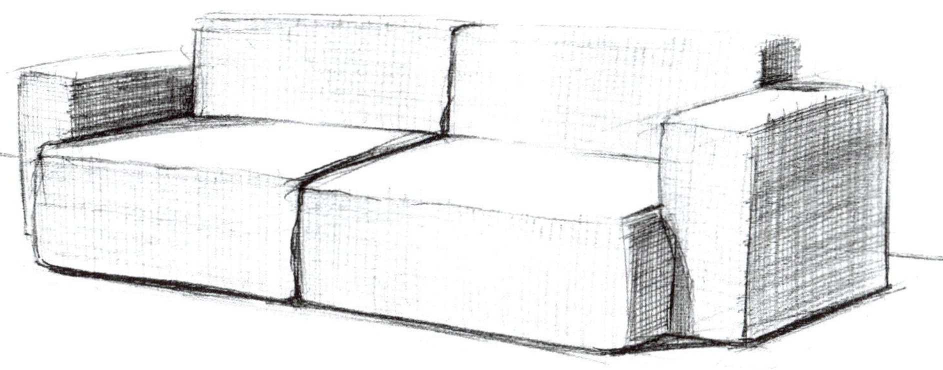

SCHWARZES PAPIER

Licht kann auch ganz anders dargestellt werden. Verwende auch schwarzes Papier, um Licht zu zeichnen. Z. B. eine Abendstimmung in der Stadt, Tiere, die ein helles oder weißes Fell oder ein Federkleid haben. Oder einfach, um glänzende Flächen wie Chrom und Stahl abzubilden. Eigentlich alles, was Licht reflektiert, eignet sich, um auf schwarzem Papier gezeichnet zu werden.

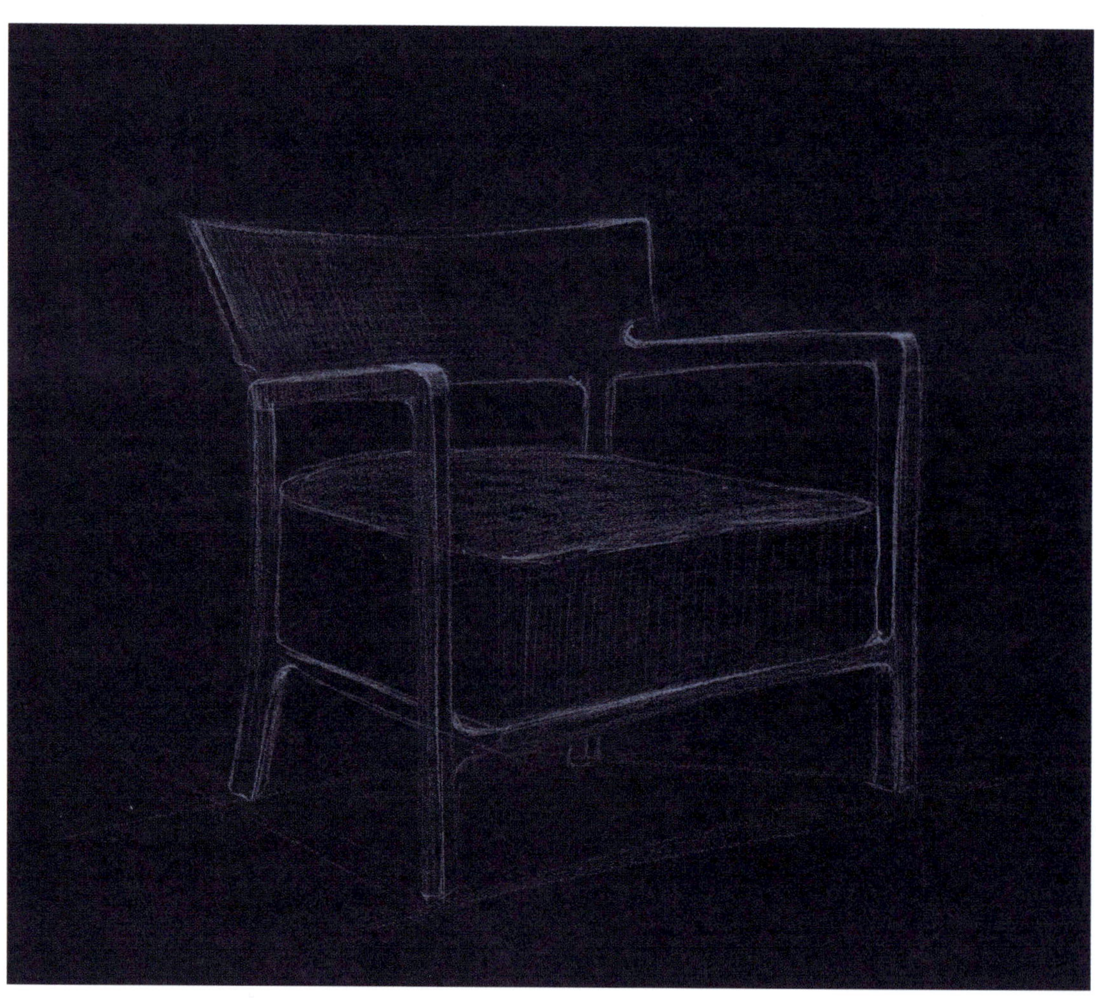

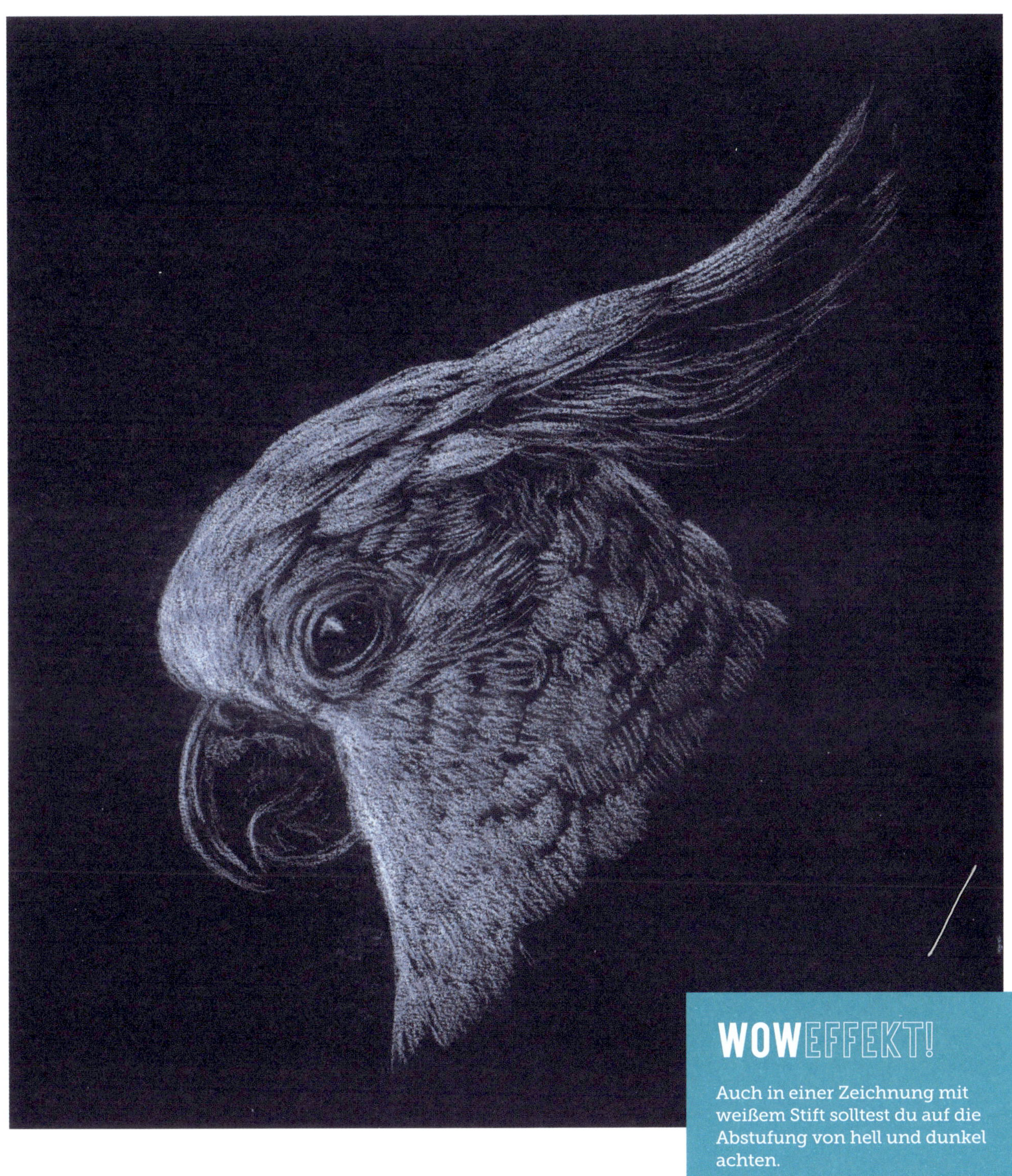

WOWEFFEKT!

Auch in einer Zeichnung mit weißem Stift solltest du auf die Abstufung von hell und dunkel achten.

DER SCHWARZE FILZSTIFT

Mit einem schwarzen Filzstift kannst du große Flächen schnell schraffieren (ausmalen). Das spart Zeit im Vergleich zu einem Fineliner oder einem Bleistift. Eine gute Übung, um mit einem Filzstift eine gute Zeichnung zu zeichnen, ist in Flächen zu arbeiten. Denke einfach in Flächen und Linien. Du wirst sehen, wie schnell du zeichnen kannst, und dein Auge wird dadurch besser zwischen wesentlich und unwesentlich unterscheiden.

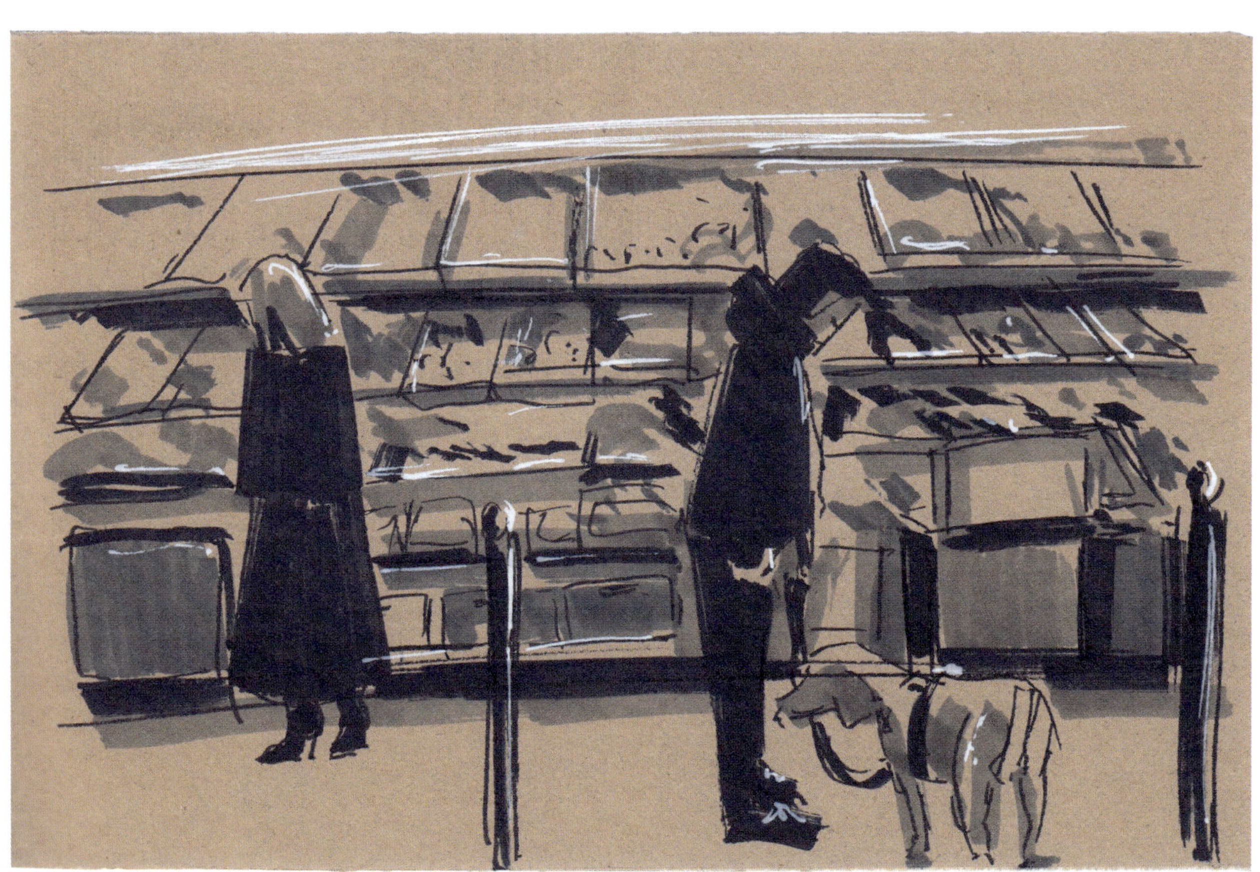

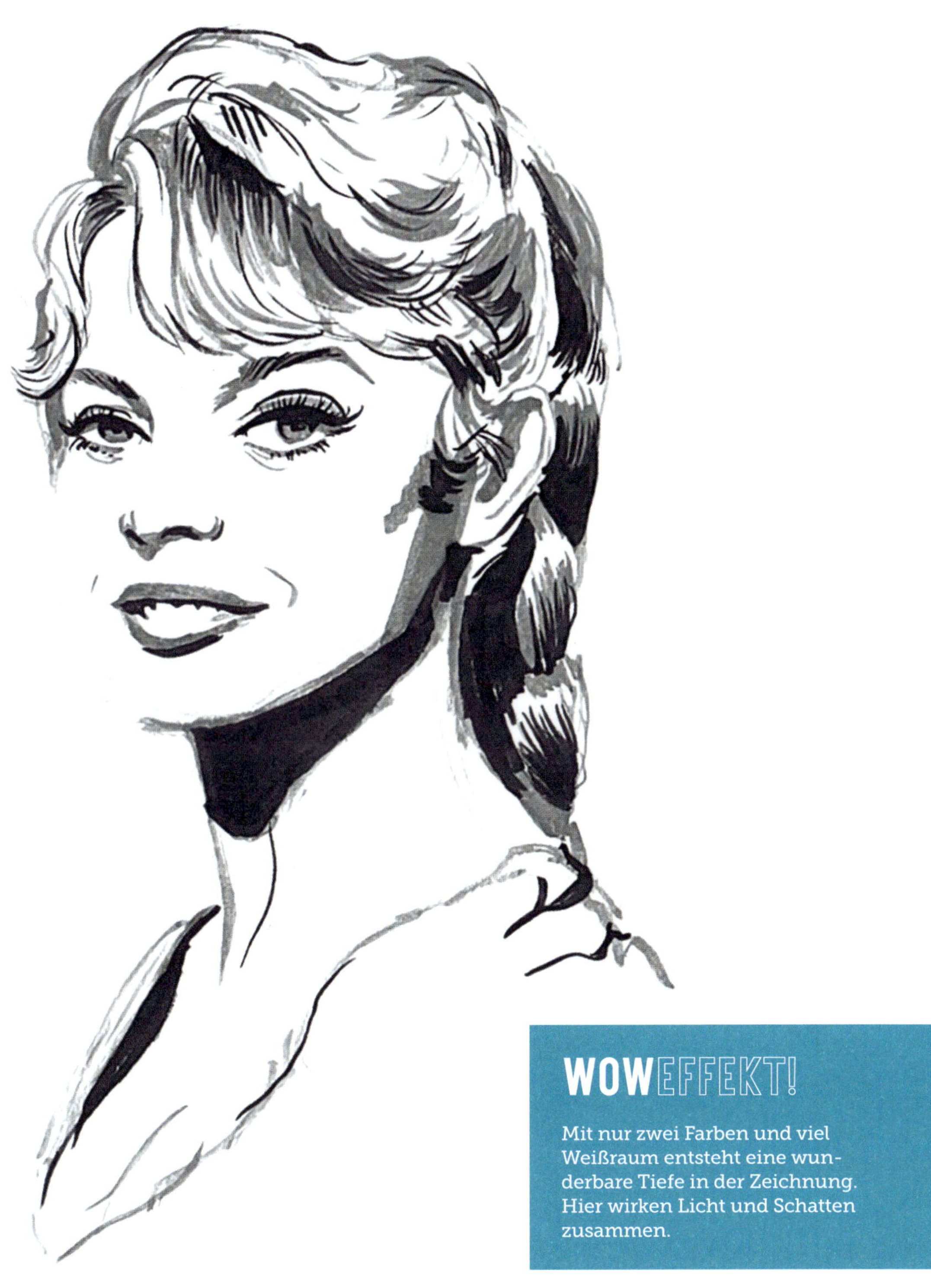

WOWEFFEKT!

Mit nur zwei Farben und viel Weißraum entsteht eine wunderbare Tiefe in der Zeichnung. Hier wirken Licht und Schatten zusammen.

INSPIRATION

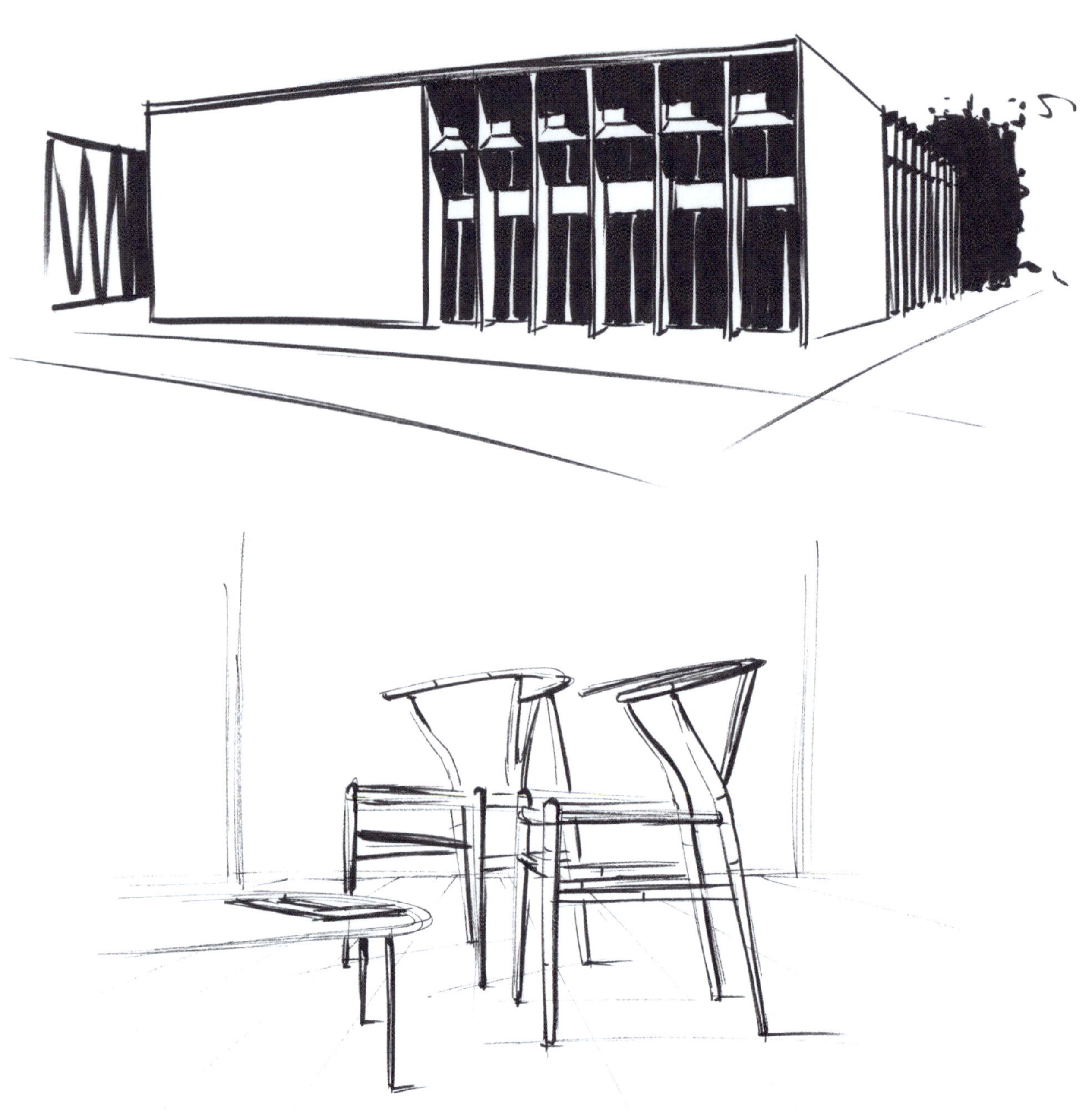

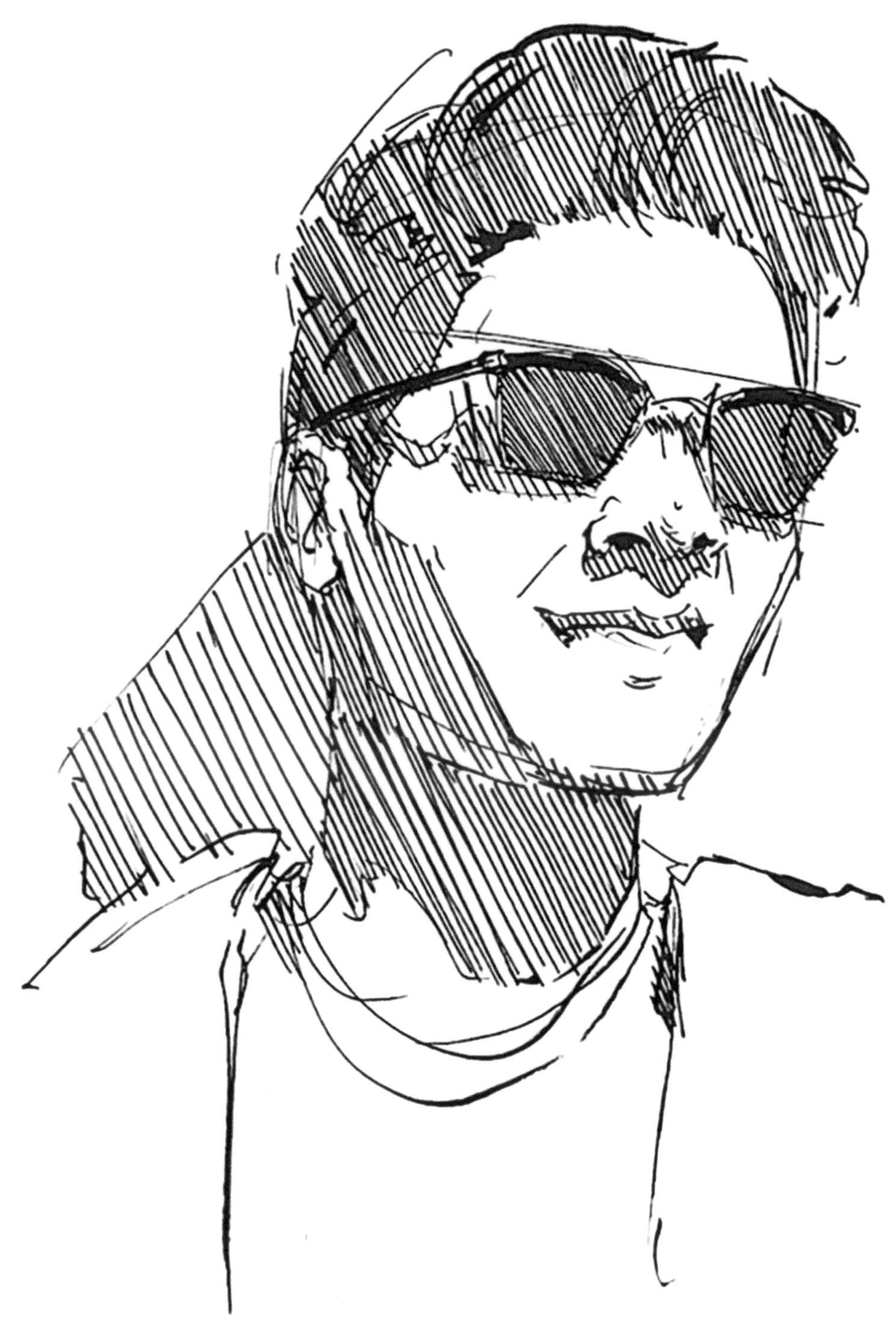

ZEICHENÜBUNG

Schaffe dir mit einem schwarzen Marker zunächst einen dunklen Hintergrund und zeichne darauf dann ein Motiv deiner Wahl, vielleicht auch eine Vespa.

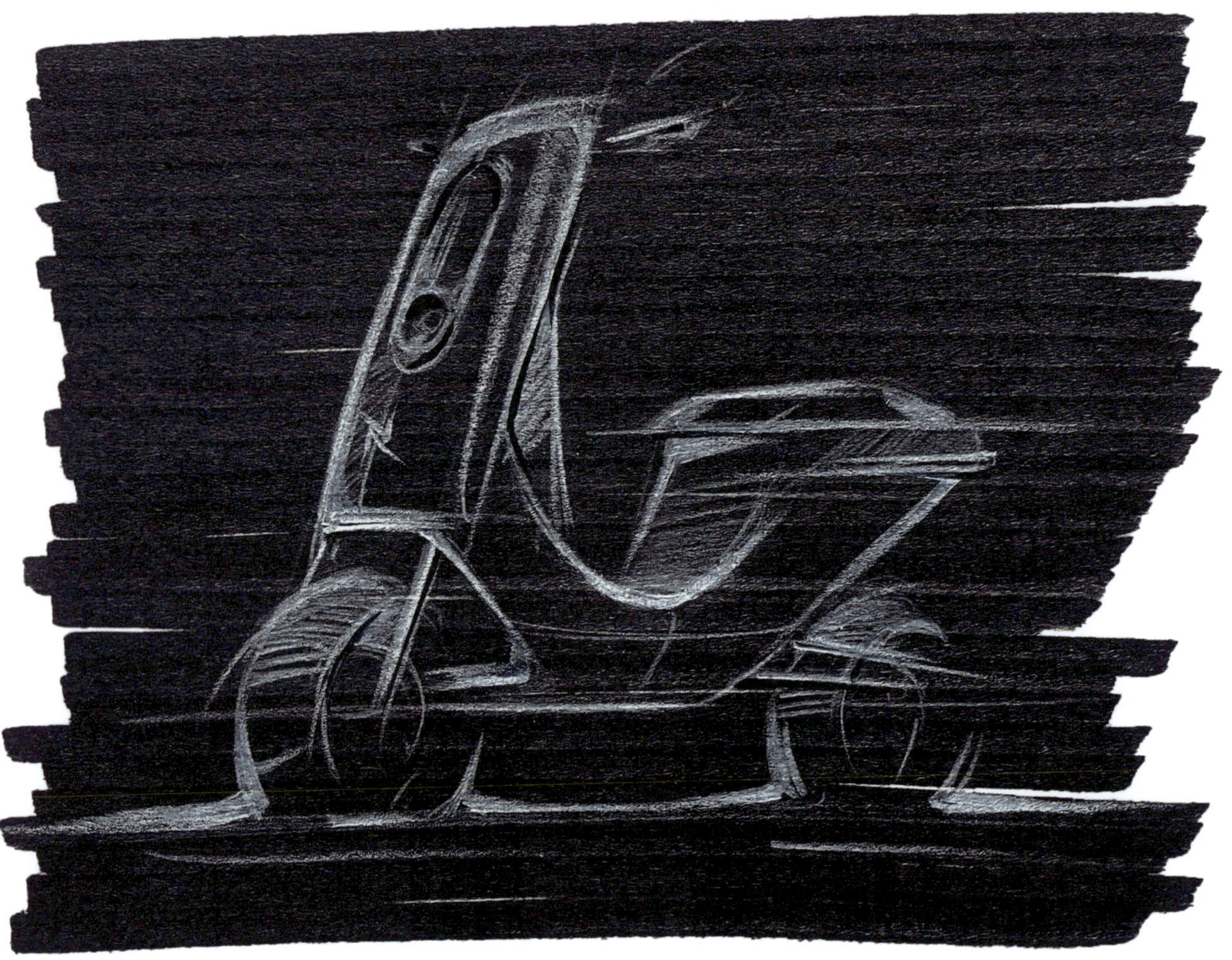

Los geht's!

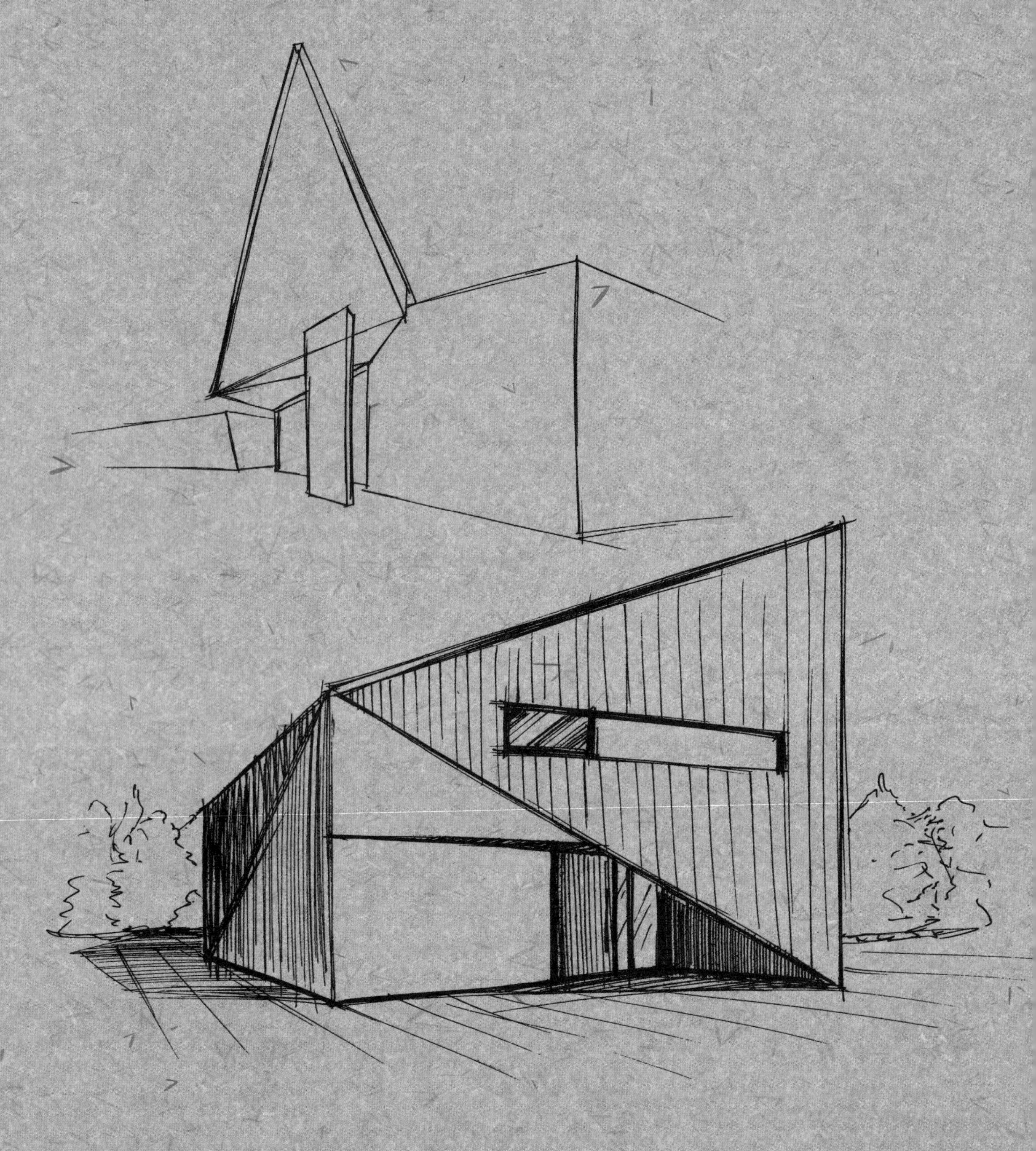

VON DER LINIE ZUM OBJEKT

WIE WIRD AUS EINEM RECHTECK EIN AUTO?

Alles, was wir sehen, lässt sich in geometrischen Formen darstellen. Auch ein Auto ist nichts als ein Zusammenspiel aus verschiedenen Kreisen und Rechtecken. Wie immer solltest du anfangs die Breite und Höhe des Autos gut einschätzen. Ob eine seitliche oder perspektivische Darstellung, beginne stets mit dem Rechteck. Dann zeichne die relevanten Linien ein.

1

2

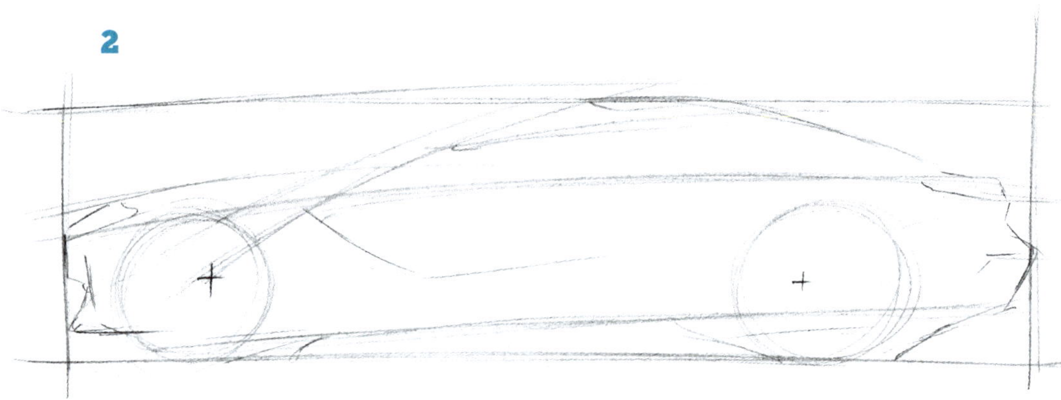

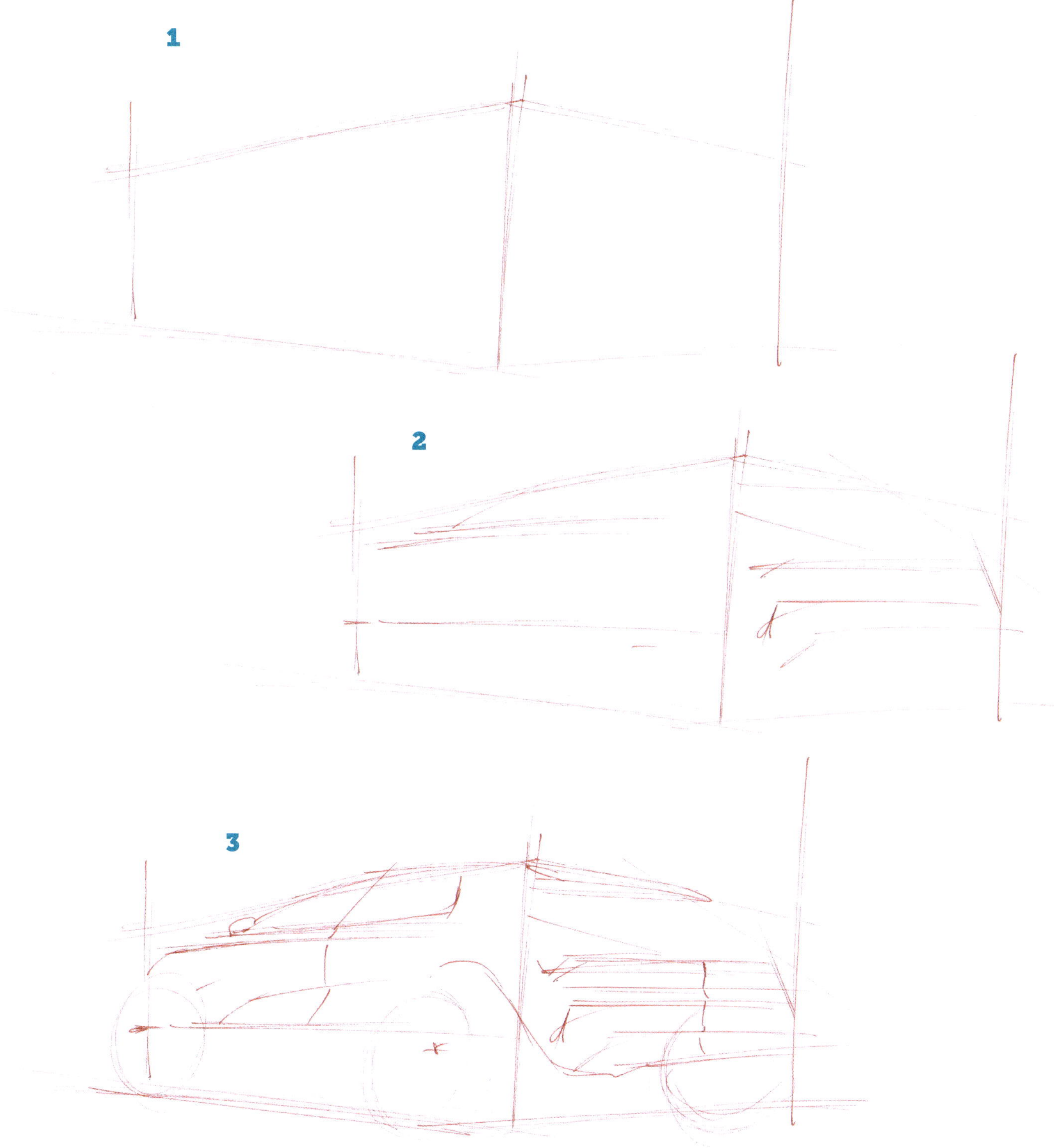
1
2
3

WIE WIRD AUS EINEM ZYLINDER EIN FINGER?

Nicht nur das Auto hat eine geometrische Grundform. Auch ein Finger oder eine Flasche lassen sich nach diesem Prinzip zeichnen. Zylinder ist hier die Ausgangsform für die weitere Ausarbeitung. Ein Trapez stellt die restliche Handfläche dar.

1

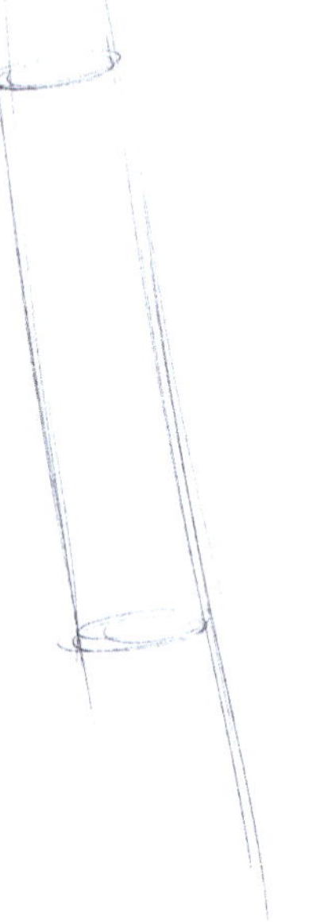

GRUNDFORM

Zeichne einen Zylinder mit dem ungefähren Durchmesser eines Fingers.

2

GRUNDFORM FÜR DIE HAND

Mit der weiteren Grundform legst du die Außenkanten der Faust fest.

3

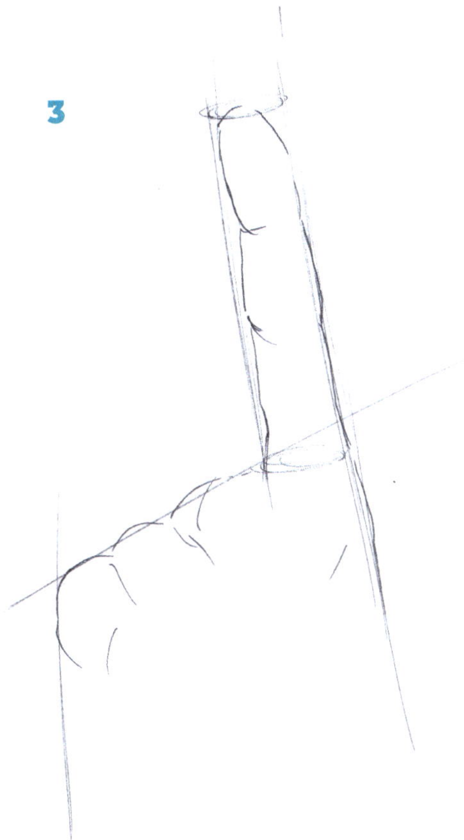

4

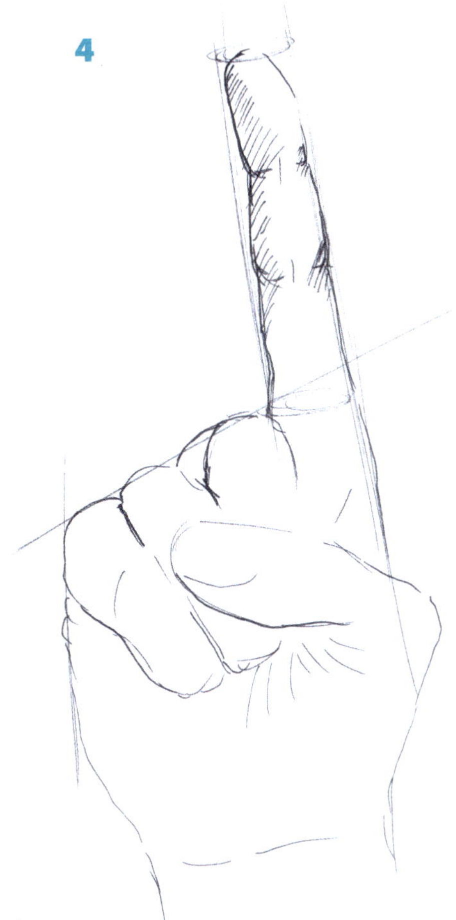

WOWEFFEKT!

Die Linien, an denen die Finger aufeinandertreffen, solltest du etwas mehr betonen.

FORMFINDUNG
Arbeite die Fingerformen nacheinander aus.

SCHATTEN UND SCHRAFFUR
Jetzt kannst du die Form schraffieren und den Finger dadurch dreidimensionaler wirken lassen.

WIE WIRD AUS EINEM KREIS EINE WEINFLASCHE?

Beim genaueren Hinsehen wirst du feststellen, dass auch besondere Formen von Objekten sich nach dem Prinzip „geometrische Grundformen" gut zeichnen lassen. Am Beispiel dieser Weinflasche zeige ich dir, wie du aus einem einfachen Kreis eine Weinflasche zeichnen kannst.

Die einzige Schwierigkeit hierbei ist, eine runde Form zu bekommen. Aber das ist reine Übungssache.

1

2

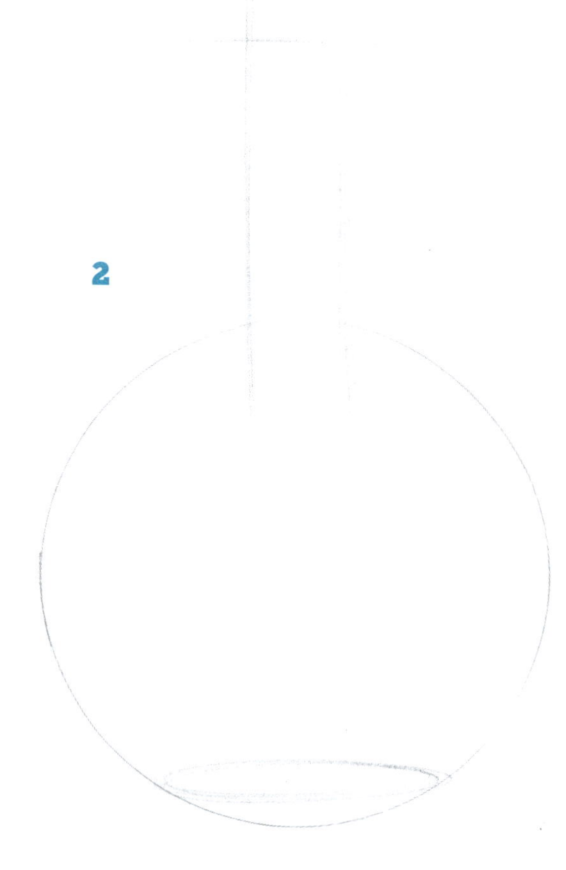

WOWEFFEKT!

Um einen Kreis zu zeichnen, versuche erst einmal, in der Luft knapp über dem Papier den Kreis aufzuzeichnen. Setze dann den Stift an und zeichne den Kreis.

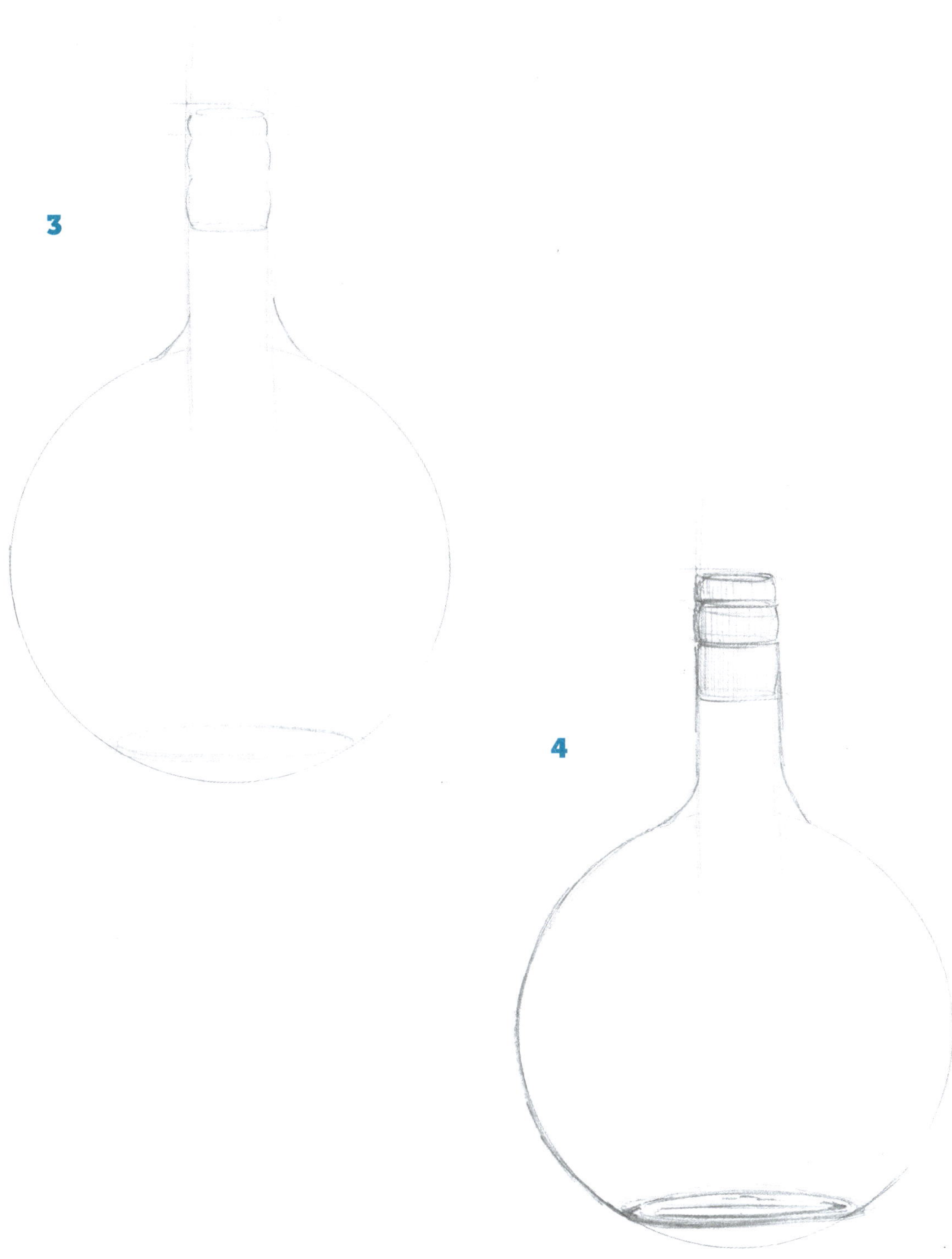
3
4

WIE WIRD AUS EINEM DREIECK EIN GEBÄUDE?

Architektur ist sehr vielseitig. Es gibt kaum eine geometrische Form, die sich nicht in der Architektur wiederfindet. Sicherlich seltener finden sich Dreiecke. Aber auch aus einem Dreieck lässt sich ein Gebäude konstruieren. Allein wenn du ein Quadrat oder ein Rechteck diagonal mit einer Linie durchziehst, erhältst du zwei Dreiecke. Mit weiteren diagonalen Linien lassen sich weitere Dreiecke konstruieren. Und? Schon eine Idee?

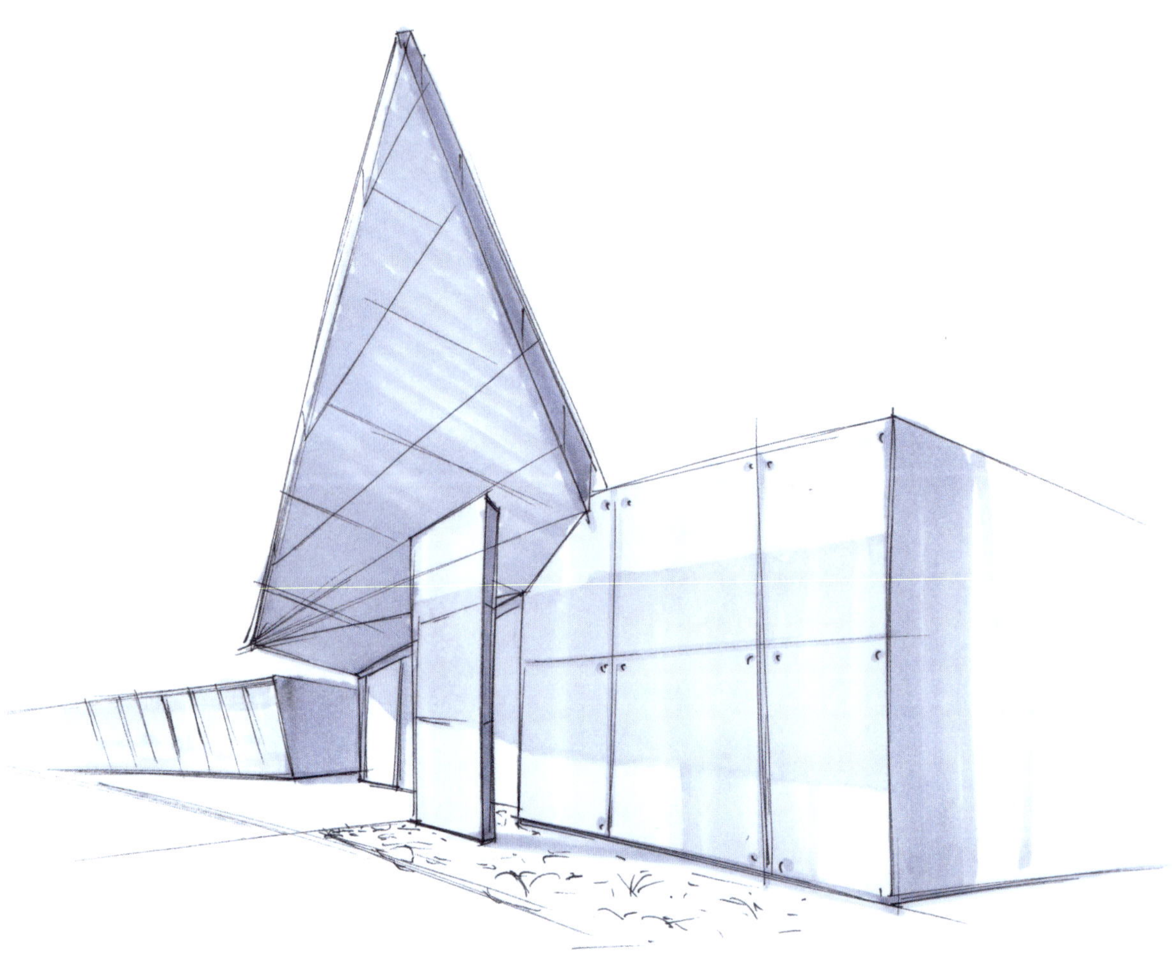

1

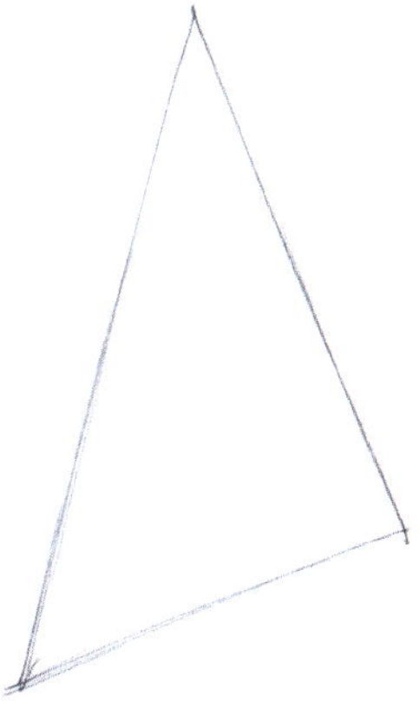

DIE GRUNDFORM

Zeichne zuerst die Grundform, die das Dach, von unten betrachtet, darstellt.

2

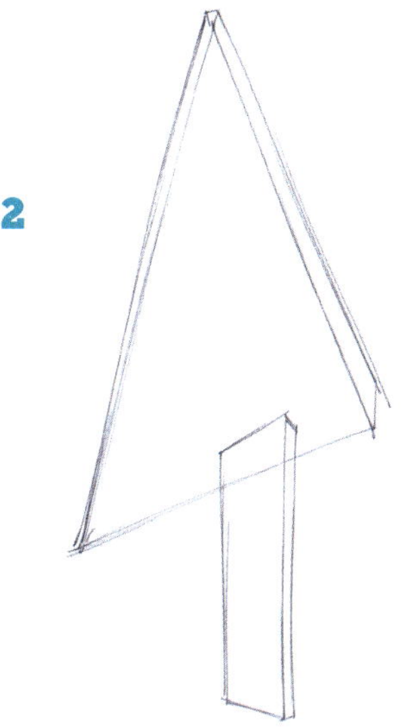

DER EINGANGSBEREICH

Mit einer senkrechten rechteckigen Fläche zeichnen wir den Eingangsbereich.

3

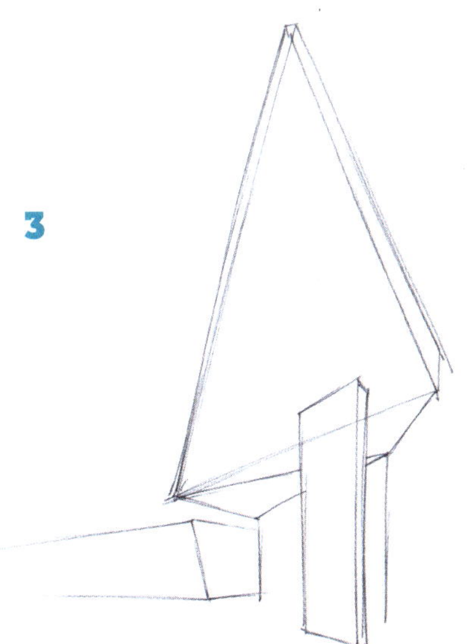

WEITERE FORMEN

Zeichne weitere Formen im Hintergrund, um die Gebäudeumgebung zu zeichnen.

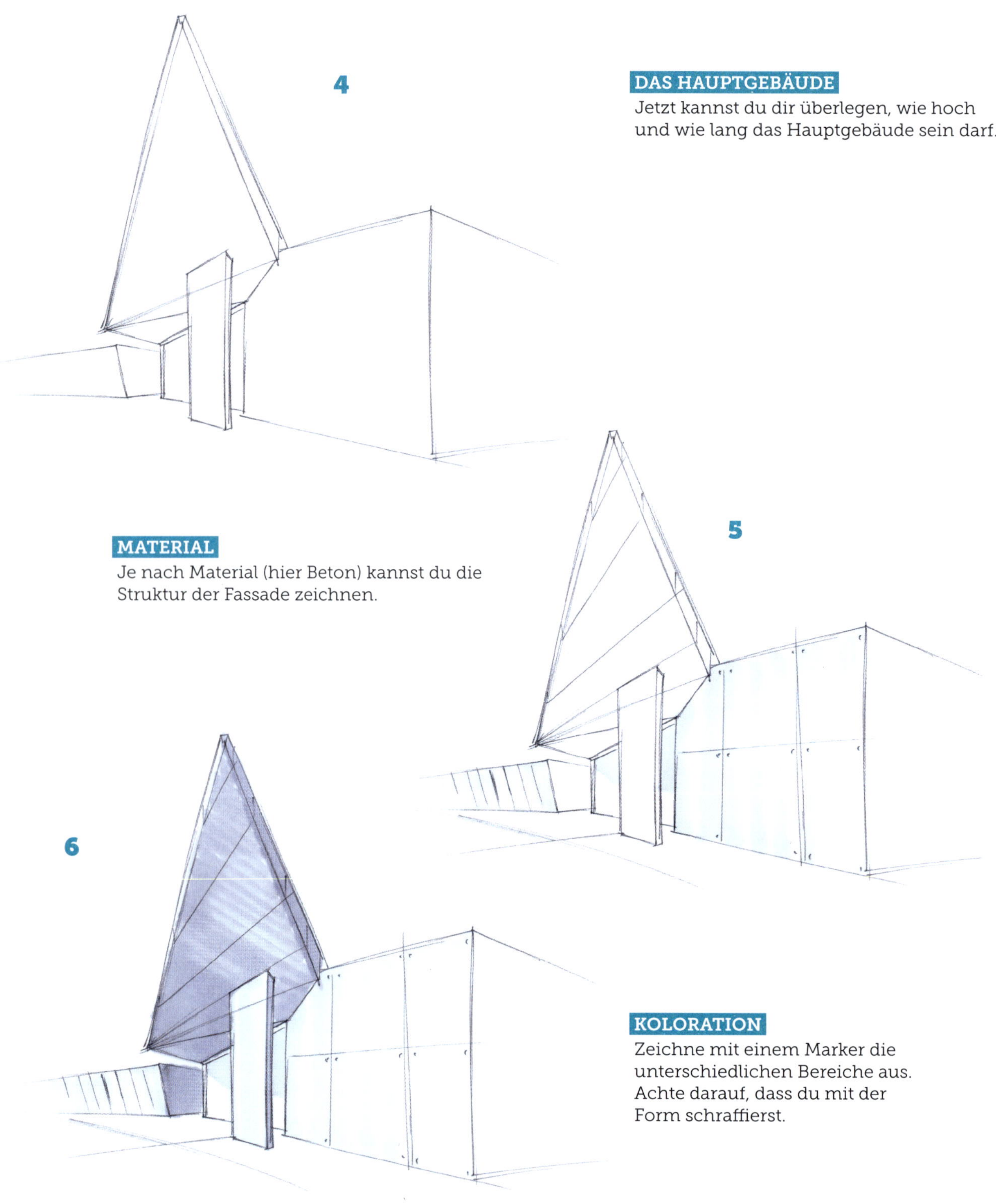

DAS HAUPTGEBÄUDE
Jetzt kannst du dir überlegen, wie hoch und wie lang das Hauptgebäude sein darf.

MATERIAL
Je nach Material (hier Beton) kannst du die Struktur der Fassade zeichnen.

KOLORATION
Zeichne mit einem Marker die unterschiedlichen Bereiche aus. Achte darauf, dass du mit der Form schraffierst.

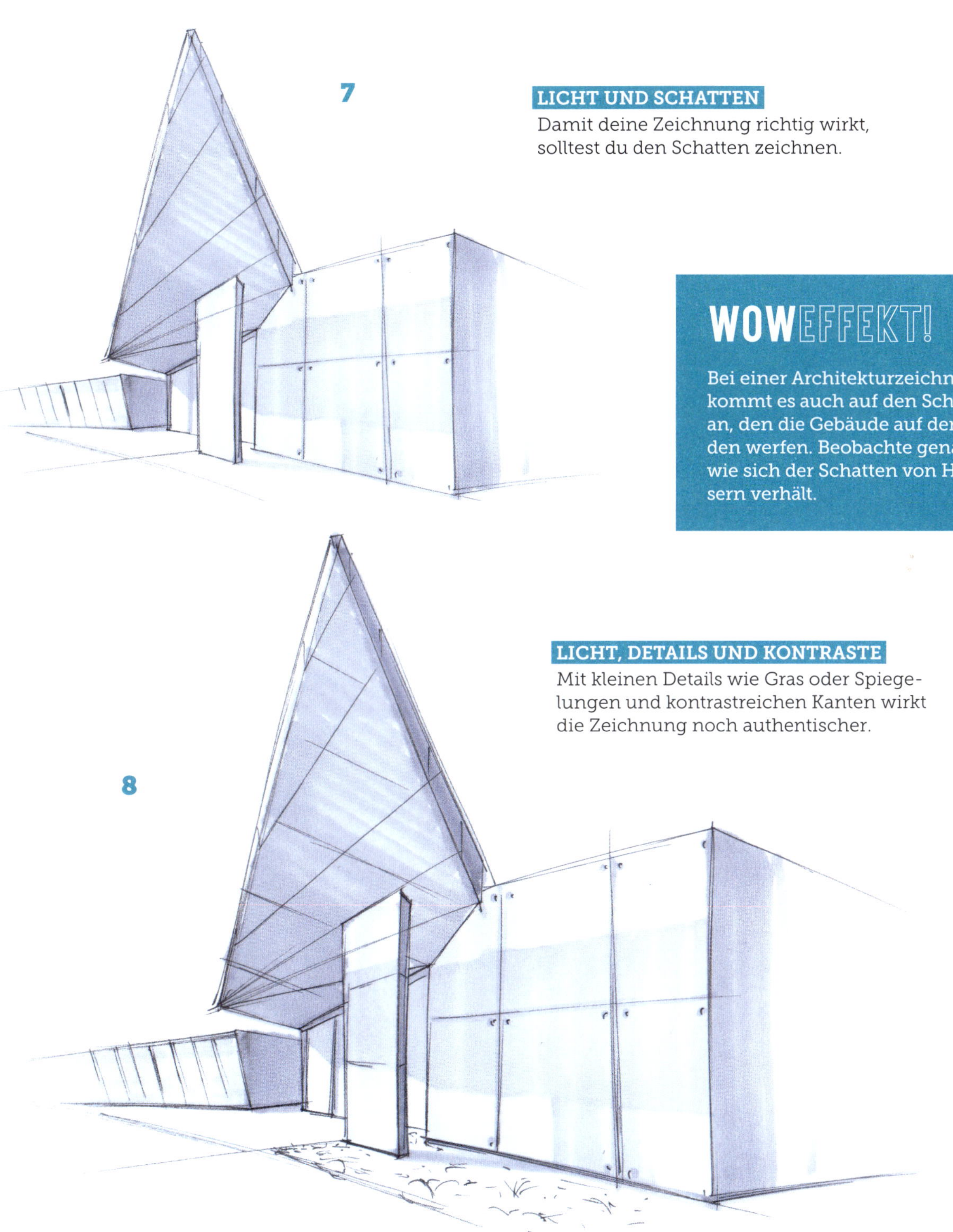

7

LICHT UND SCHATTEN

Damit deine Zeichnung richtig wirkt, solltest du den Schatten zeichnen.

WOWEFFEKT!

Bei einer Architekturzeichnung kommt es auch auf den Schatten an, den die Gebäude auf den Boden werfen. Beobachte genau, wie sich der Schatten von Häusern verhält.

8

LICHT, DETAILS UND KONTRASTE

Mit kleinen Details wie Gras oder Spiegelungen und kontrastreichen Kanten wirkt die Zeichnung noch authentischer.

In diesem Beispiel habe ich damit angefangen, aus einem Dreieck in der Frontansicht das restliche Gebäude zu skizzieren. Eine gute Möglichkeit, um das Gebäude in Perspektive zu zeichnen, ist, die einzelnen Ansichten der Fassade vorab zu zeichnen. So bekommst du das Gefühl für die Endform.

Versuche, selbst aus einem Dreieck ein Haus zu zeichnen. Das Dreieck muss nicht wie in diesem Beispiel mit der Kante auf dem Boden stehen.

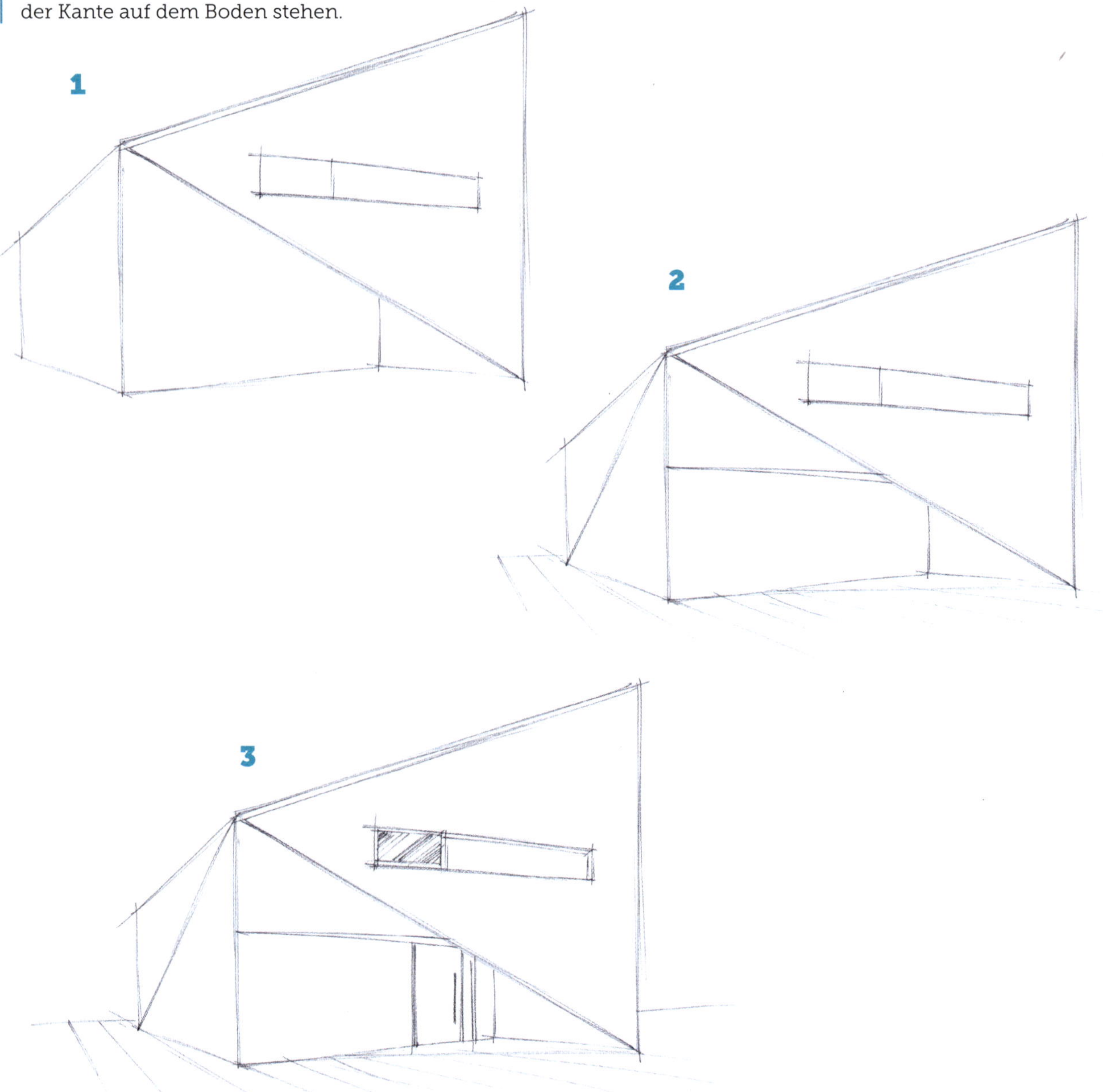

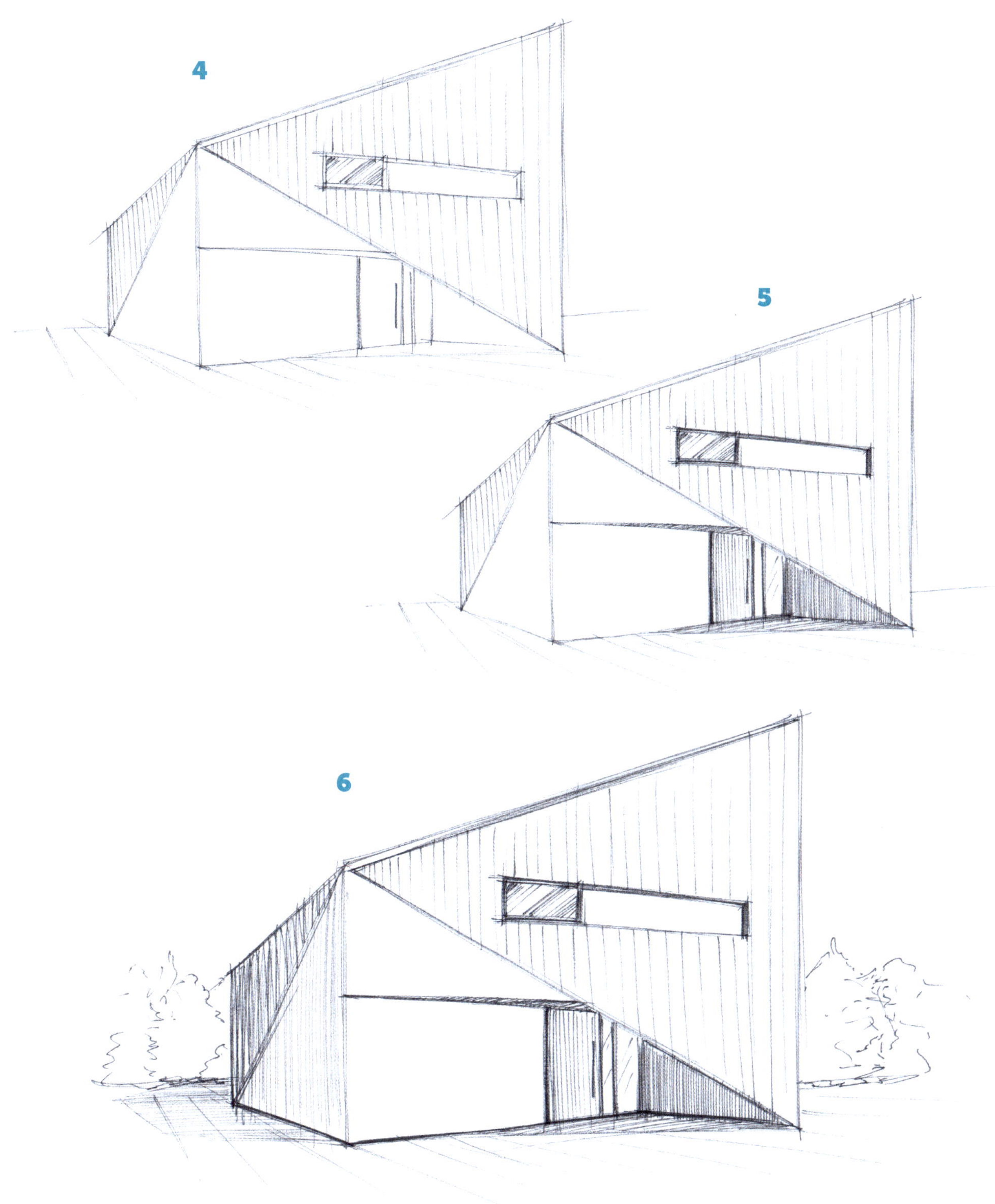
4
5
6

INSPIRATION

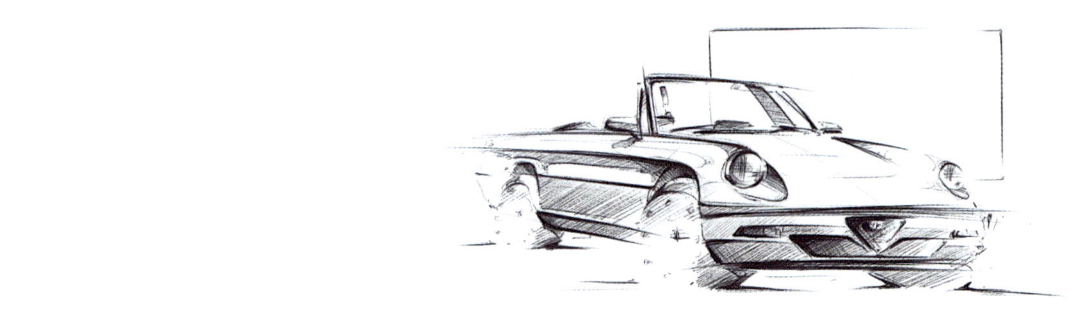

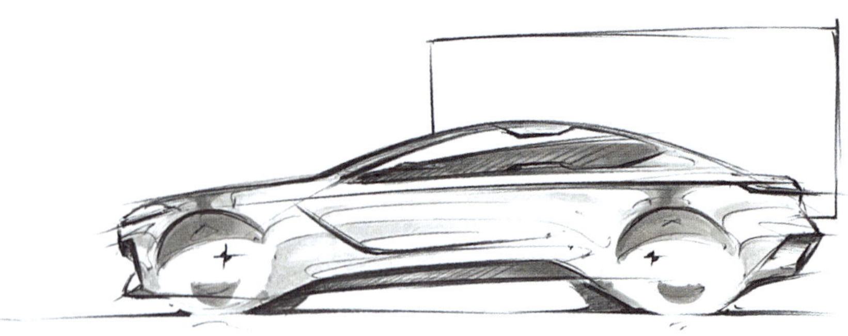

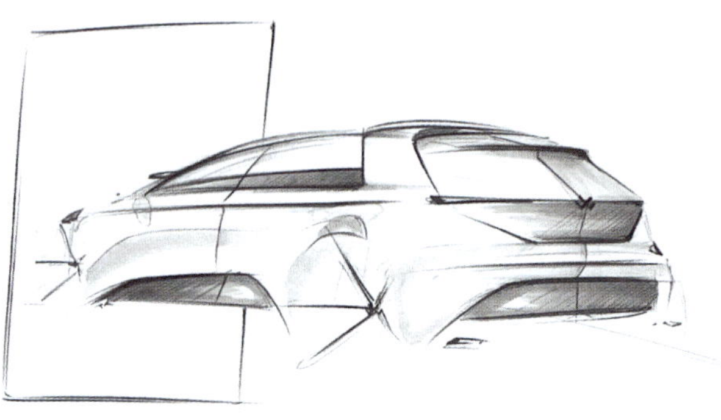

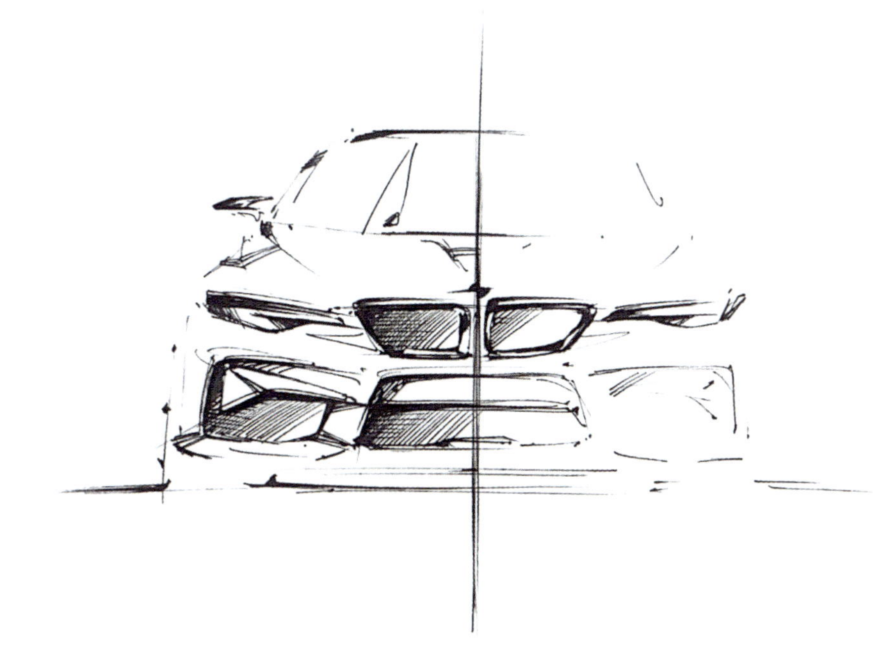

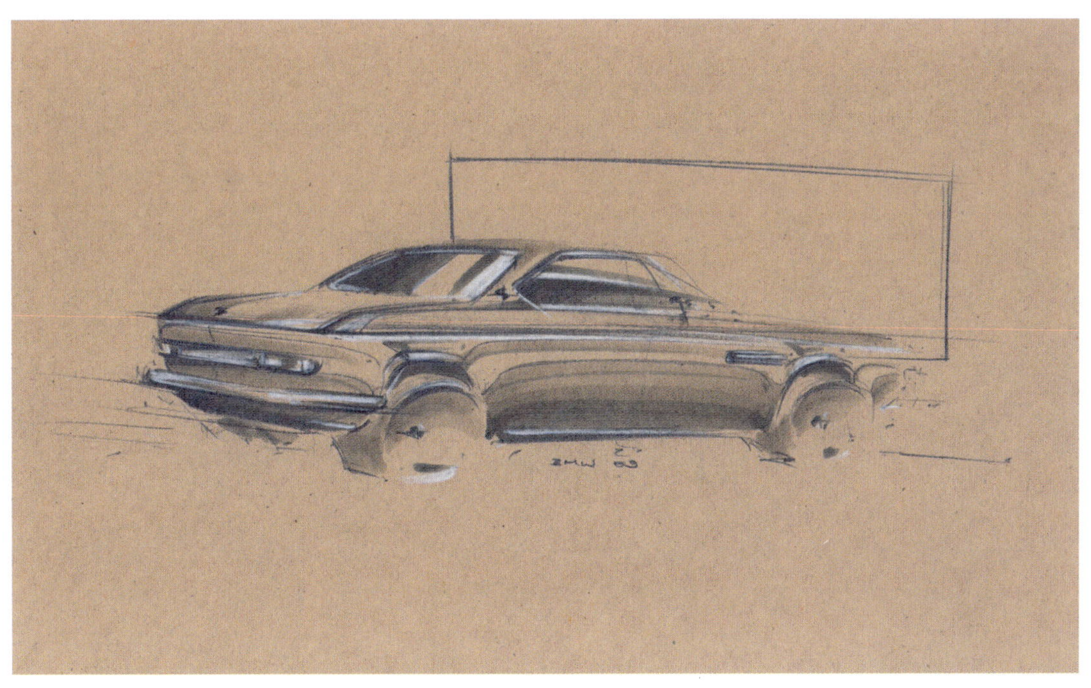

ZEICHENÜBUNG

Erkennst du die Grunformen, aus denen die beiden Hände aufgebaut sind? Übe dich darin, mit den Grunformen beginnend, Hände zu zeichnen – vielleicht ja auch deine eigenen!

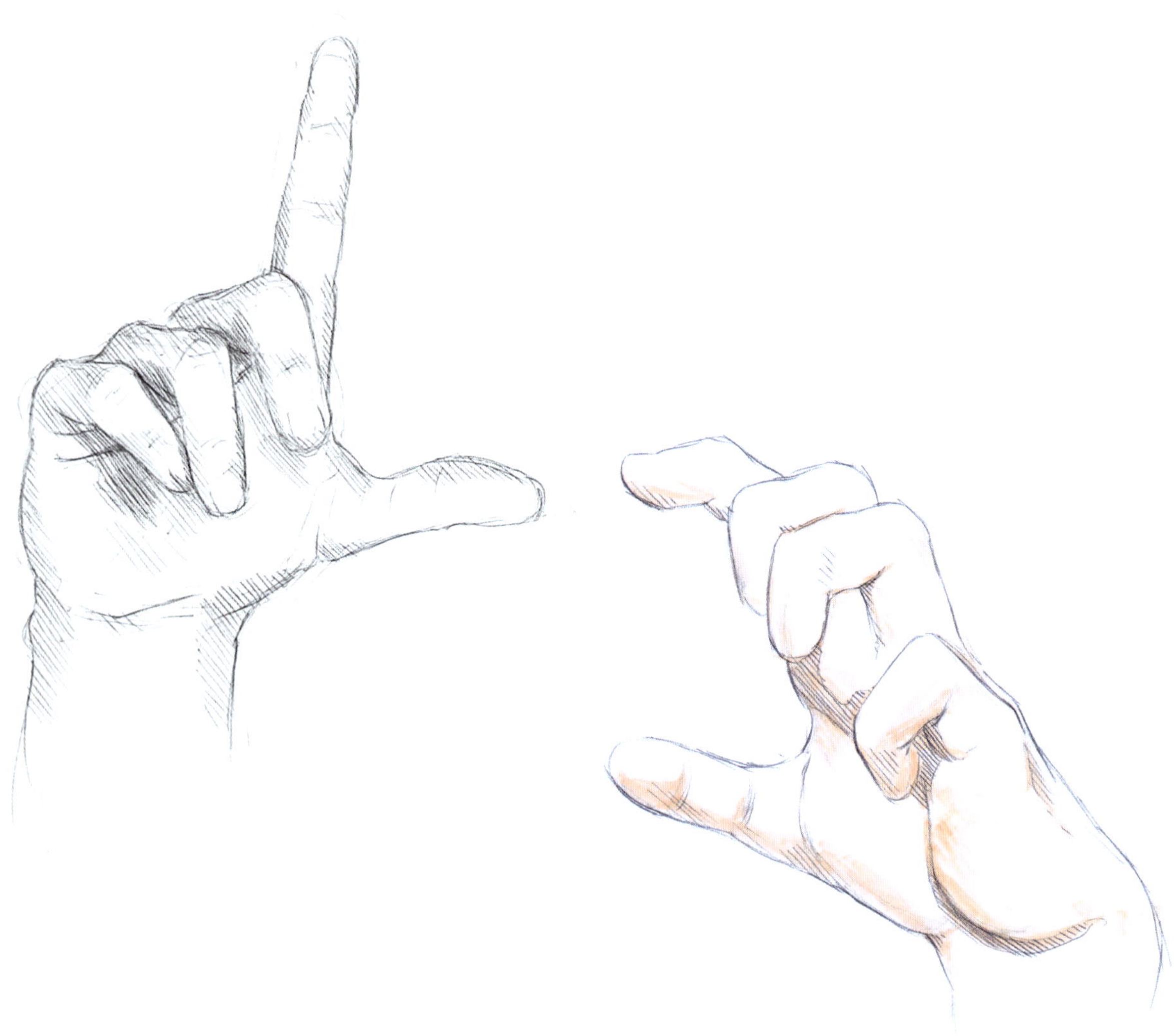

Los geht's!

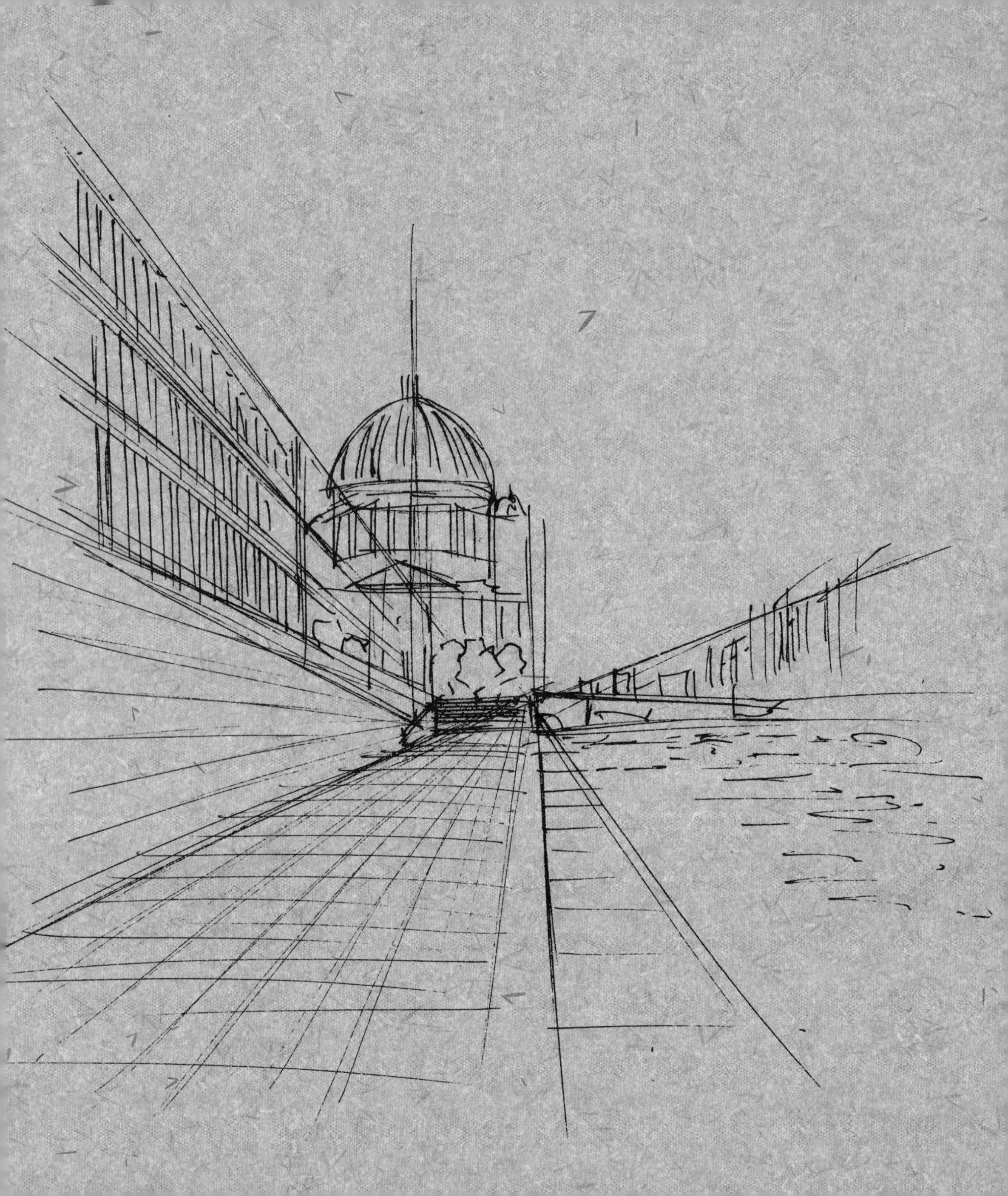

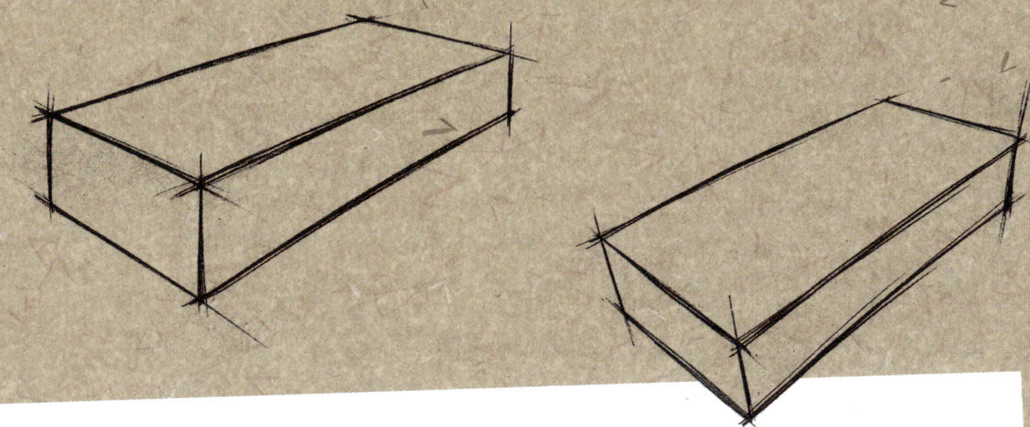

PERSPEKTIVE

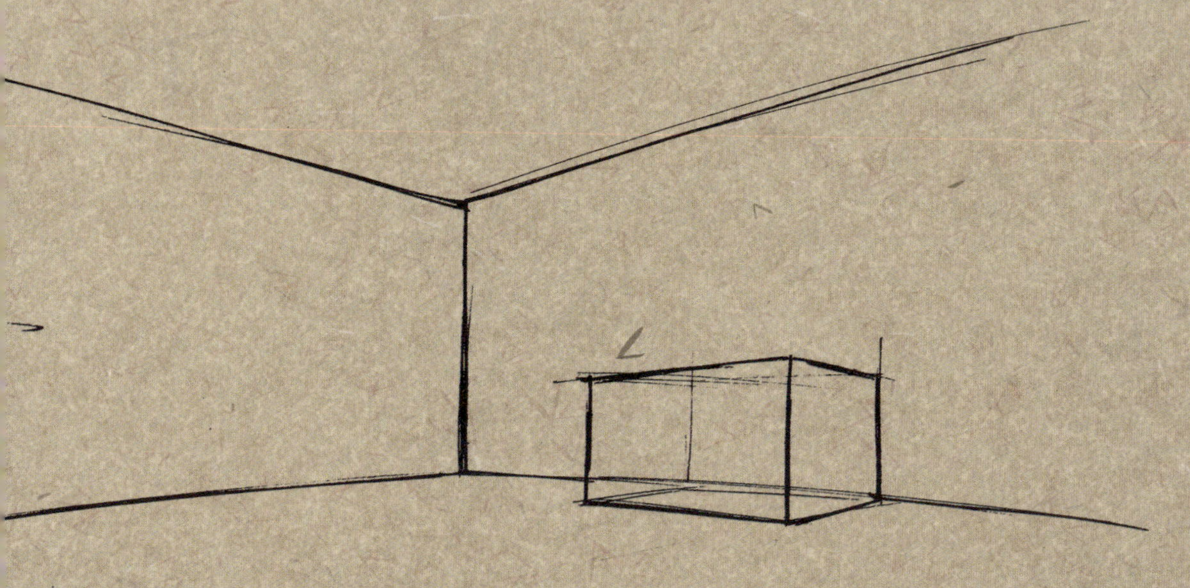

WELCHE PERSPEKTIVEN GIBT ES?

Es gibt drei klassische Perspektivarten in der Zeichnung. Die 1-Punkt-Perspektive, die 2-Punkt-Perspektive und die 3-Punkt-Perspektive. Die 1-Punkt wird auch als Zentralperspektive bezeichnet, die 3-Punkt als Frosch- oder Luftperspektive. Die Fluchtpunkte spielen bei der Perspektive eine genauso wichtige Rolle wie die Horizontlinie.

Hier kannst du bei deinen Skizzen mit dem Blick des Betrachters spielen.

BOX: 1-PUNKT-PERSPEKTIVE
Es gibt nur einen Fluchtpunkt.

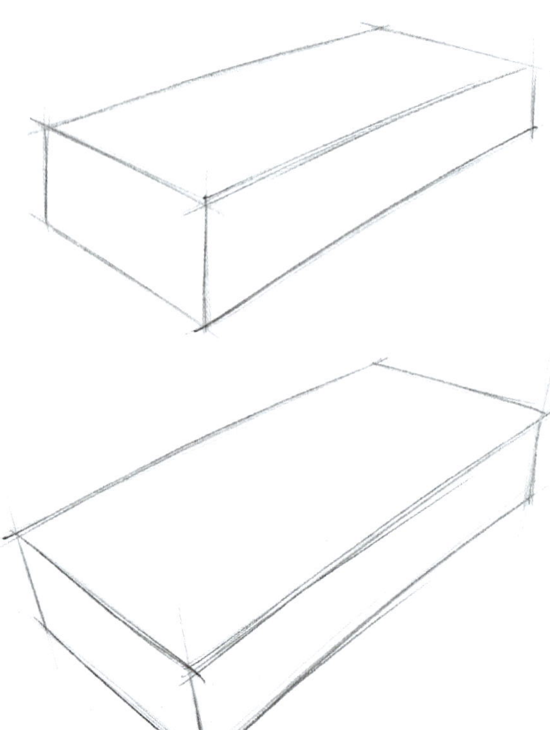

BOX: 2-PUNKT-PERSPEKTIVE
Es gibt zwei Fluchtpunkte.

BOX: 3-PUNKT-PERSPEKTIVE
Es gibt drei Fluchtpunkte.

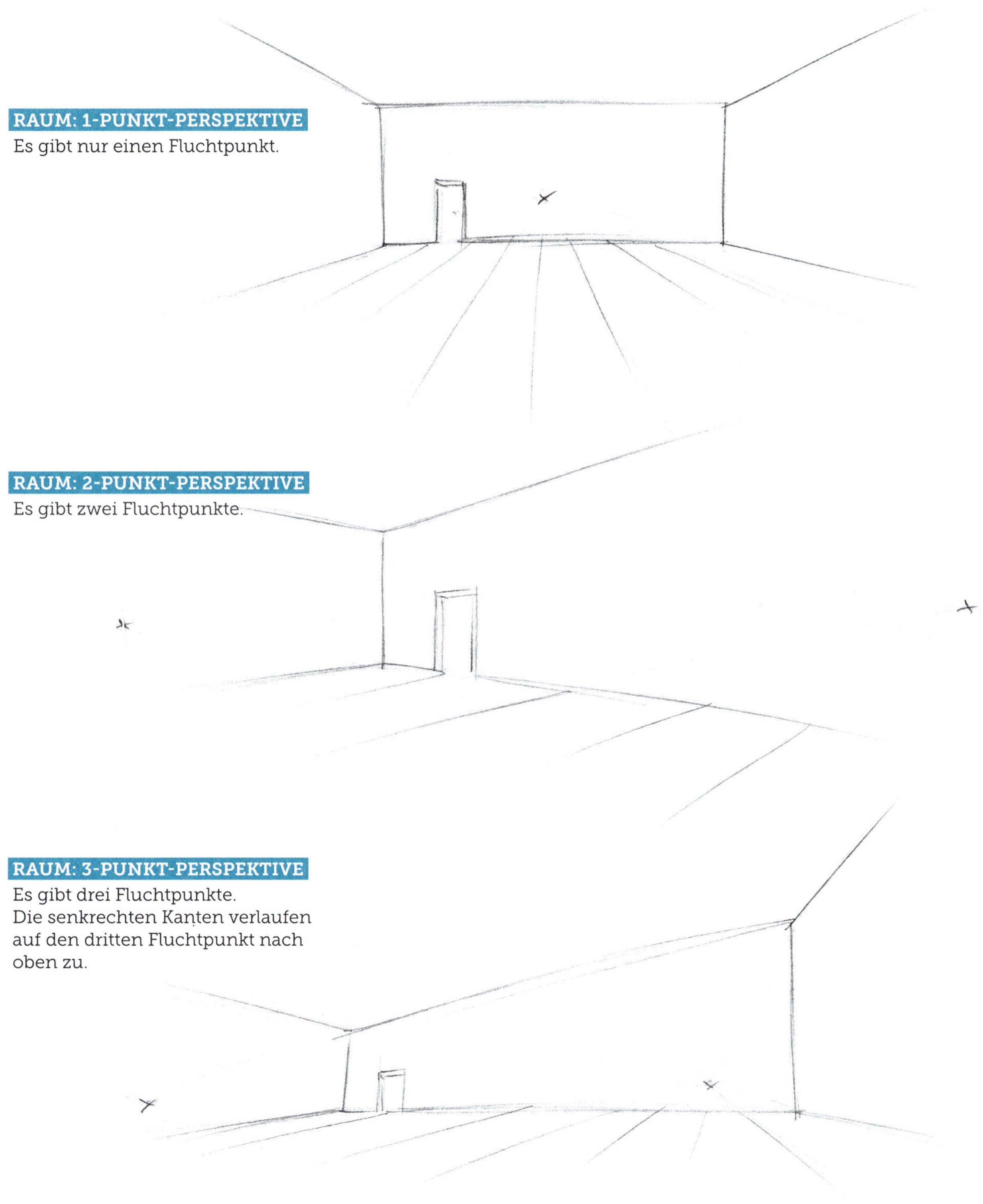

RAUM: 1-PUNKT-PERSPEKTIVE

Es gibt nur einen Fluchtpunkt.

RAUM: 2-PUNKT-PERSPEKTIVE

Es gibt zwei Fluchtpunkte.

RAUM: 3-PUNKT-PERSPEKTIVE

Es gibt drei Fluchtpunkte.
Die senkrechten Kanten verlaufen auf den dritten Fluchtpunkt nach oben zu.

WIE ERKENNE ICH DIE PERSPEKTIVE MEINES MOTIVS?

Die einfachste Art, die Perspektive und die Fluchtpunkte in einem Motiv zu finden, ist es, die Raumkanten oder Gebäudekanten zu verfolgen. Dort, wo sie sich treffen, befindet sich der Fluchtpunkt.

Das Prinzip funktioniert auch bei der Zeichnung von Objekten. Schaue dich um. Auf welche Fluchtpunkte verlaufen die Raumkanten des Raumes, in dem du dich gerade befindest?

WOW EFFEKT!

Beim Zeichnen von Gebäuden verwende ich fast immer die 3-Punkt-Perspektive. Ich lasse die Gebäudekanten wenig oder auch mehr auf den dritten Fluchtpunkt zulaufen.

1

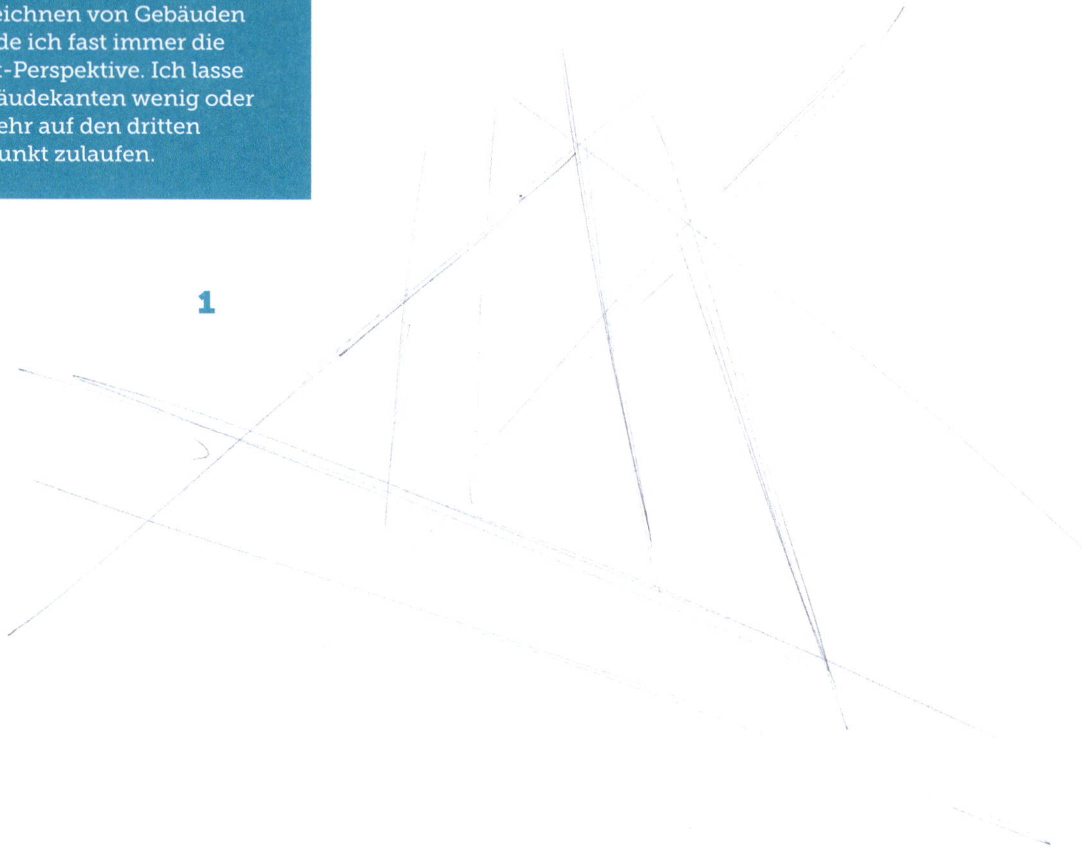

2
3
4

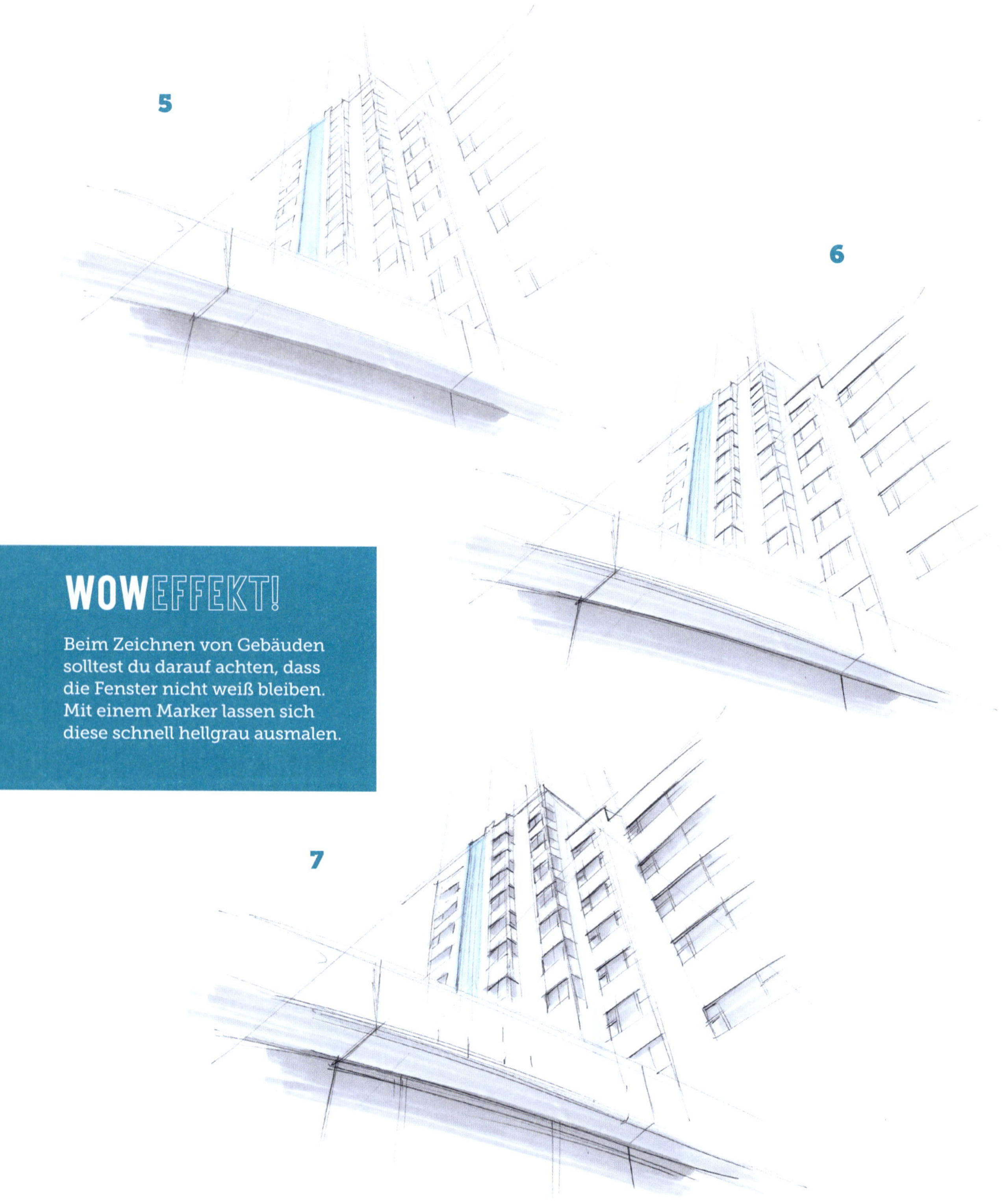

WOWEFFEKT!

Beim Zeichnen von Gebäuden solltest du darauf achten, dass die Fenster nicht weiß bleiben. Mit einem Marker lassen sich diese schnell hellgrau ausmalen.

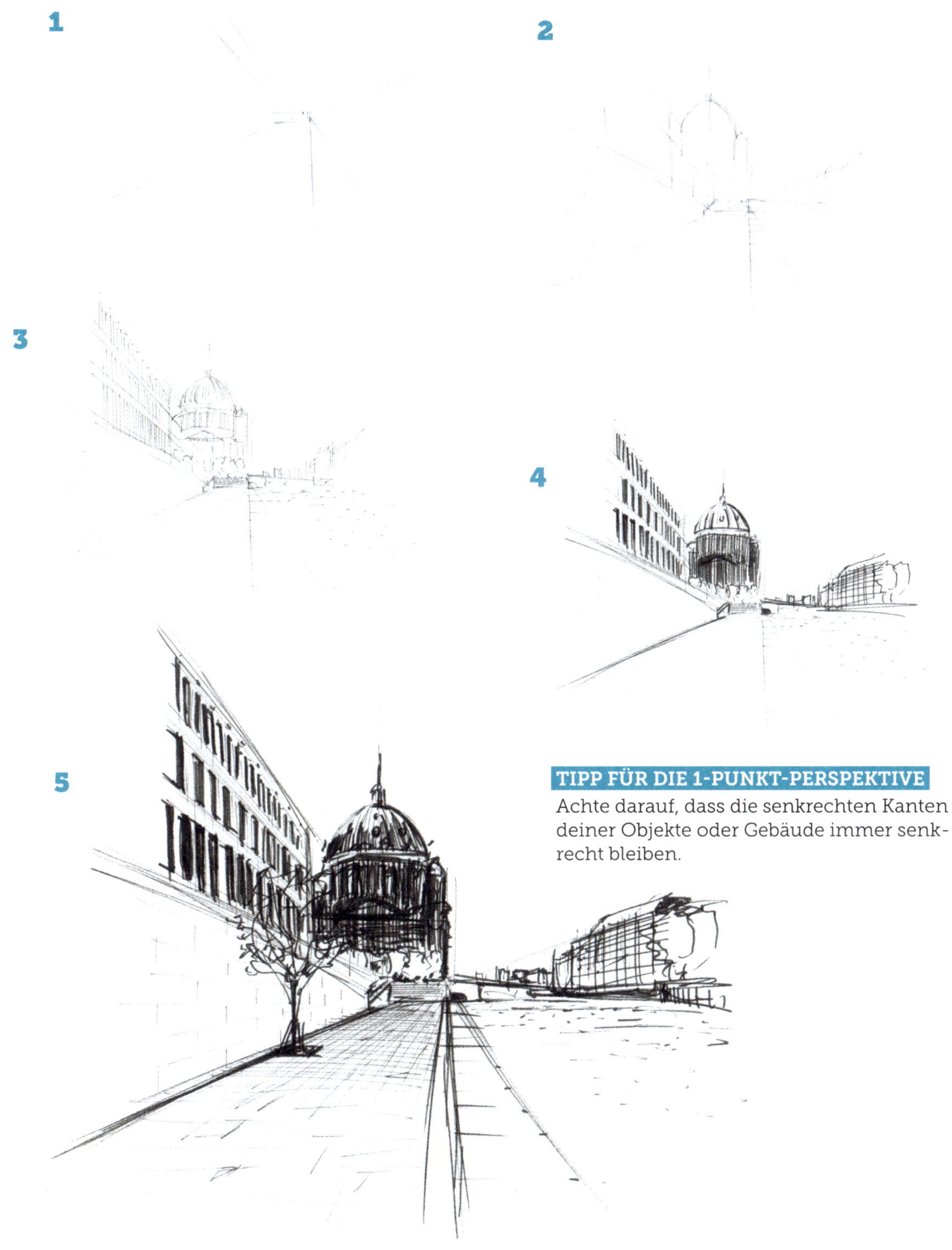

TIPP FÜR DIE 1-PUNKT-PERSPEKTIVE

Achte darauf, dass die senkrechten Kanten deiner Objekte oder Gebäude immer senkrecht bleiben.

WIE FINDE ICH DIE FLUCHTPUNKTE?

Verlängere die Gebäudekanten, die nach links und rechts zu verlaufen scheinen. Du wirst sehen, dass du zwei Fluchtpunkte in deinem Motiv bekommst. Diese werden garantiert auf einer Linie liegen. Das ist dann die Horizontlinie.

Mit den beiden Fluchtpunkten arbeitend, könntest du jetzt die vorhandenen Gebäude erweitern oder etwas im vorderen Bereich dazuzeichnen.

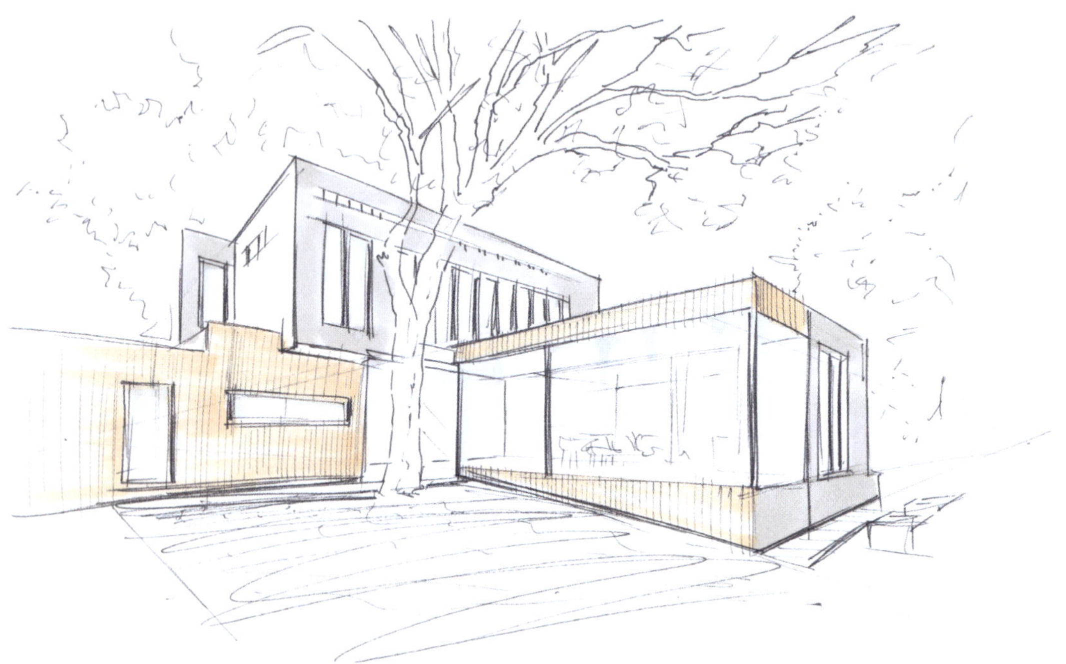

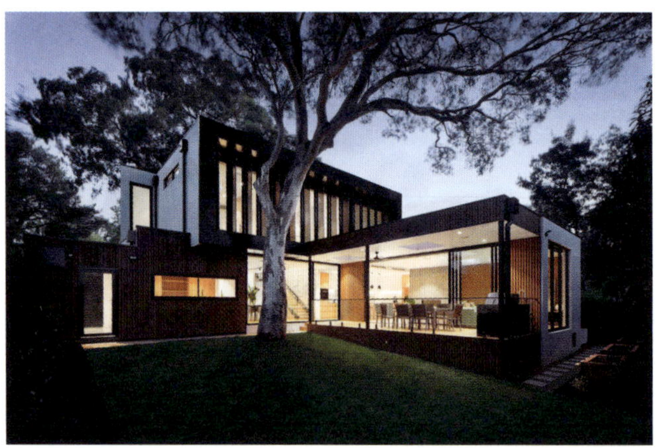

TIPP

Etwas mehr Grün bitte. Bäume, Gräser oder zumindest der Boden sollten etwas bei einer Architektur-Skizze angedeutet werden.

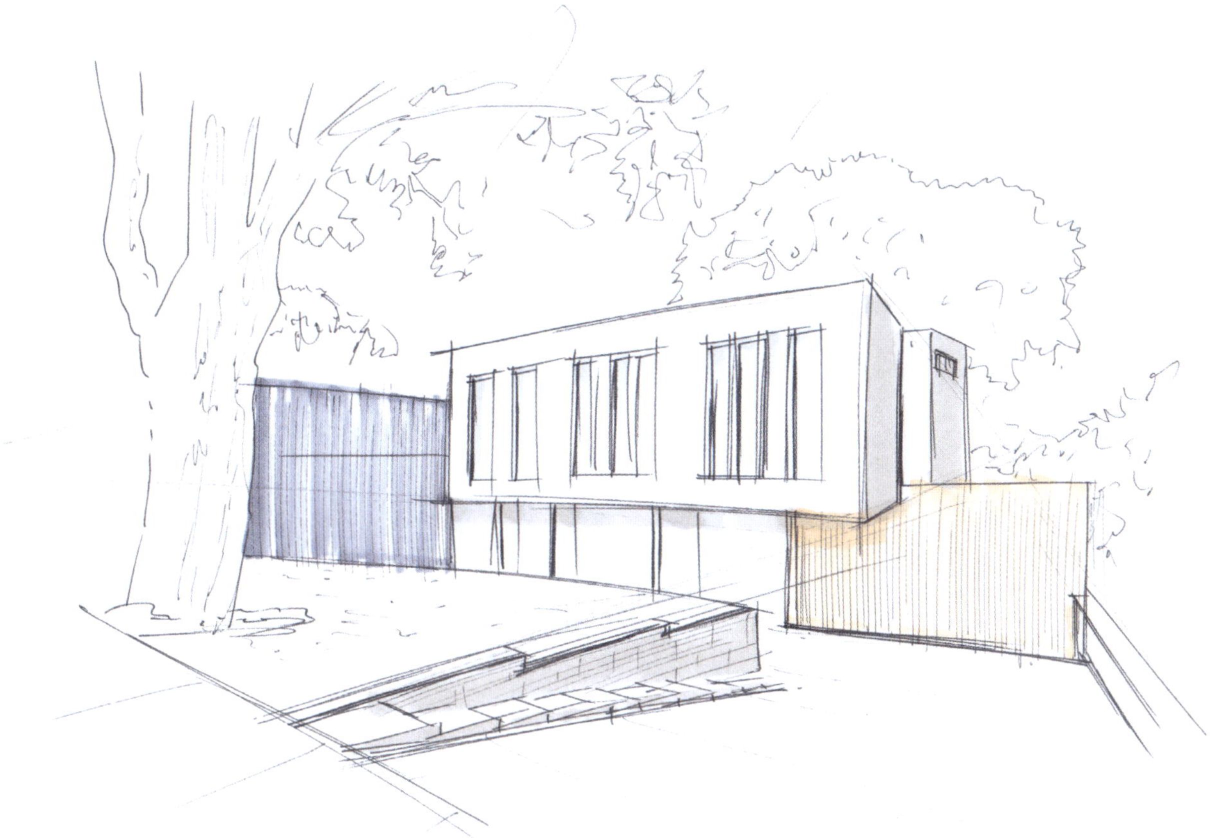

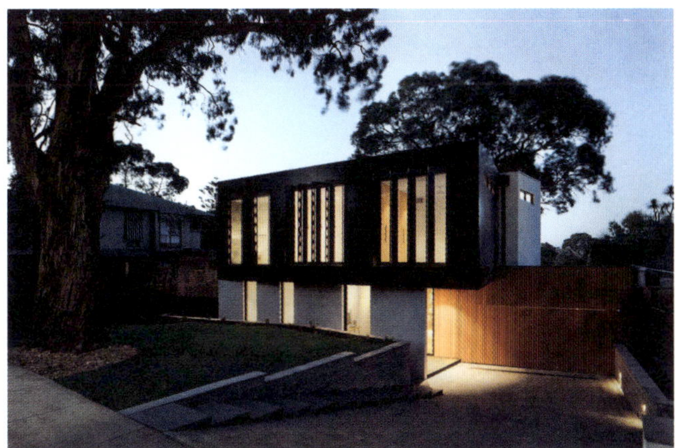

TIPP
Die herabfallende Einfahrt folgt keinem der beiden Fluchtpunkte. Sie ergibt sich aus der Neigung.

WO SETZE ICH DIE HORIZONTLINIE?

Die Horizontlinie kann eine Zeichnung deutlich emotionaler aussehen lassen. Wenn sich die Horizontlinie ganz tief am Boden befindet, wirken Objekte und Gebäude größer. Setzt du die Horizontlinie weiter oben an, wirkt es so, als ob du von oben auf das Geschehen schaust.

Bei den folgenden drei Abbildungen sieht du, wie unterschiedlich die Box im Raum wirkt. Je nach Platzierung der Horizontlinie.

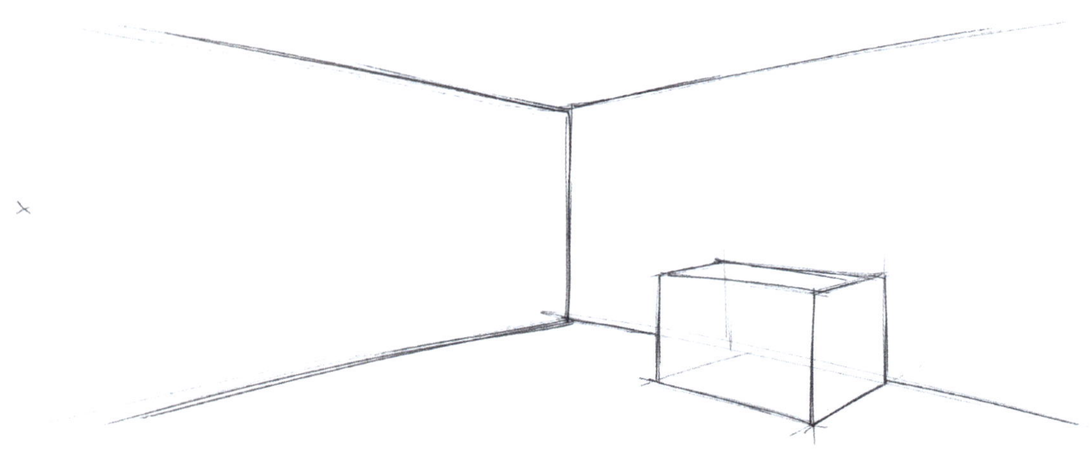

WOWEFFEKT!

Um die räumliche Wirkung zu verstärken, kannst du den Fokus im Raum unterschiedlich legen. Z. B. indem die Box etwas kräftiger gezeichnet wird.

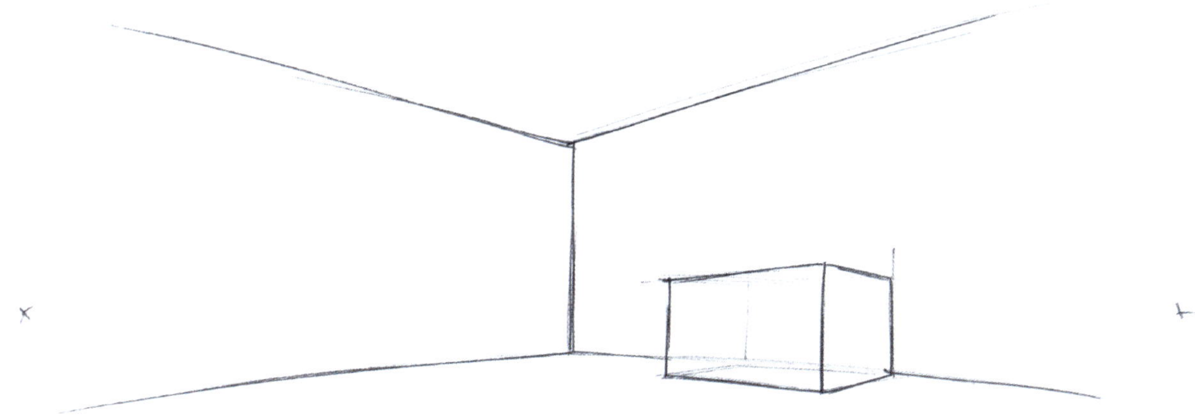

TIPP

Der Raum in der unteren Abbildung ist in der 3-Punkt-Perspektive gezeichnet. Diese eignet sich nur bedingt für die Darstellung von Räumen, da der Betrachter selten so einen Raum so sehr von oben sieht.

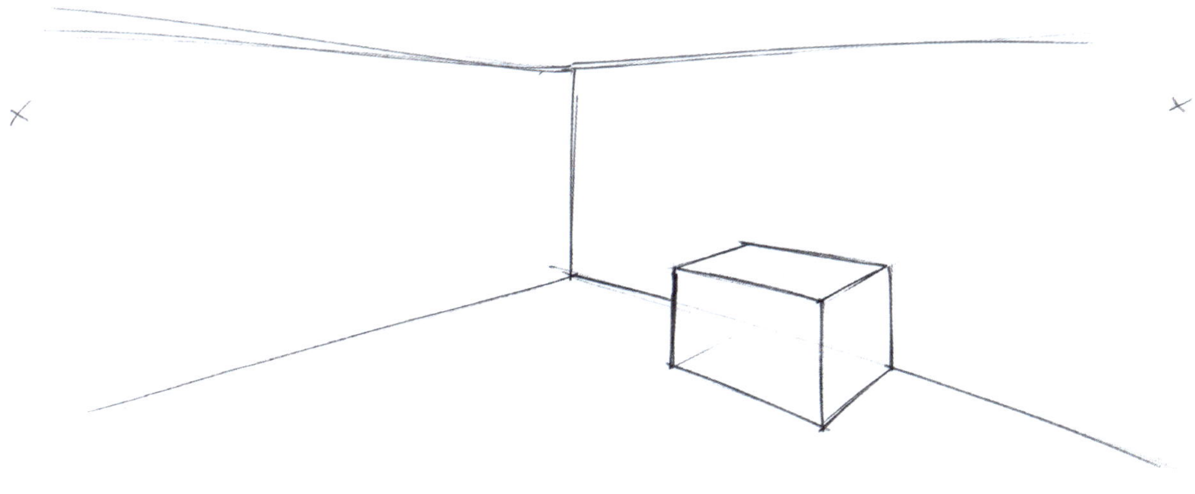

INSPIRATION

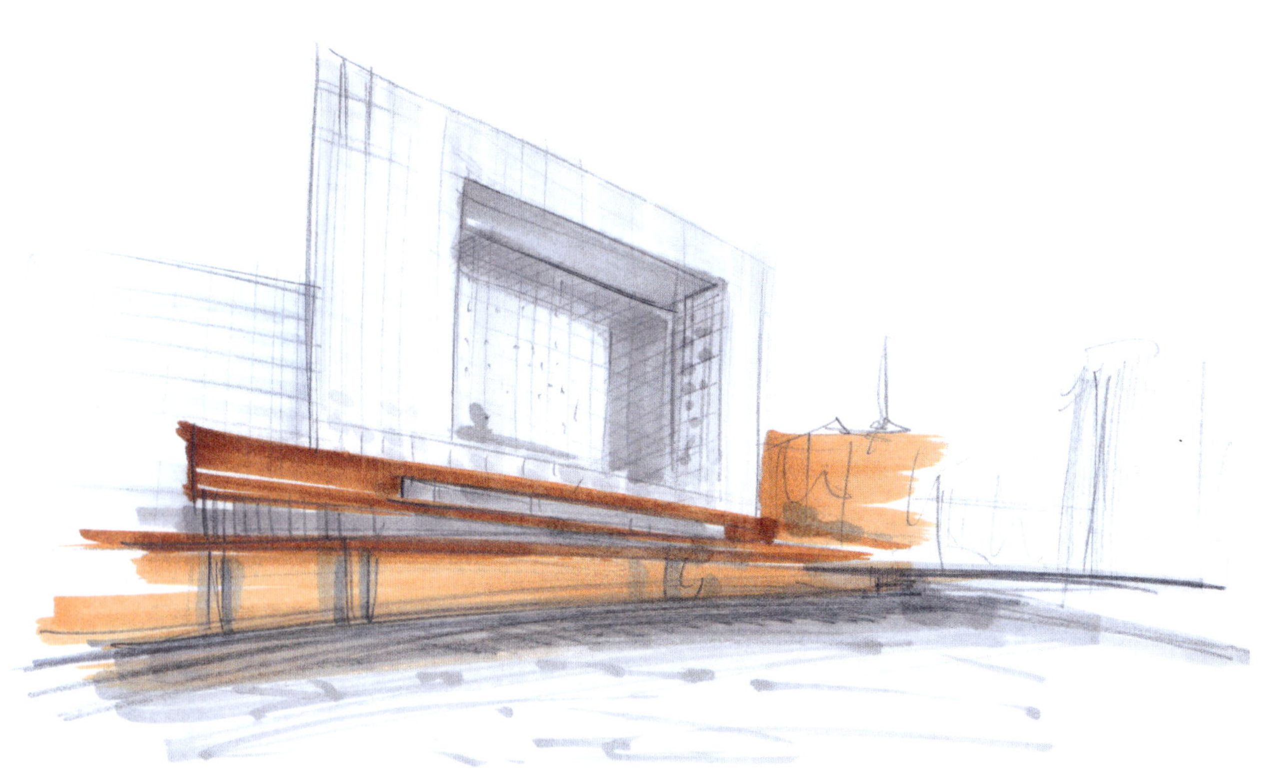

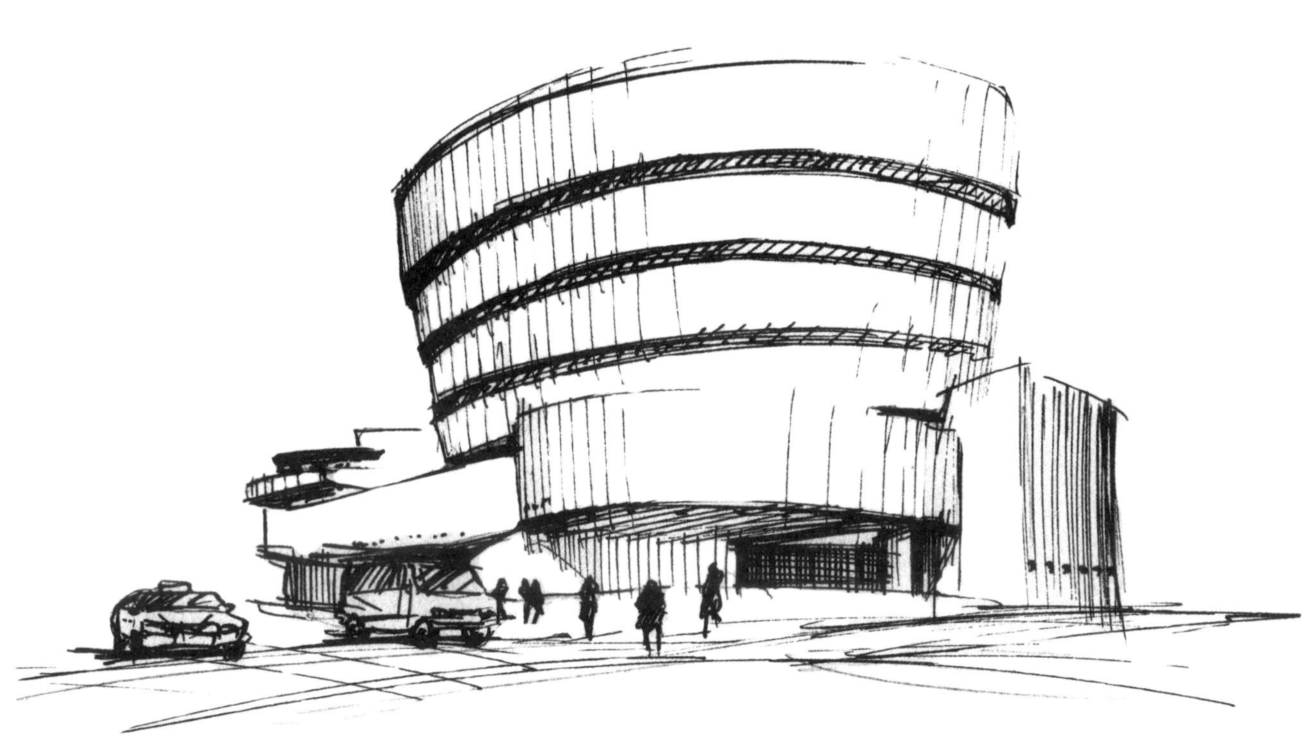

ZEICHENÜBUNG

Folge der Schrittanleitung und konstruiere den Blick von oben auf die Brücke.

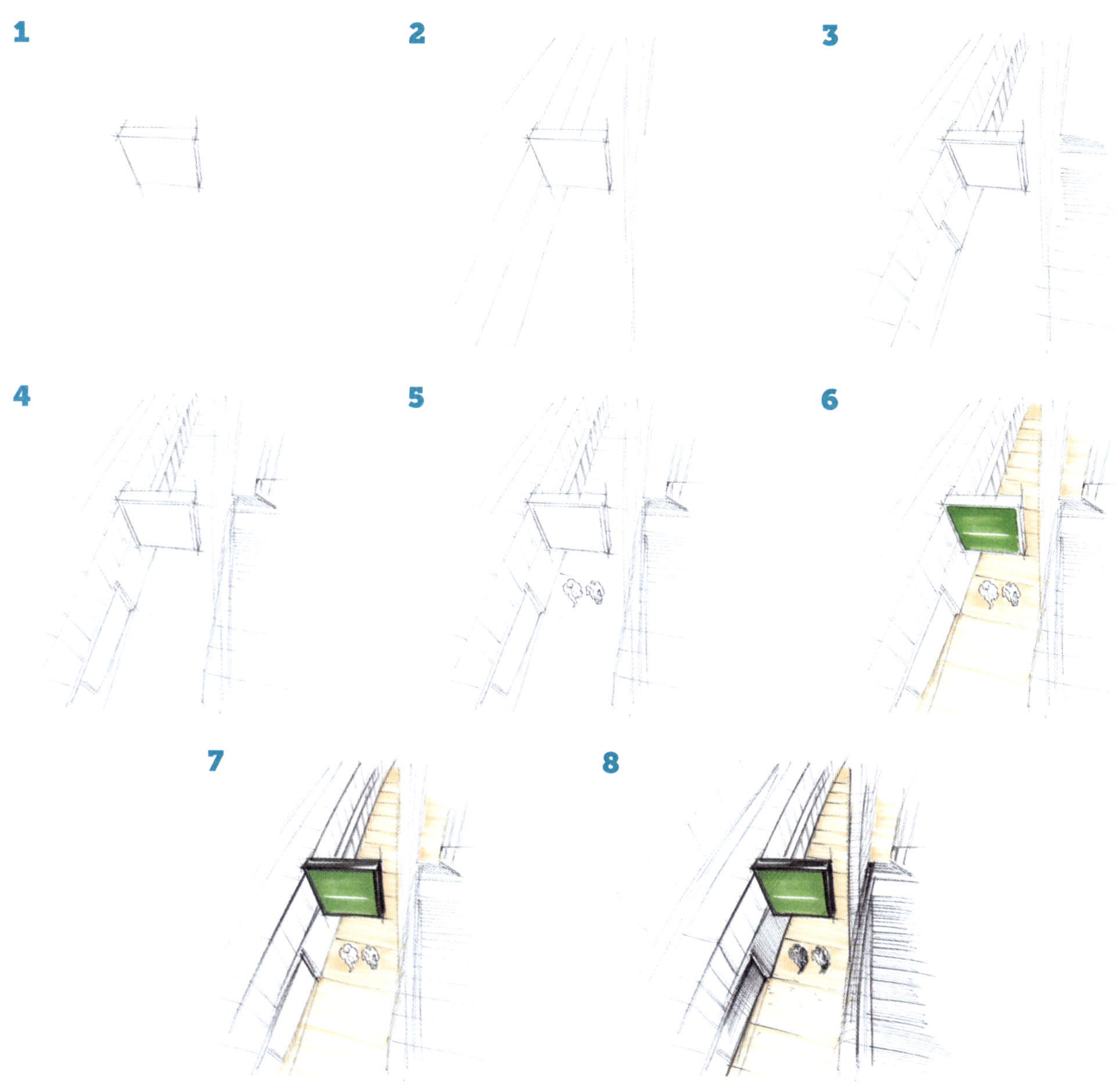

Los geht's!

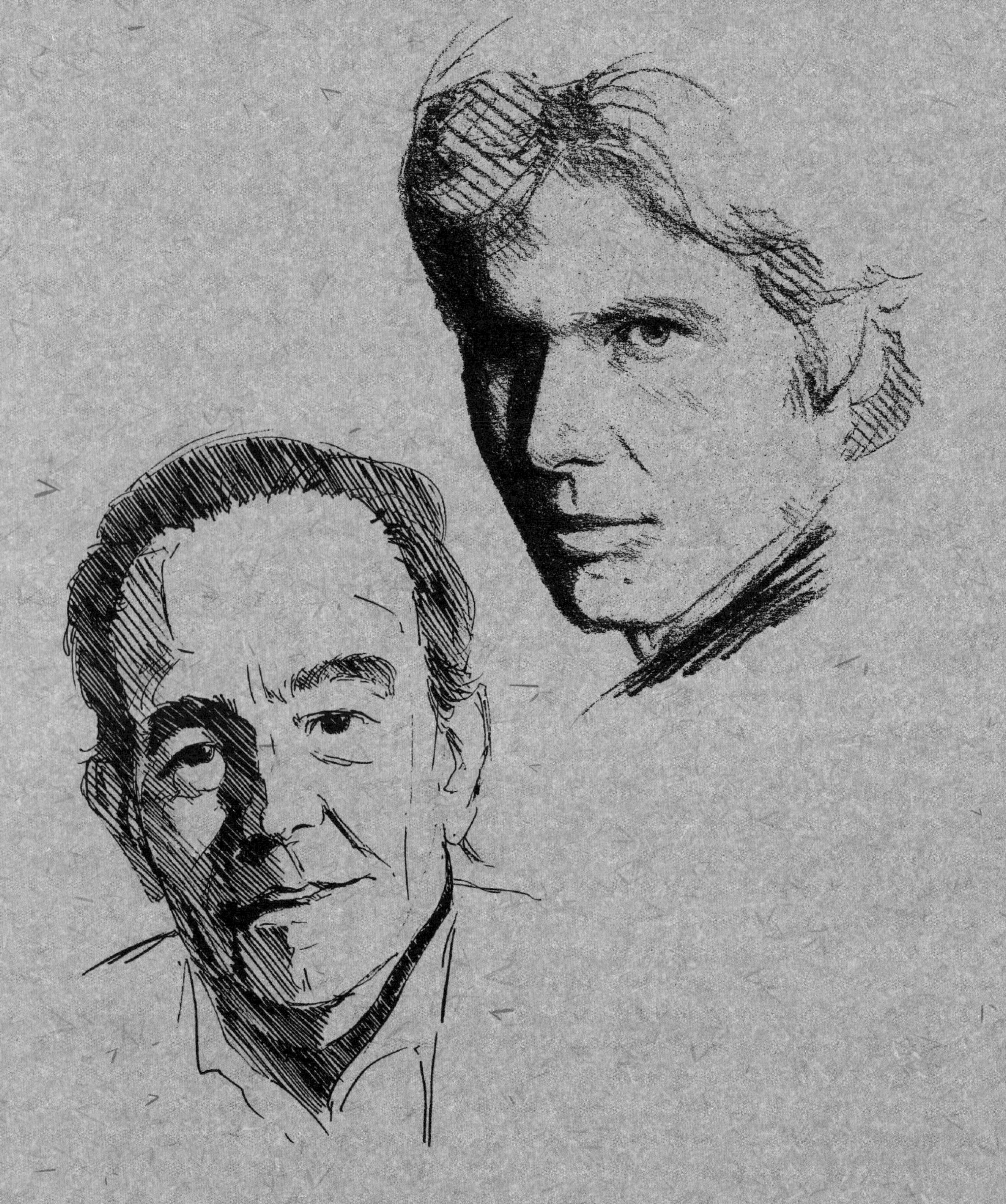

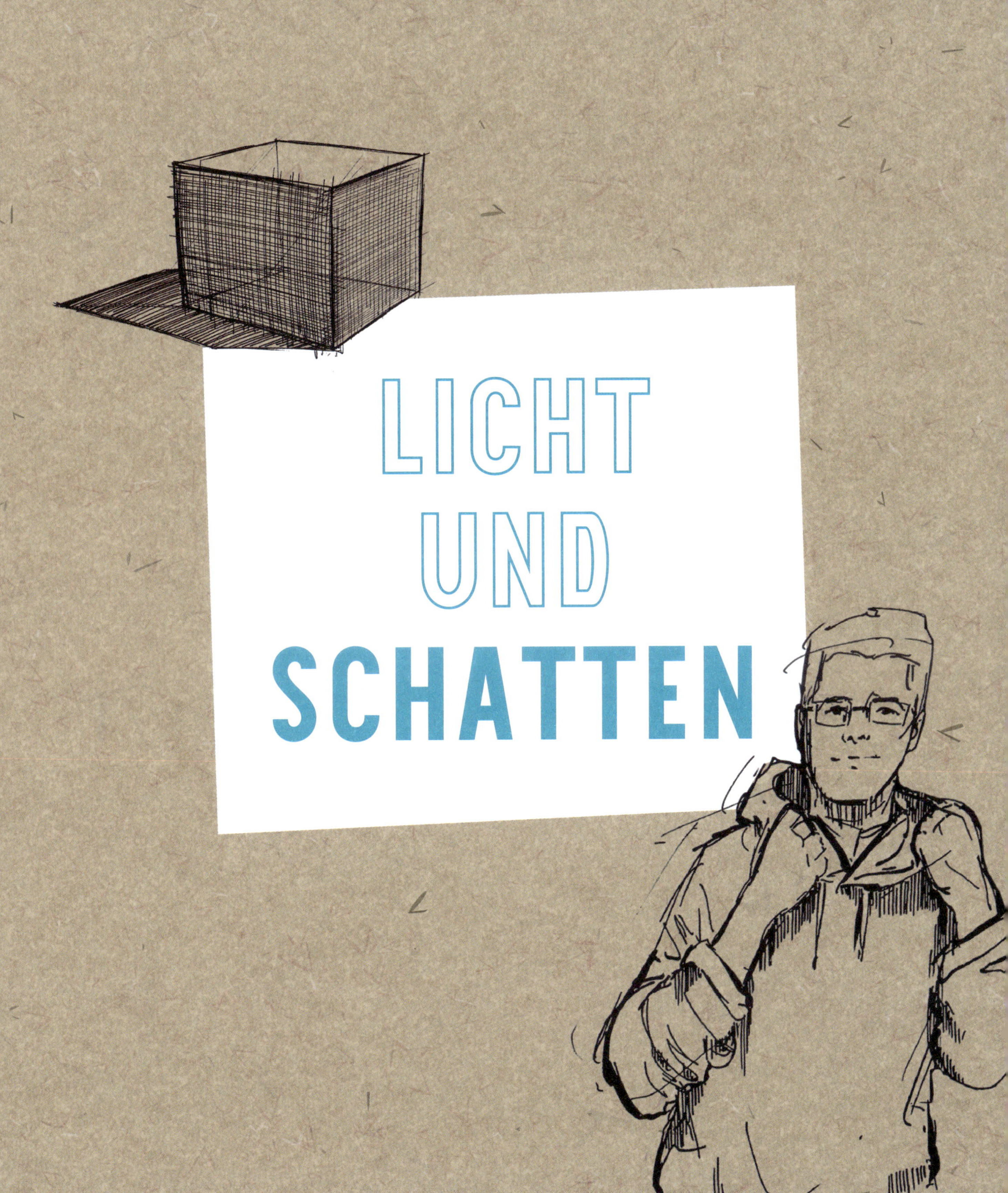
LICHT
UND
SCHATTEN

WIE LÄSST SICH LICHT ZEICHNEN?

Eigentlich gar nicht. Oder doch? Ja. Licht kann durch weiße Flächen gut wiedergegeben werden. Dafür gibt es zwei Möglichkeiten. Wenn du mit weißem Papier arbeitest, dann lasse immer da, wo das Licht am stärksten ist, etwas Weißraum stehen wie in dem Beispiel der Rückleuchten. Oder du verwendest dunkles Papier und arbeitest wie bei dem Porträt die weißen Stellen mit einem weißen Buntstift nach.

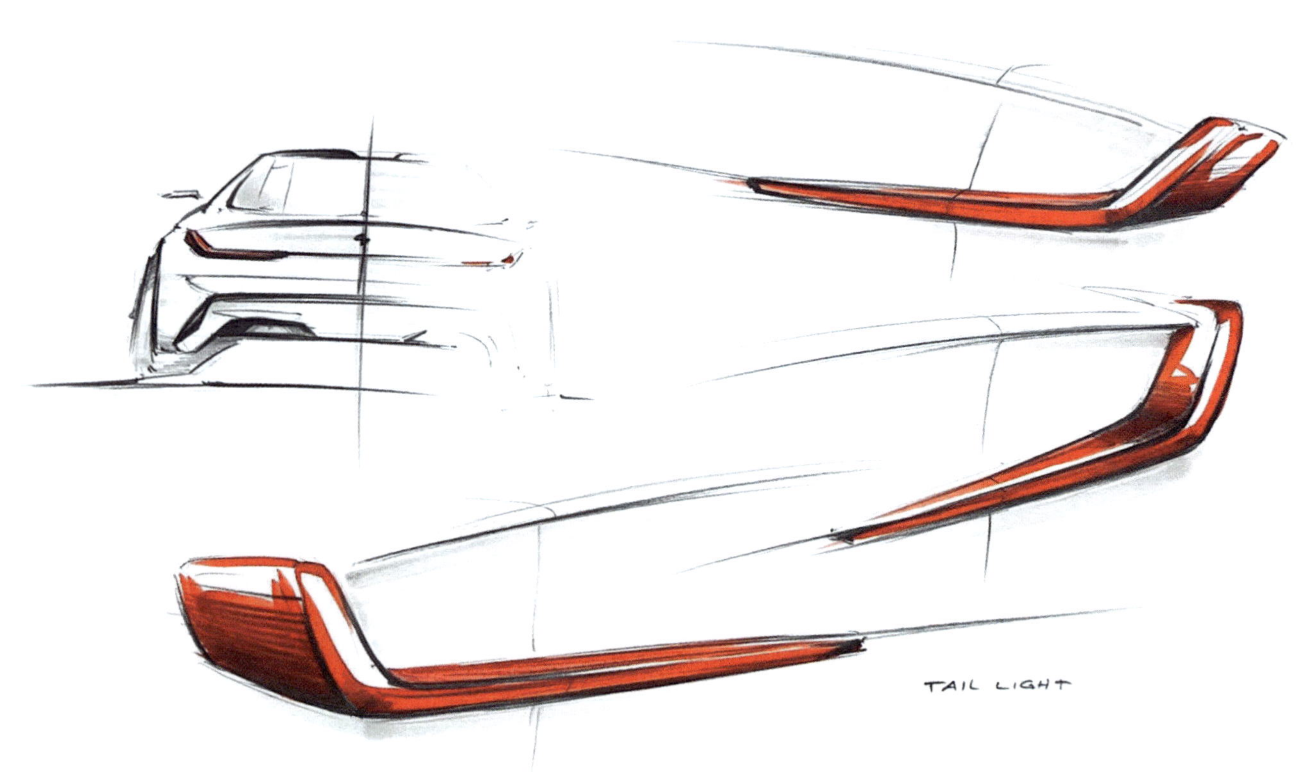

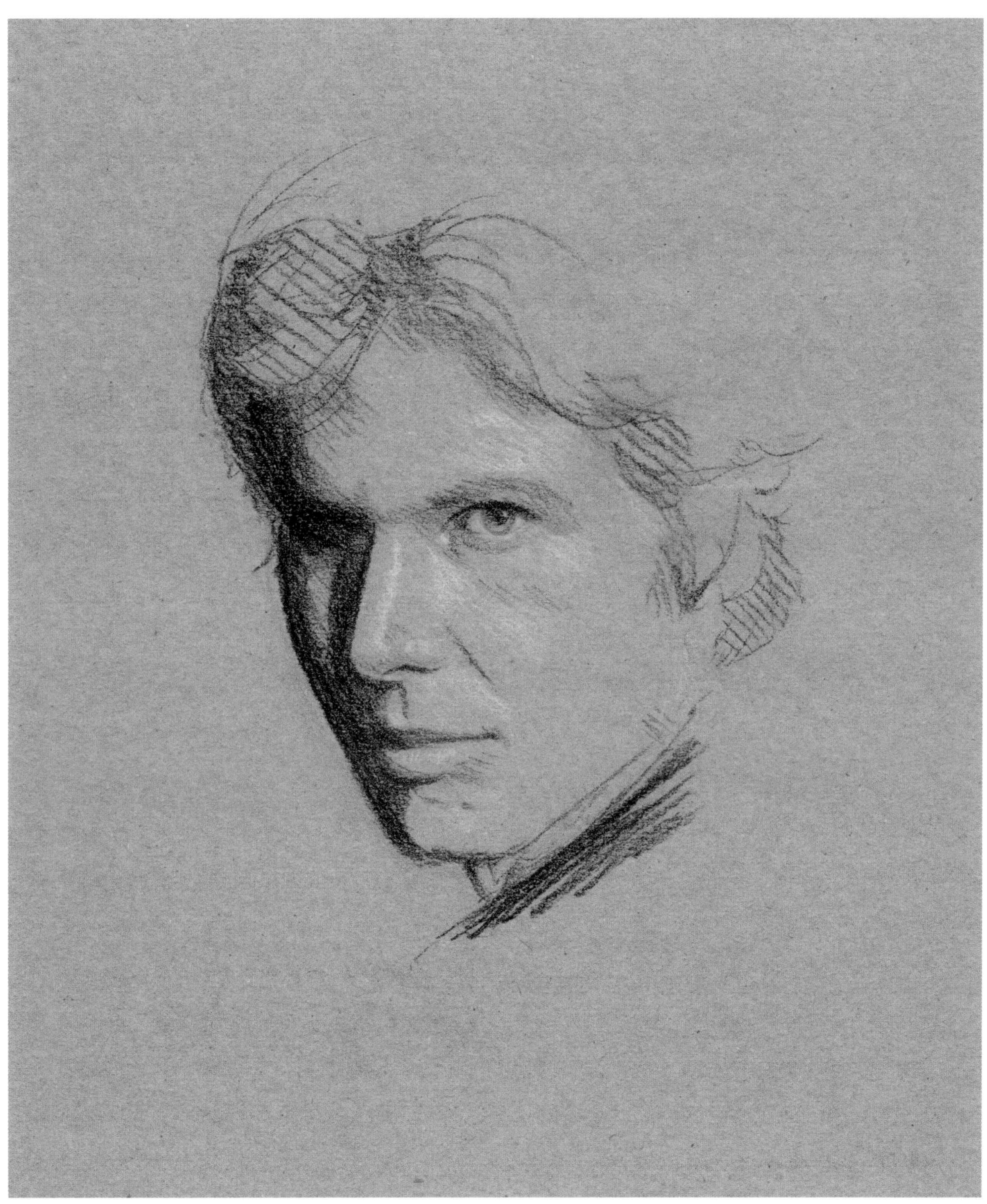

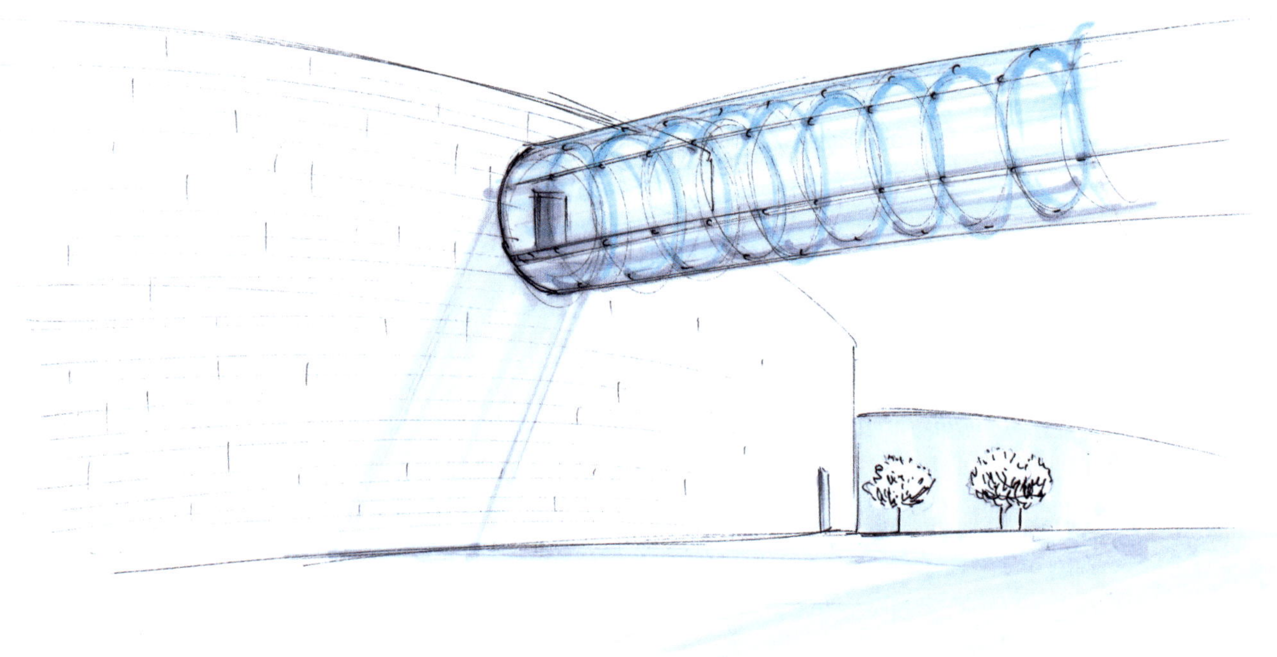

TIPP
Starke Kontraste zwischen Licht und Schatten können einen sonnigen Tag gut wiedergeben.

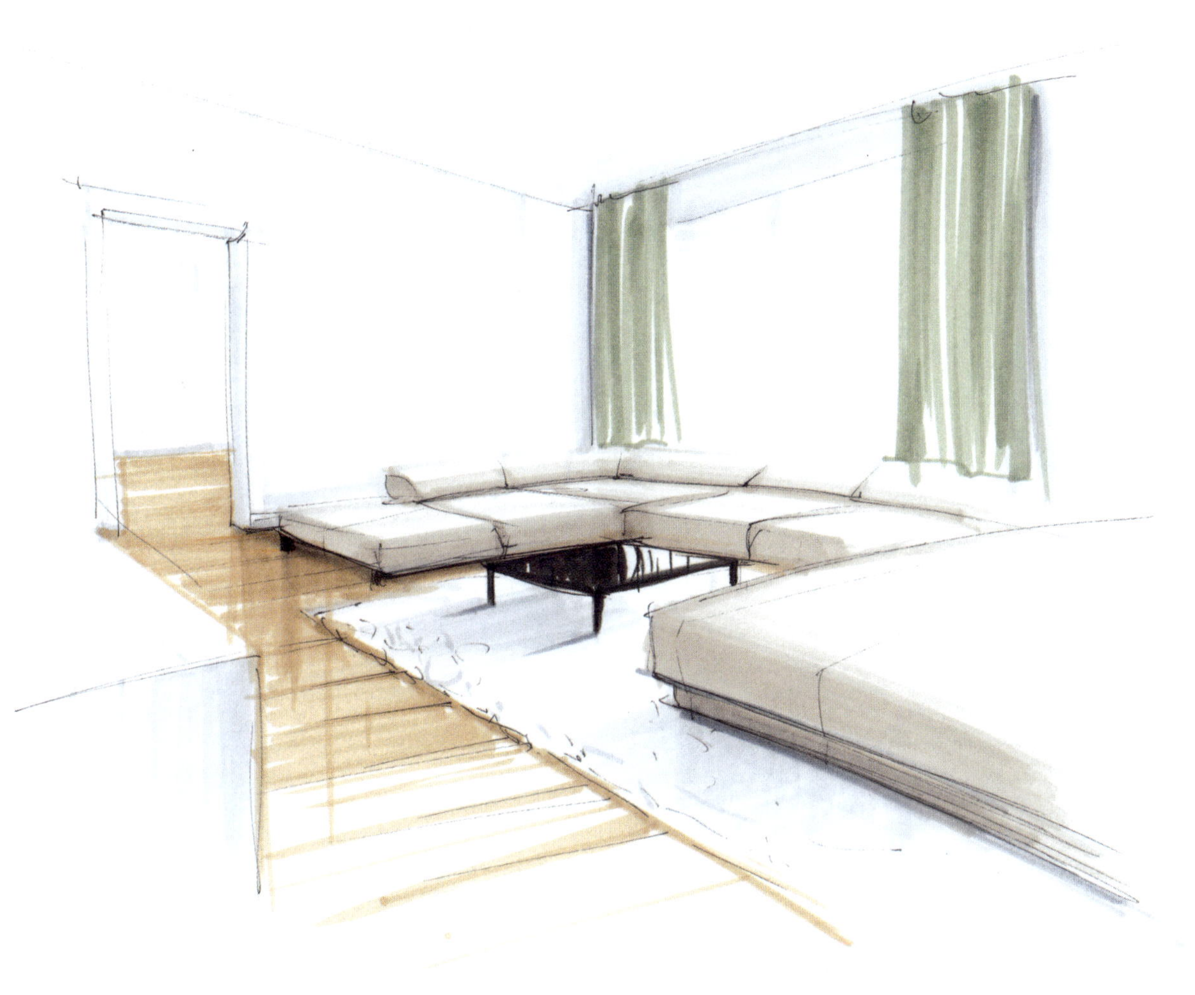

WOHER WEISS ICH, AUF WELCHE SEITE DER SCHATTEN FÄLLT?

Der beste Weg, um ohne Fotovorlage richtig Licht und Schatten zu zeichnen, ist, das Licht zu beobachten. Meistens ist eine Fläche am Objekt, Gebäude oder bei einer Straßenansicht hell und die andere etwas dunkler. Die dunkle Fläche nennt man dann Eigenschatten. Zusätzlich gibt es noch den Schlagschatten, der auf den Boden oder ein anderes Objekt / Gebäude geworfen wird.

Du kannst natürlich jederzeit selbst bestimmen, woher das Licht kommt.

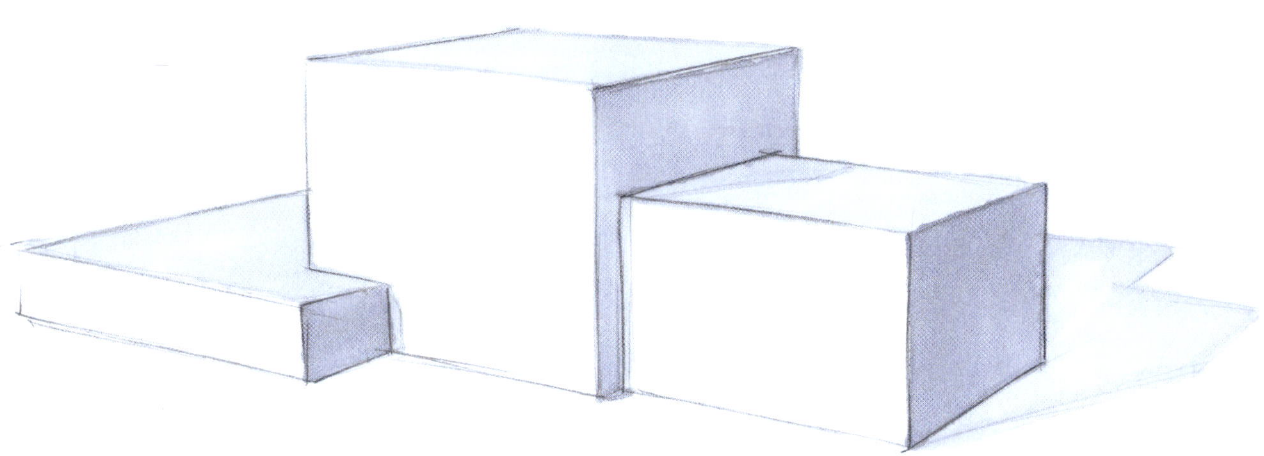

WOWEFFEKT!

Je größer die Unterschiede in den Kontrasten sind, desto stimmungsvoller wirkt das Bild.

TIPP

Sobald ein Fenster in einem Raum zu sehen ist, ist es einfacher zu bestimmen in welche Richtung der Schatten fällt. Immer vom Fenster weggehend.

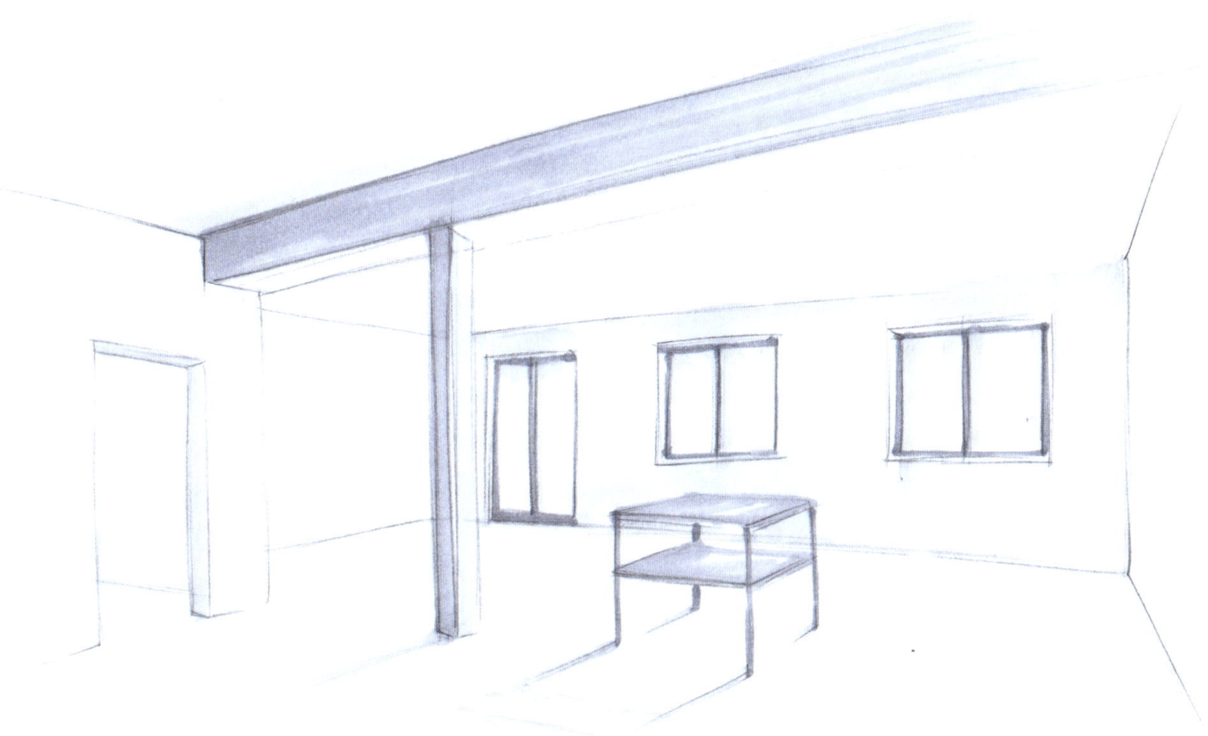

WOWEFFEKT!

Wenn du einen Raum zeichnest, dann füge die Schatten, die die Möbel werfen, hinzu. Dadurch wirkt der Raum authentischer.

WELCHEN EFFEKT KANN ICH MIT WEISSRAUM ERZIELEN?

Der Weißraum in einer Zeichnung oder Skizze stellt das Licht dar. Je mehr Weißraum zu sehen ist, umso mehr Licht stellt das Bild dar. Die einzige Schwierigkeit ist die Platzierung des Weißraums in Motiven ohne eine Vorlage. Es gibt jedoch ein einfaches Grundprinzip. Das Licht kommt fast immer bei Objekten und Gebäuden von oben und bei Räumen durch das Fenster.

Beim Zeichnen von Porträts wählt man eine Gesichtshälfte aus, die weiß gelassen wird und heller wirkt.

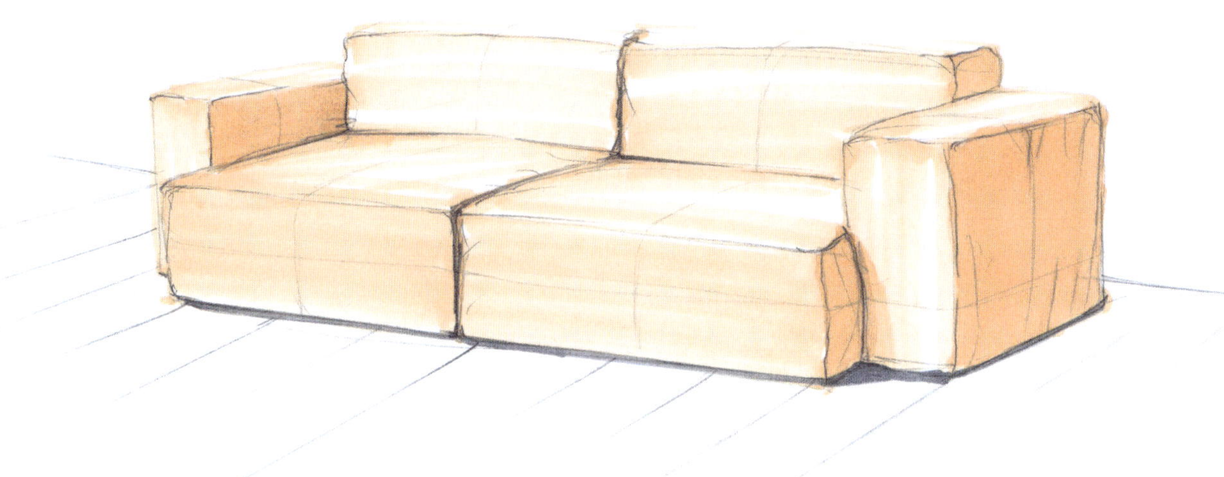

WOW EFFEKT!

Stehen Objekte auf dem Boden oder einer anderen Oberfläche, ist es effektvoller, wenn die Linie unter dem Objekt sehr kräftig gezeichnet wird.

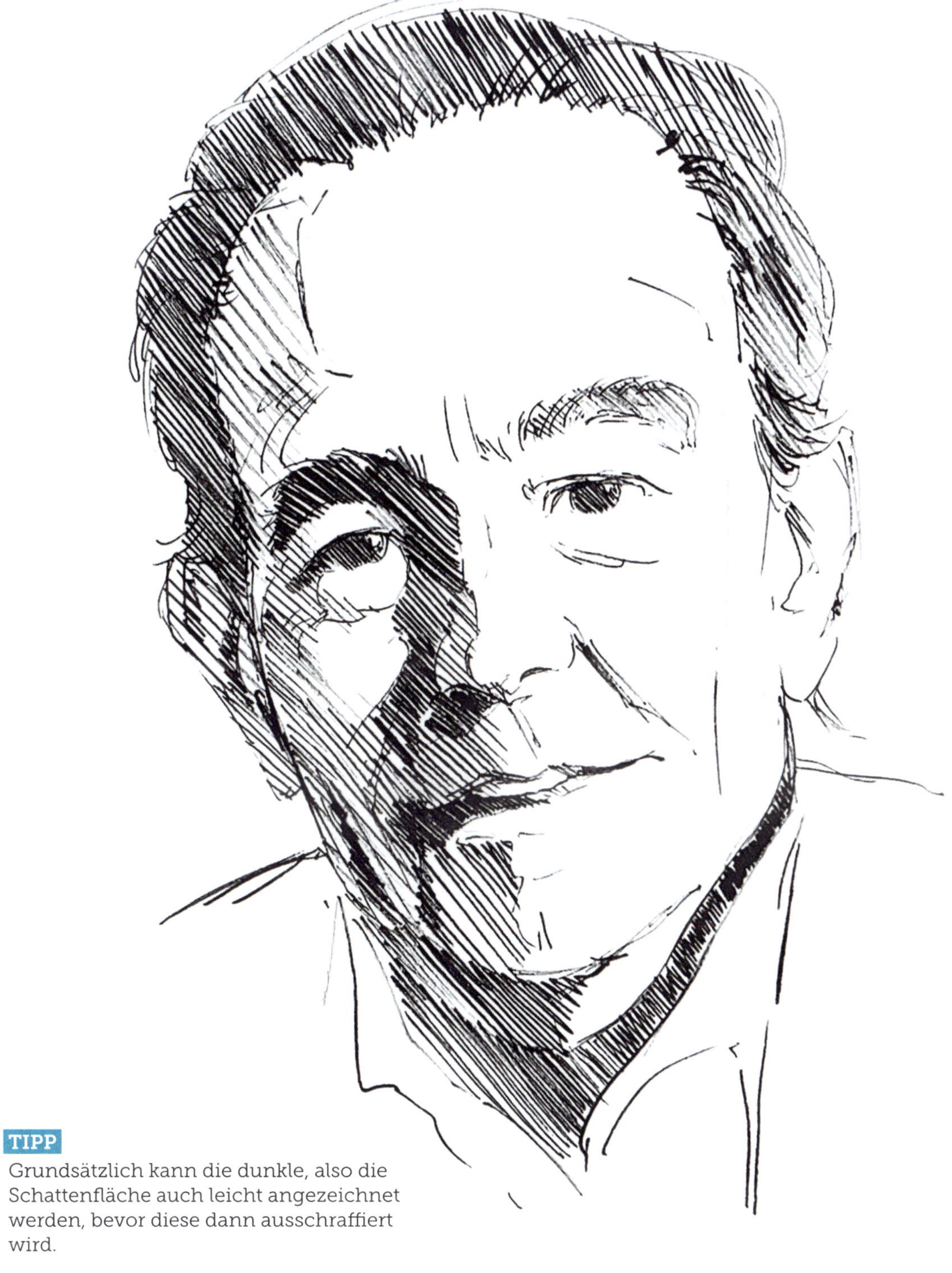

TIPP
Grundsätzlich kann die dunkle, also die Schattenfläche auch leicht angezeichnet werden, bevor diese dann ausschraffiert wird.

LÄSST SICH SCHATTEN KONSTRUIEREN?

Schatten verleiht dem Bild Tiefe und macht es stimmungsvoller. Oft werde ich in den Workshops und Seminaren gefragt, ob Schatten sich irgendwie zeichnen lässt. Ja, das ist sogar einfacher als gedacht. Schatten kann auf verschiedene Weise konstruiert werden. Du solltest dazu wissen, dass jedes Objekt einen Eigenschatten und einen Schlagschatten hat.

Wir stellen uns vor, dass die unten abgebildete Box von einer Lichtquelle oben rechts angestrahlt wird.

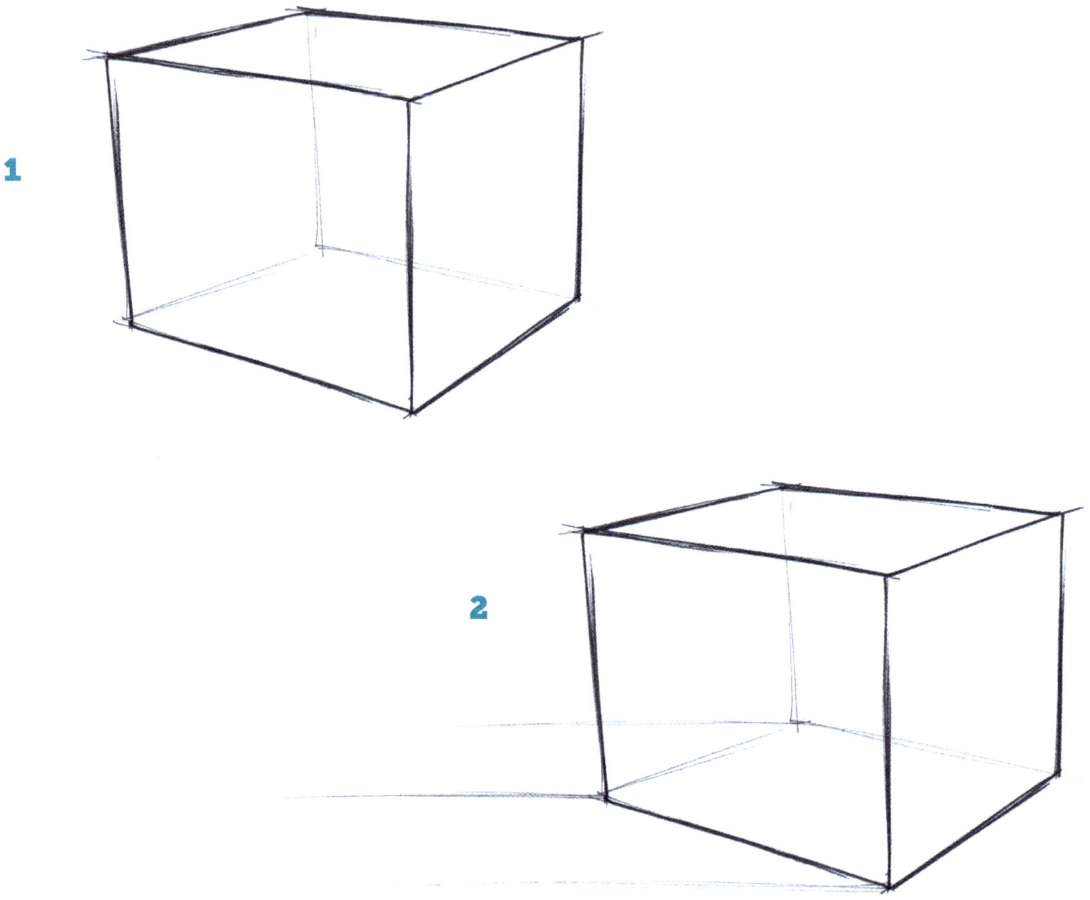

3

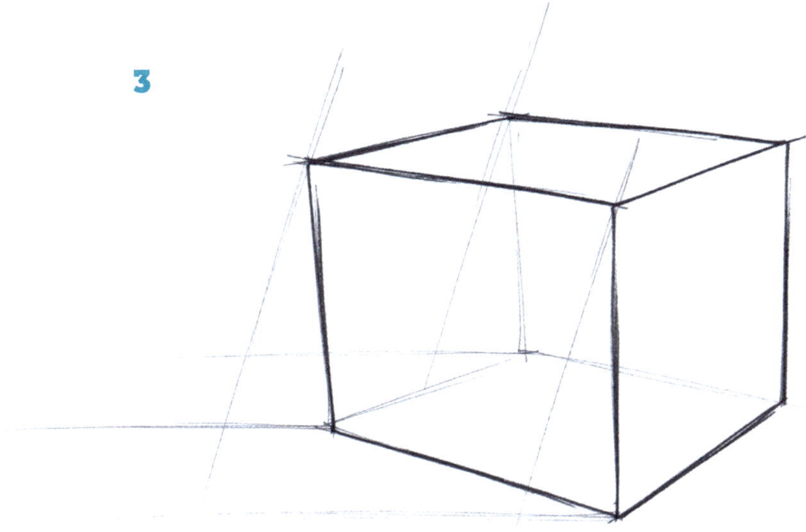

ZUR KONSTRUKTION

Ziehe aus den unteren drei Objektkanten je eine waagrechte Linie und aus den drei oberen eine im 60 Grad Winkel. (Das stellt in etwa die Richtung des Lichts dar.) Dort, wo sich die Linien der jeweiligen Objektkante treffen, entsteht der Eckpunkt des Schlagschattens.

4

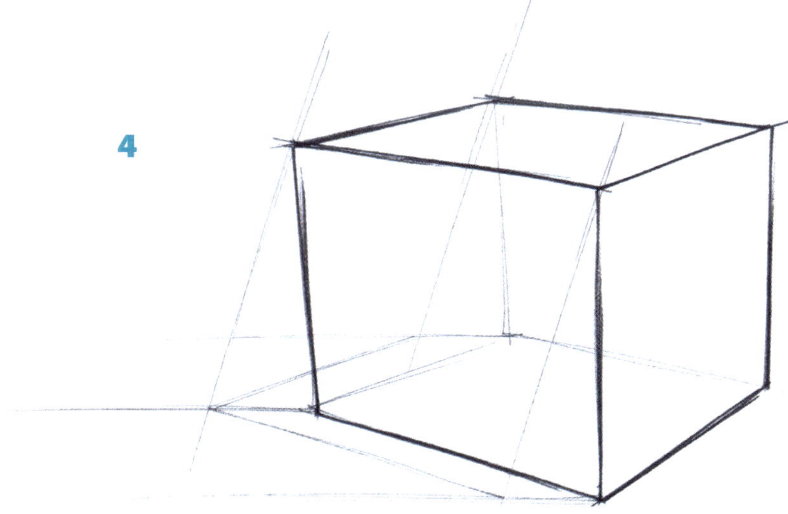

5

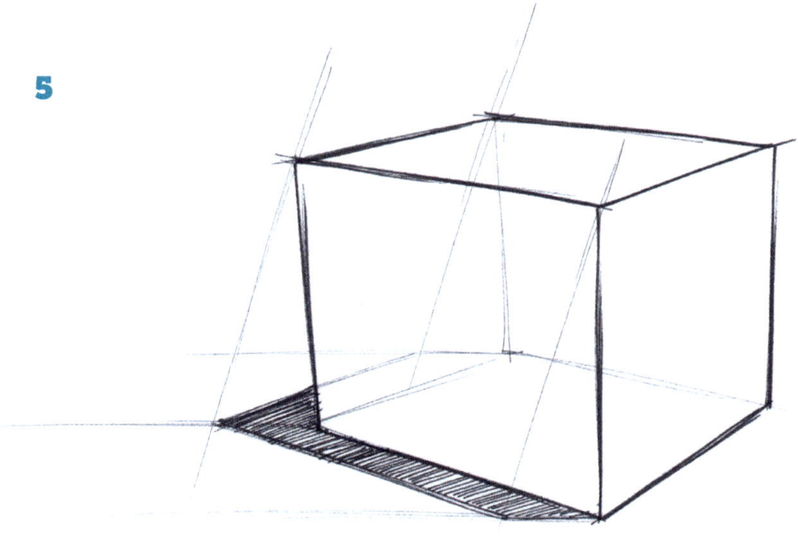

6

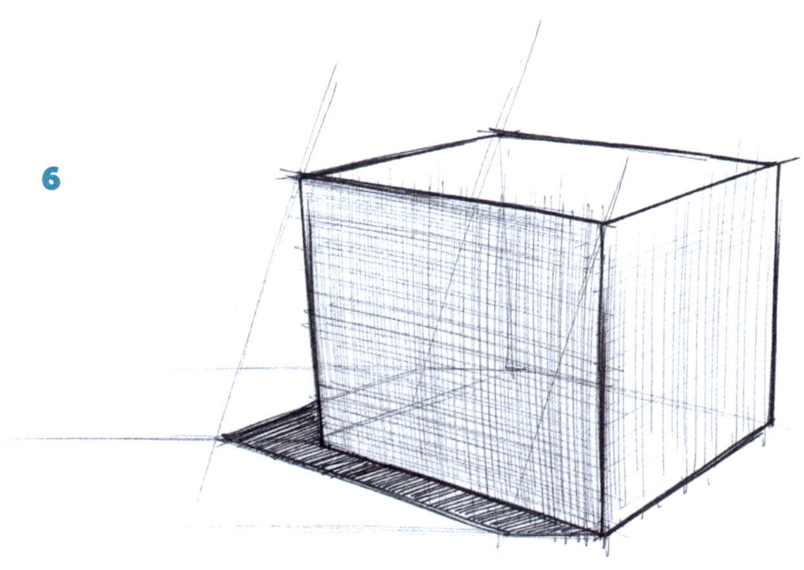

7

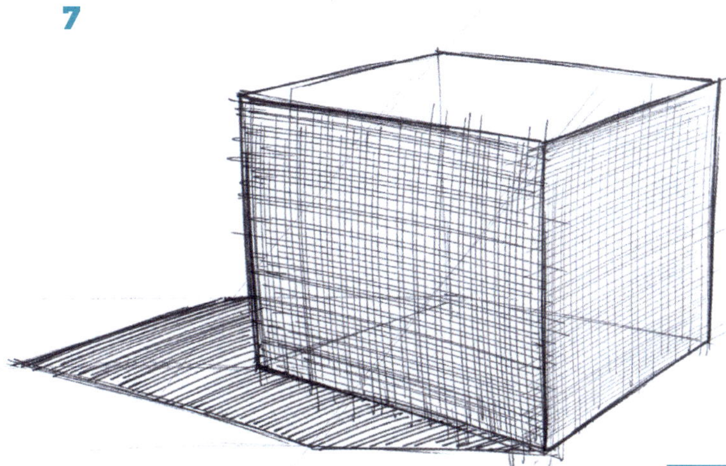

WOWEFFEKT!

Bei starkem Lichteinfall wird der Schatten immer härter gezeichnet als bei leichtem Lichteinfall.

8

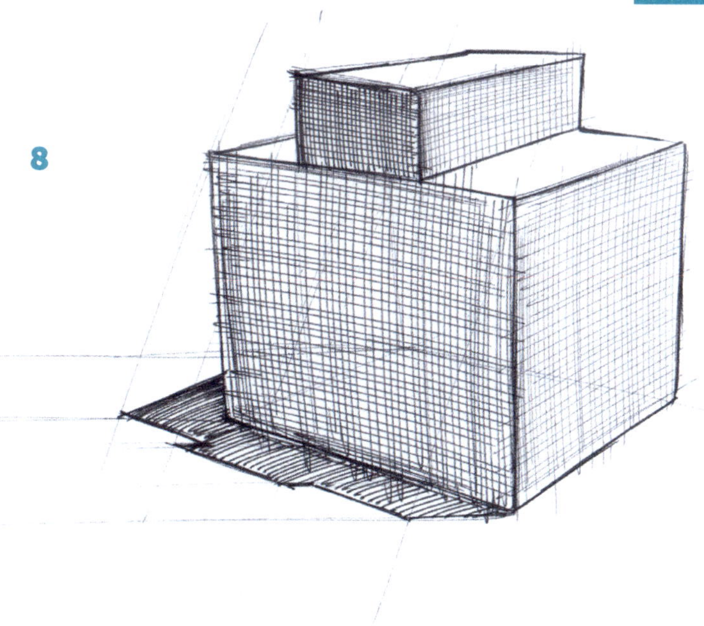

INSPIRATION

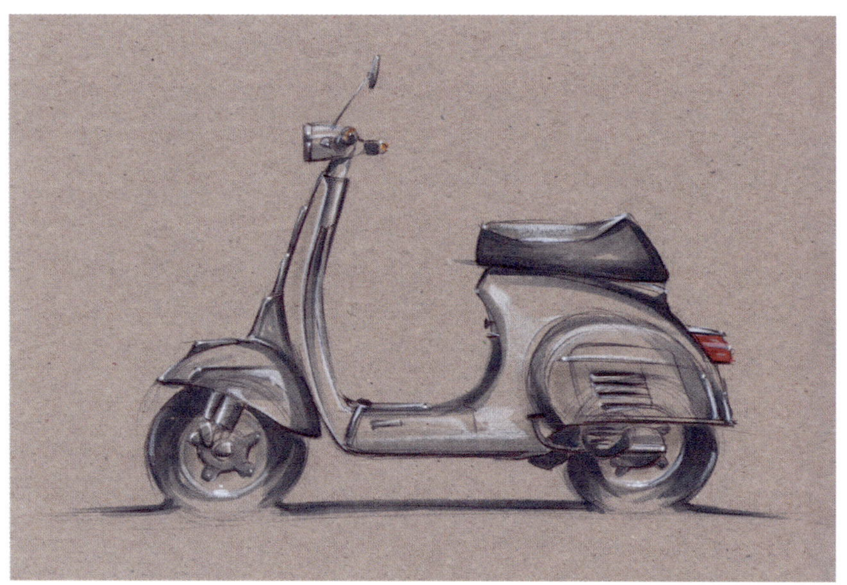

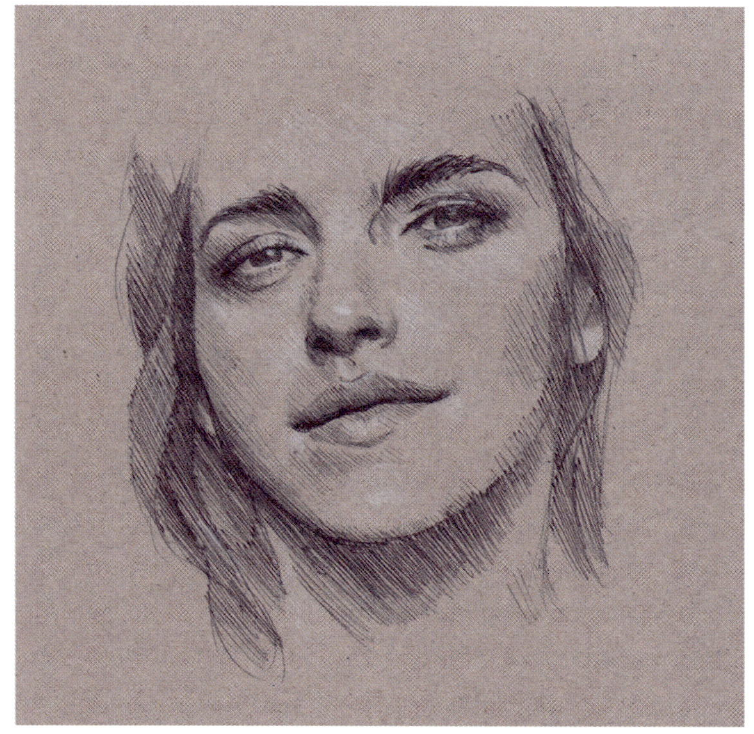

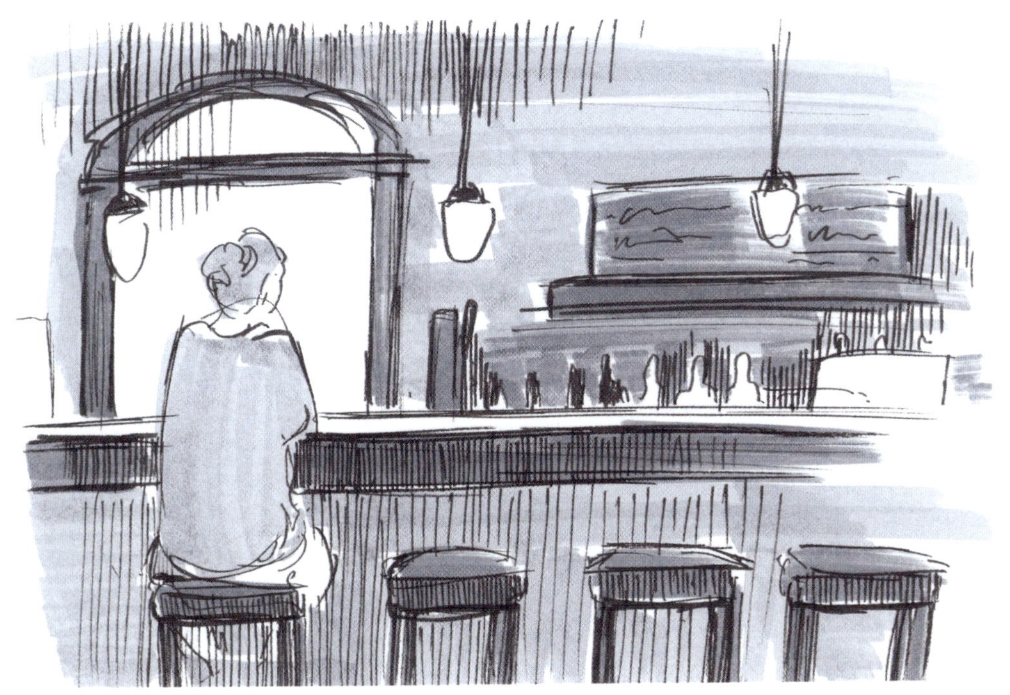

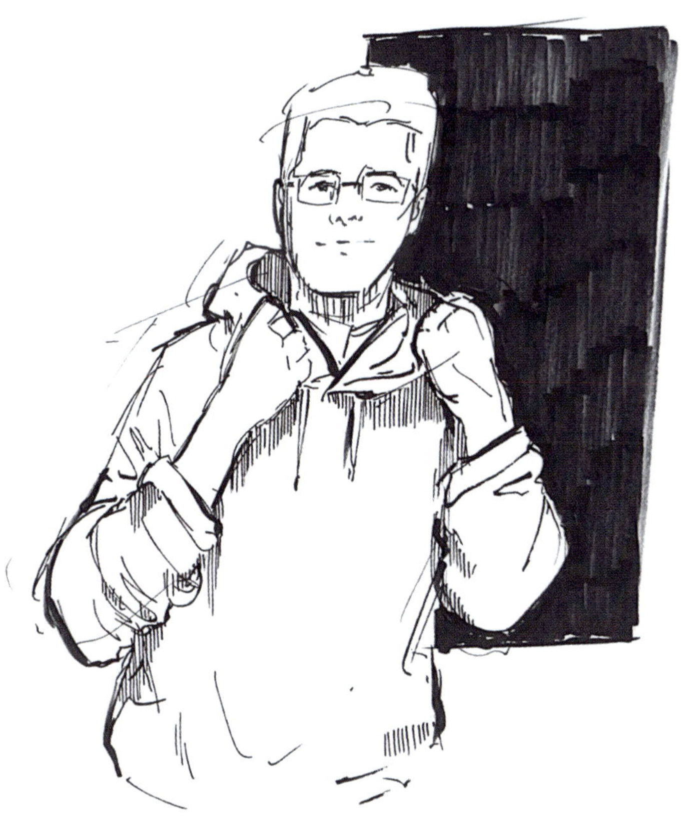

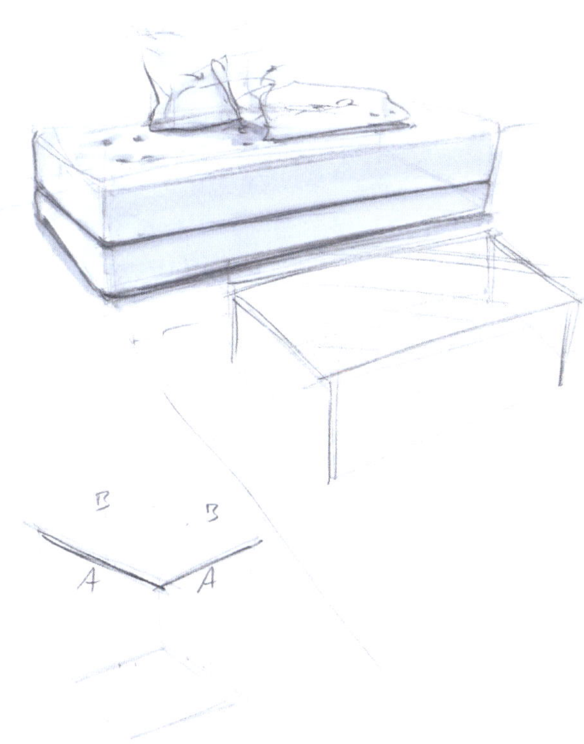
B
B
A
A

ZEICHENÜBUNG

Studiere Licht und Schatten auf diesem Bild und versuche, diese selbst zu zeichnen.

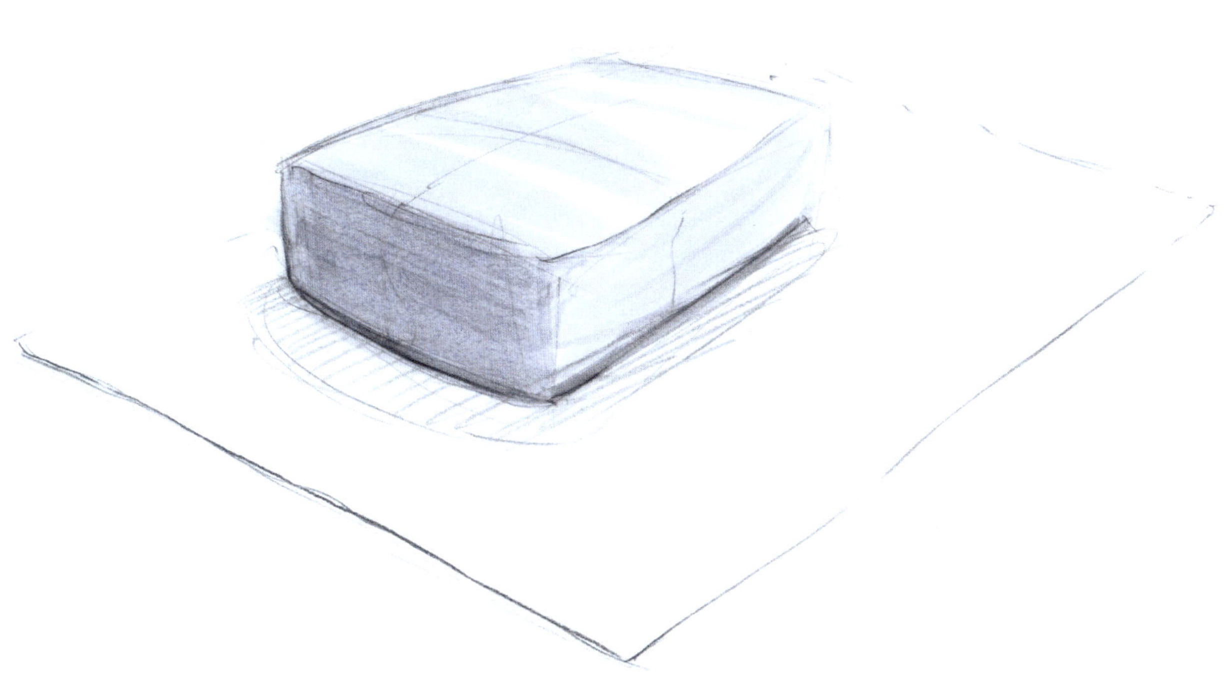

Los geht's!

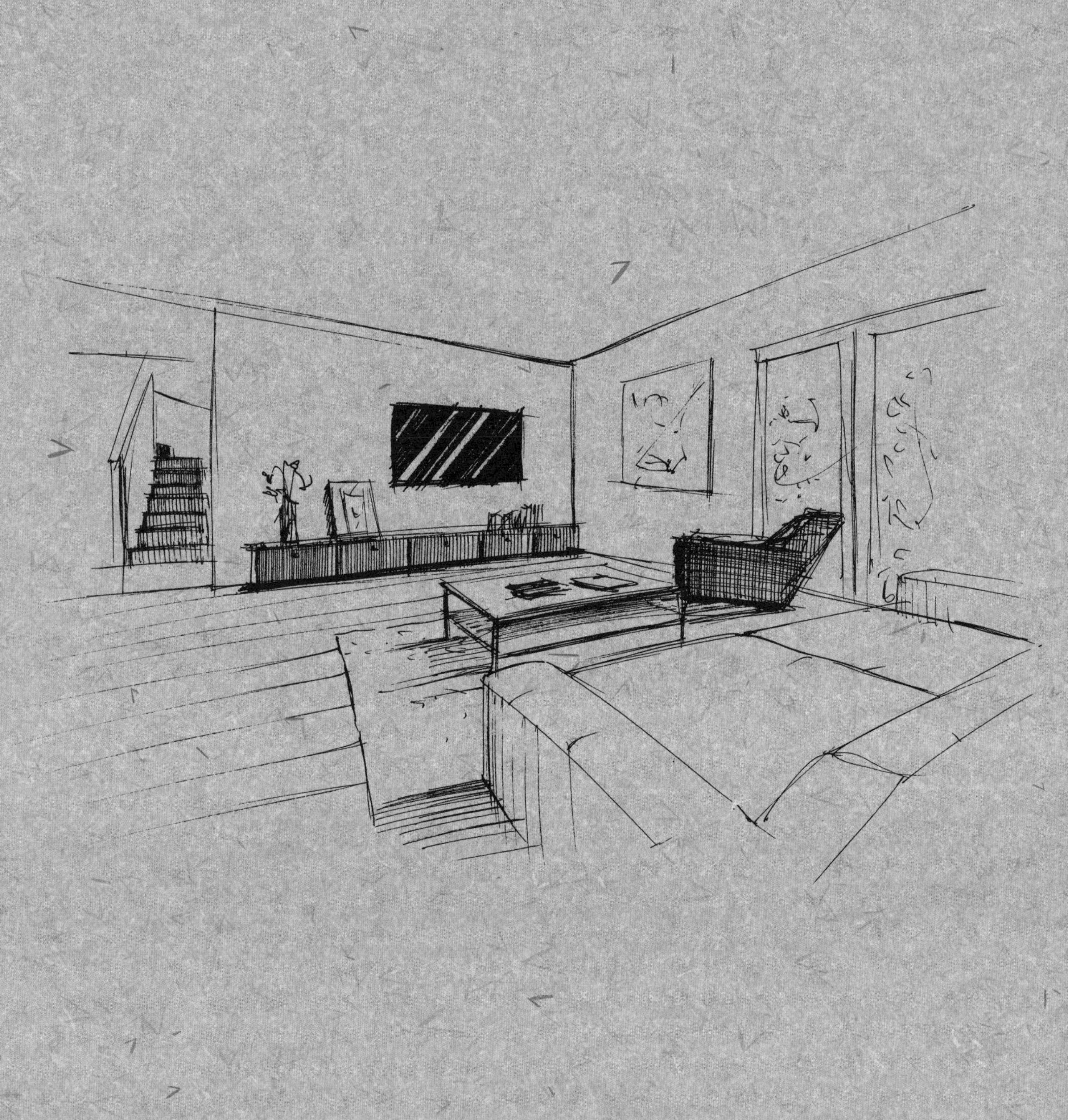

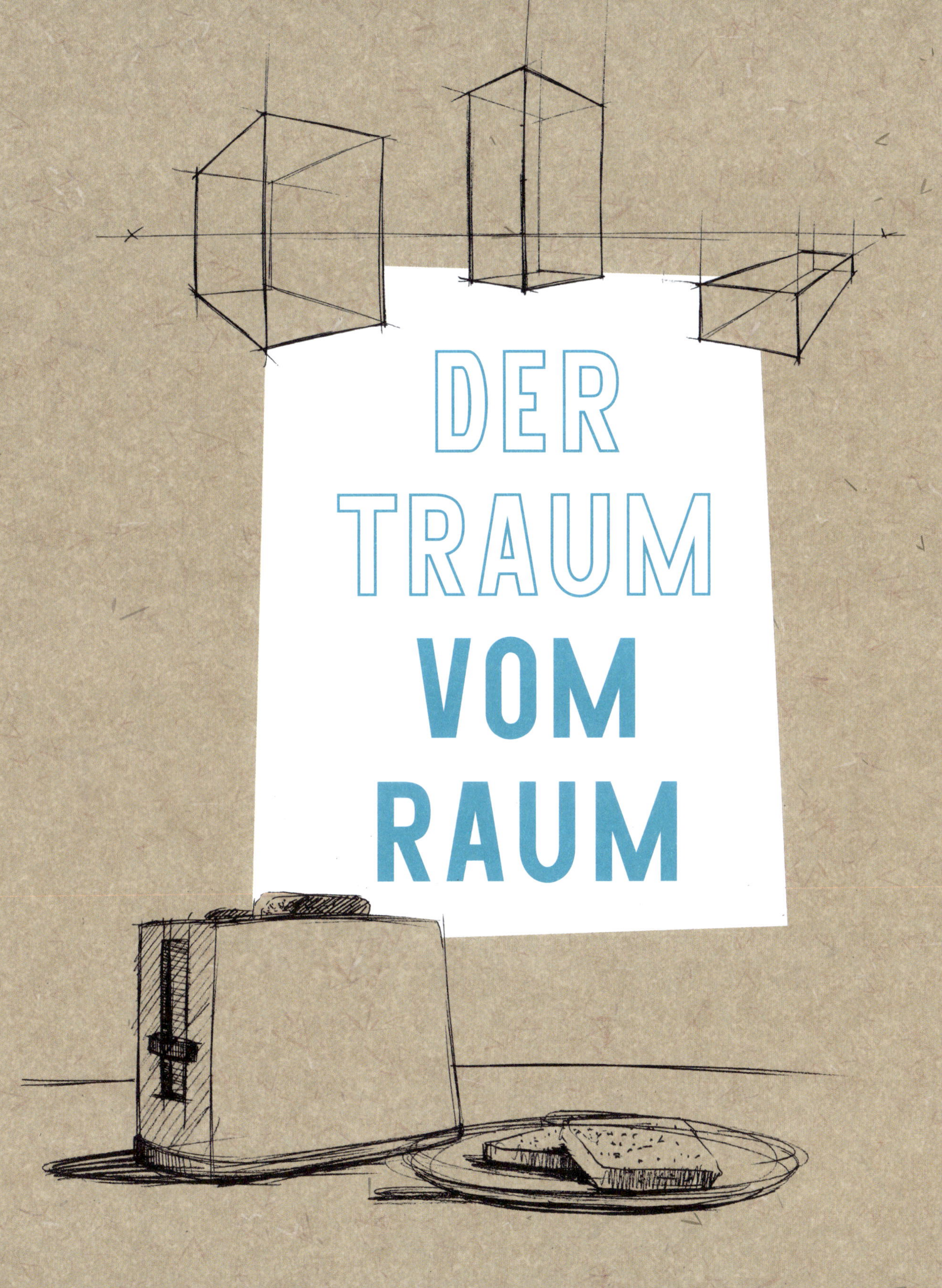
DER
TRAUM
VOM
RAUM

WIE ERZEUGE ICH TIEFE DURCH DEN HINTERGRUND?

Die drei einfachsten Methoden, um mehr Tiefe in einer Zeichnung oder Skizze zu bekommen, ist die Tiefe durch Fokussierung, Tiefe durch Andeutung von Raum oder Tiefe durch Objekte im Vorder- oder Hintergrund.

Das Prinzip funktioniert bei Objekten, Figuren, Architektur oder Innenarchitektur. Die jeweiligen Effekte sollten dann durch andere Gebäude, Möbel im Hintergrund oder einfach durch verstärkte Linien des anfokussierten Objektes entstehen.

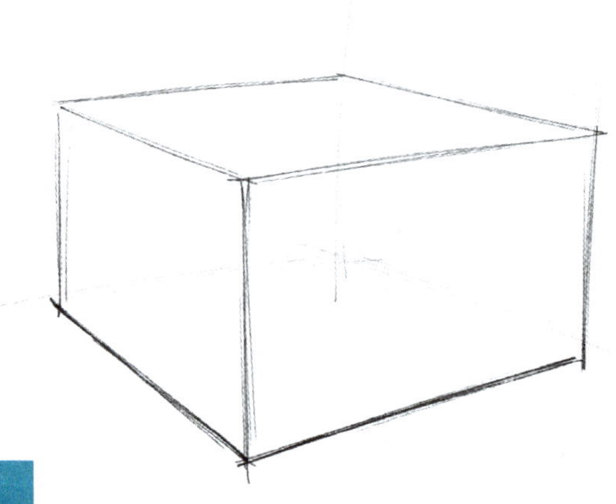

MÖGLICHKEIT 1
Tiefe durch dunkle Kanten

WOWEFFEKT!

Zeichnungen ohne Tiefe wirken wie Fotos ohne Fokus. Denke wie eine Spiegelreflexkamera.

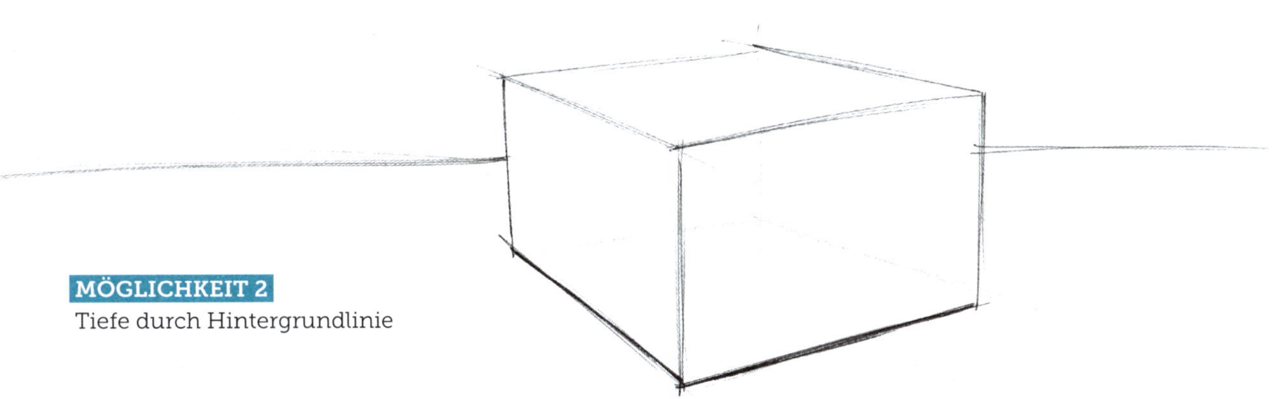

MÖGLICHKEIT 2
Tiefe durch Hintergrundlinie

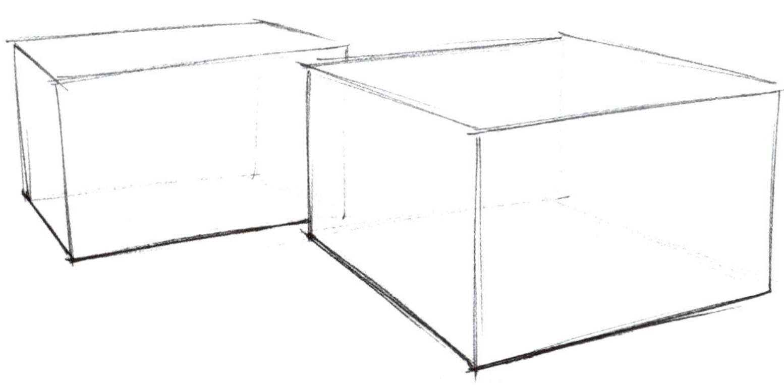

MÖGLICHKEIT 3
Tiefe durch dahinterliegende Objekte

WIE ERZEUGE ICH TIEFE DURCH VERSCHIEDENE TONWERTE?

Ein weiteres Instrument beim Zeichnen, um Tiefe zu erzeugen, sind die Tonwerte. Hierbei lassen sich die jeweiligen Seiten von Objekten, Häusern oder Menschen unterschiedlich stark schraffieren. Die Tonwerte bestimmen dabei die Lichtintensität.

Im unteren Beispiel demonstriere ich, wie Boxen mithilfe von verschiedenen Tonwerten an Tiefe gewinnen und somit sehr dreidimensional wirken.

1

2

3

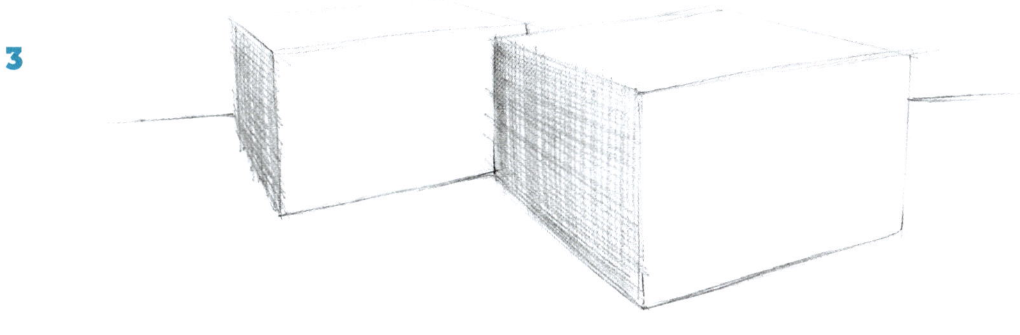

4

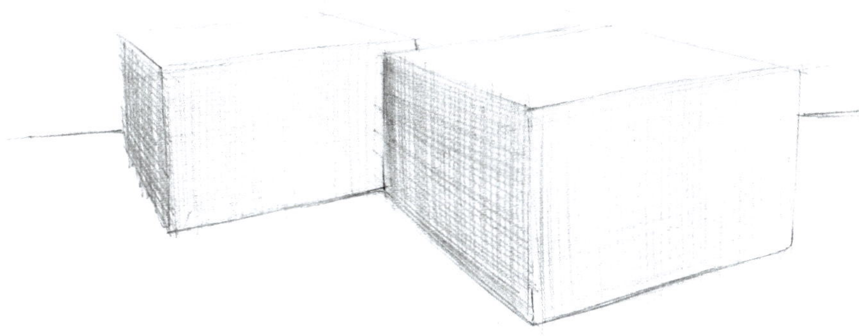

5

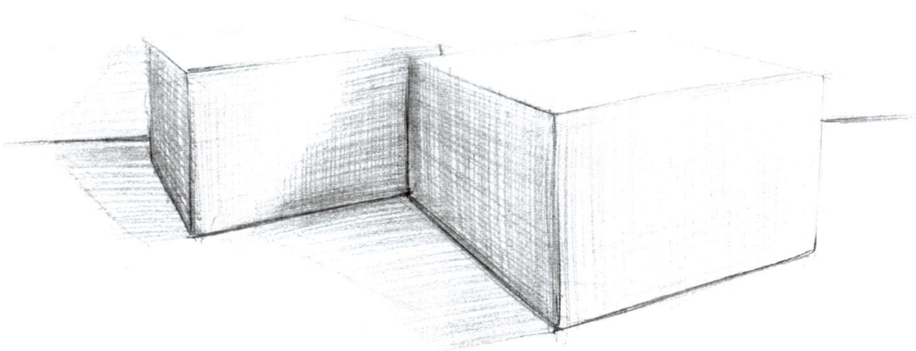

WIE ZEICHNE ICH MASSSTAB-GETREU OHNE LINEAL?

Du kannst Objekte im Raum platzieren und deren Größe exakt proportional zum Raum bestimmen. Stelle dir vor, der Raum ist 3 m hoch. Die Raumkante teile ich in 0,75 cm Höhen (0,75, 1,50, 2,25 und 3,0) auf. Jetzt kannst du die Höhen über den Fluchtpunkt an der Wand entlangziehen. In diesem Beispiel die ca. 2,10 m hohe Tür.

Das Prinzip funktioniert auch mit einem Tisch, der z. B. 0,75 cm hoch ist und sich im Raum befindet.

1

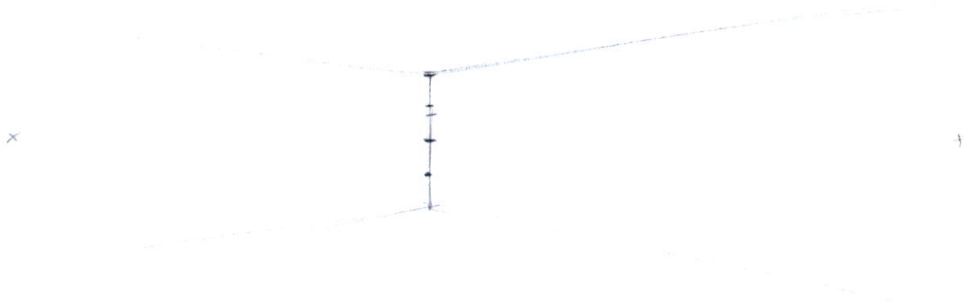

2

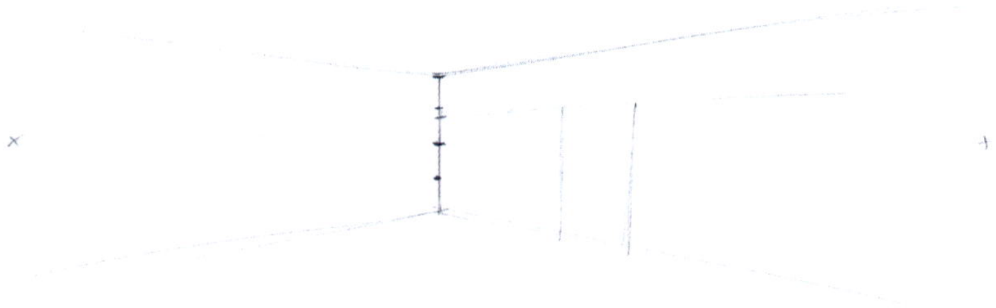

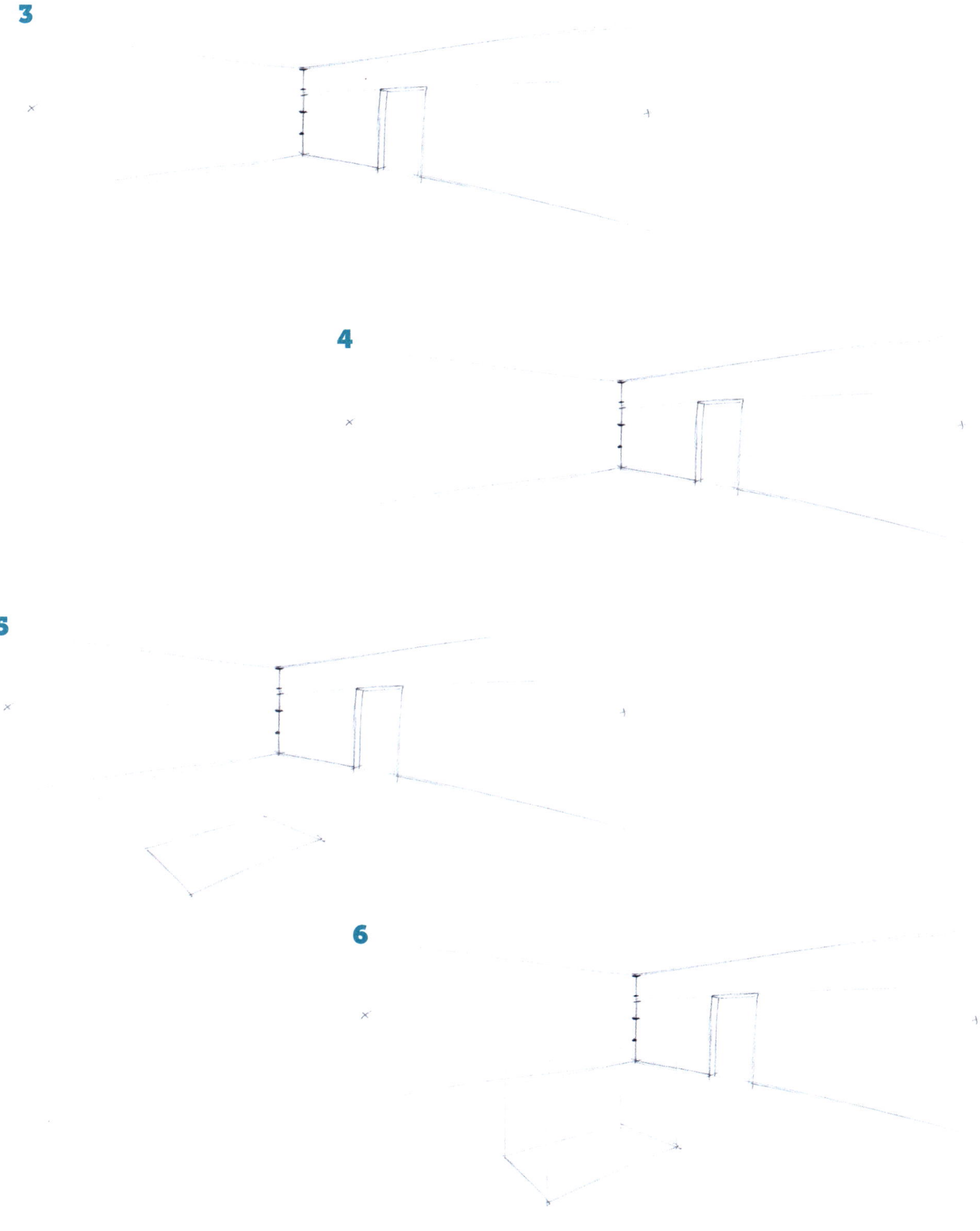
3
4
5
6

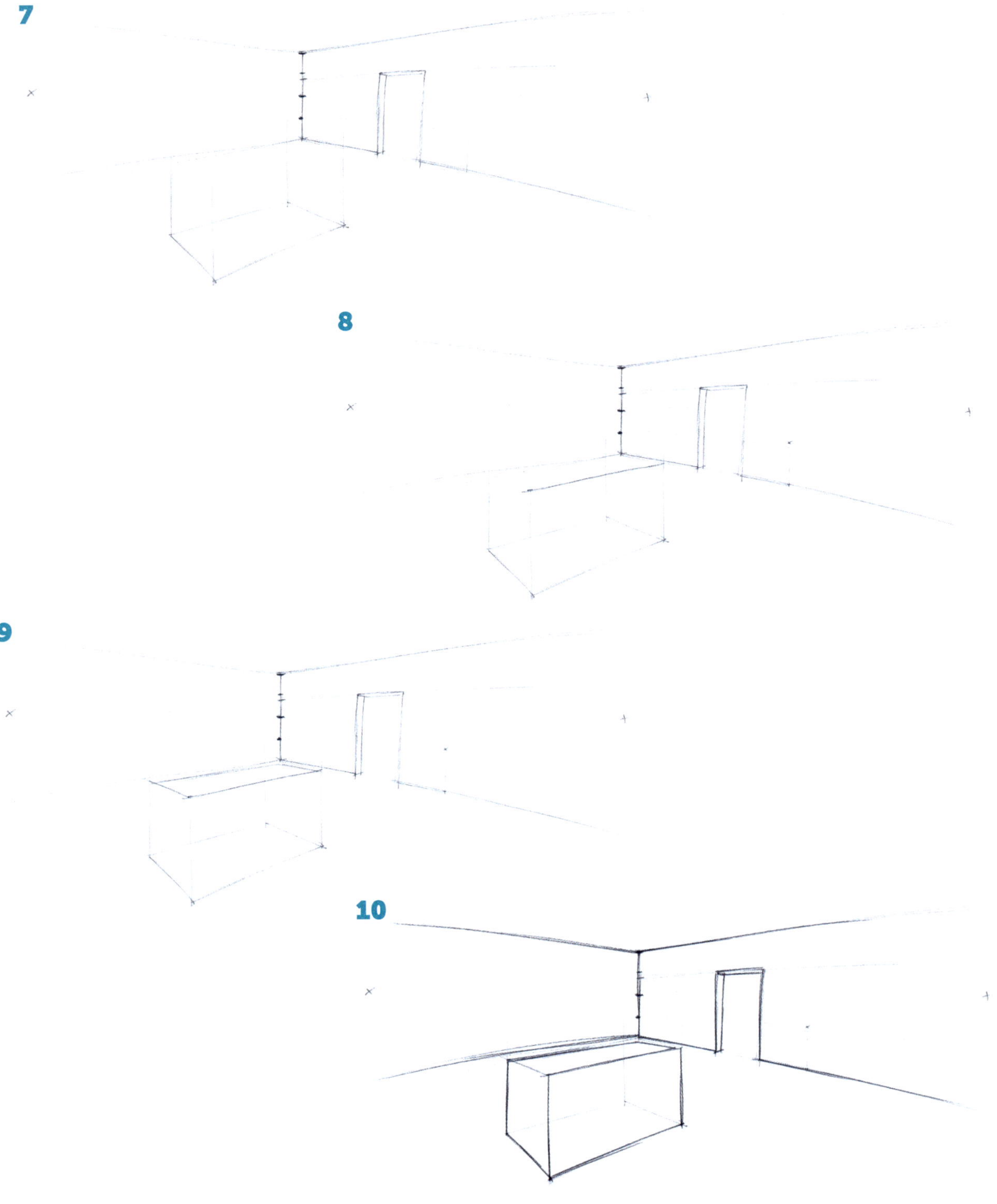
7
8
9
10

Um die Tischhöhe im Raum zu bestimmen, gehe wie folgt vor. Bestimme die 0,75 cm Höhe an der rechten Wand des Raumes. Jetzt zeichne die Grundform des Tisches im Raum auf und ziehe an jeder Kante eine senkrechte Linie hoch. Jetzt projiziere die 0,75 cm Höhe an der rechten Wand auf die Höhe des Tisches im Raum. So wird der Tisch ebenfalls 0,75 cm hoch sein.

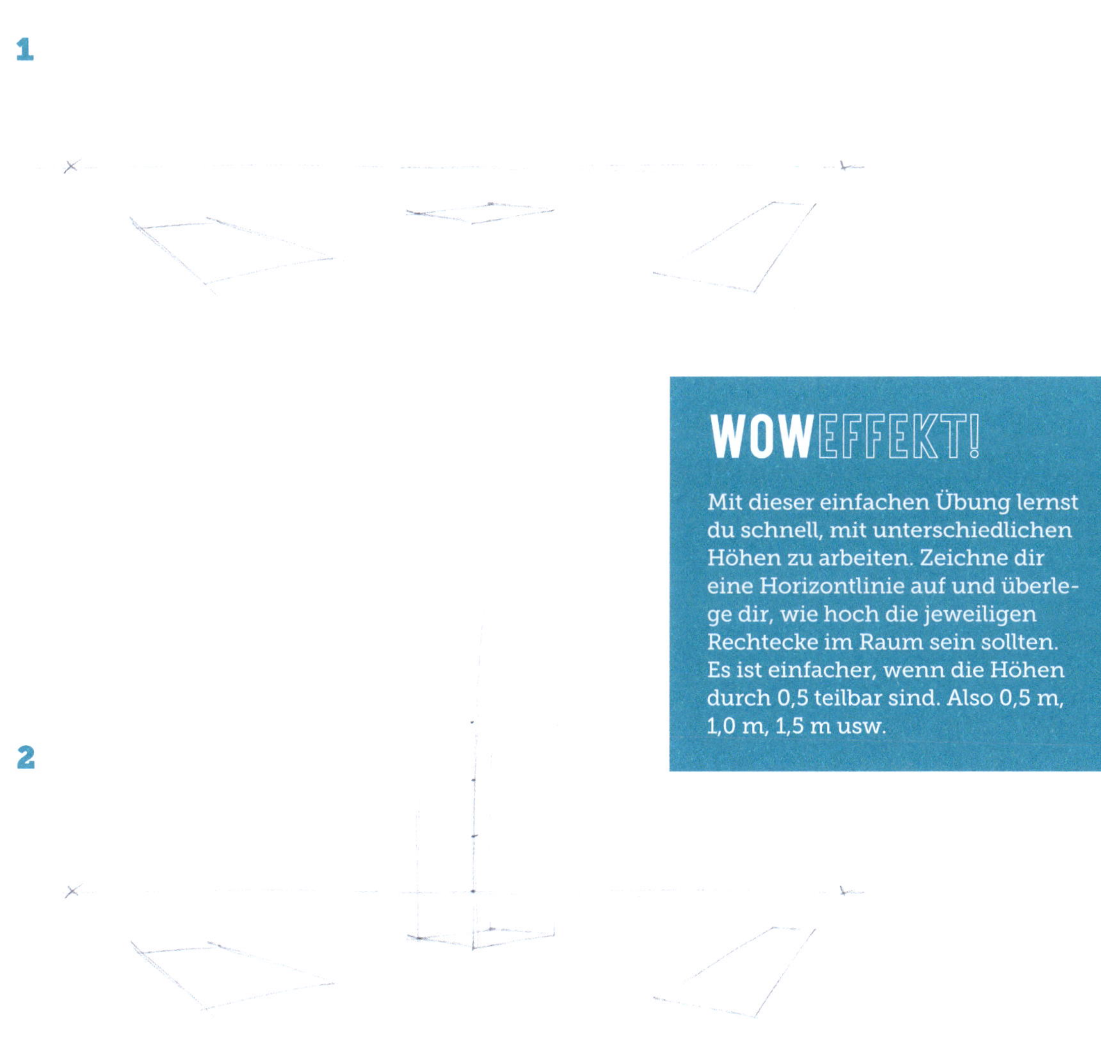

WOWEFFEKT!

Mit dieser einfachen Übung lernst du schnell, mit unterschiedlichen Höhen zu arbeiten. Zeichne dir eine Horizontlinie auf und überlege dir, wie hoch die jeweiligen Rechtecke im Raum sein sollten. Es ist einfacher, wenn die Höhen durch 0,5 teilbar sind. Also 0,5 m, 1,0 m, 1,5 m usw.

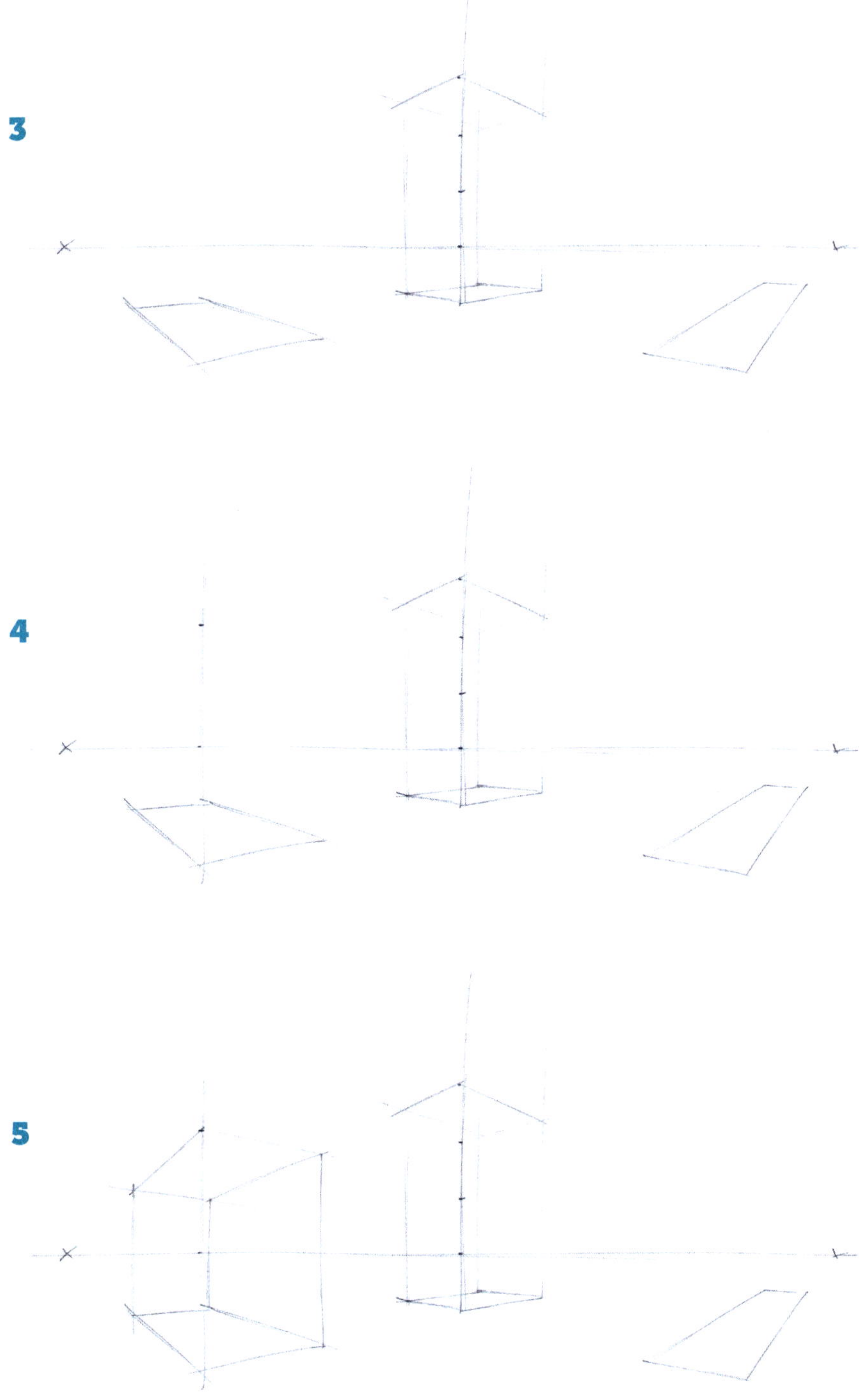
3
4
5

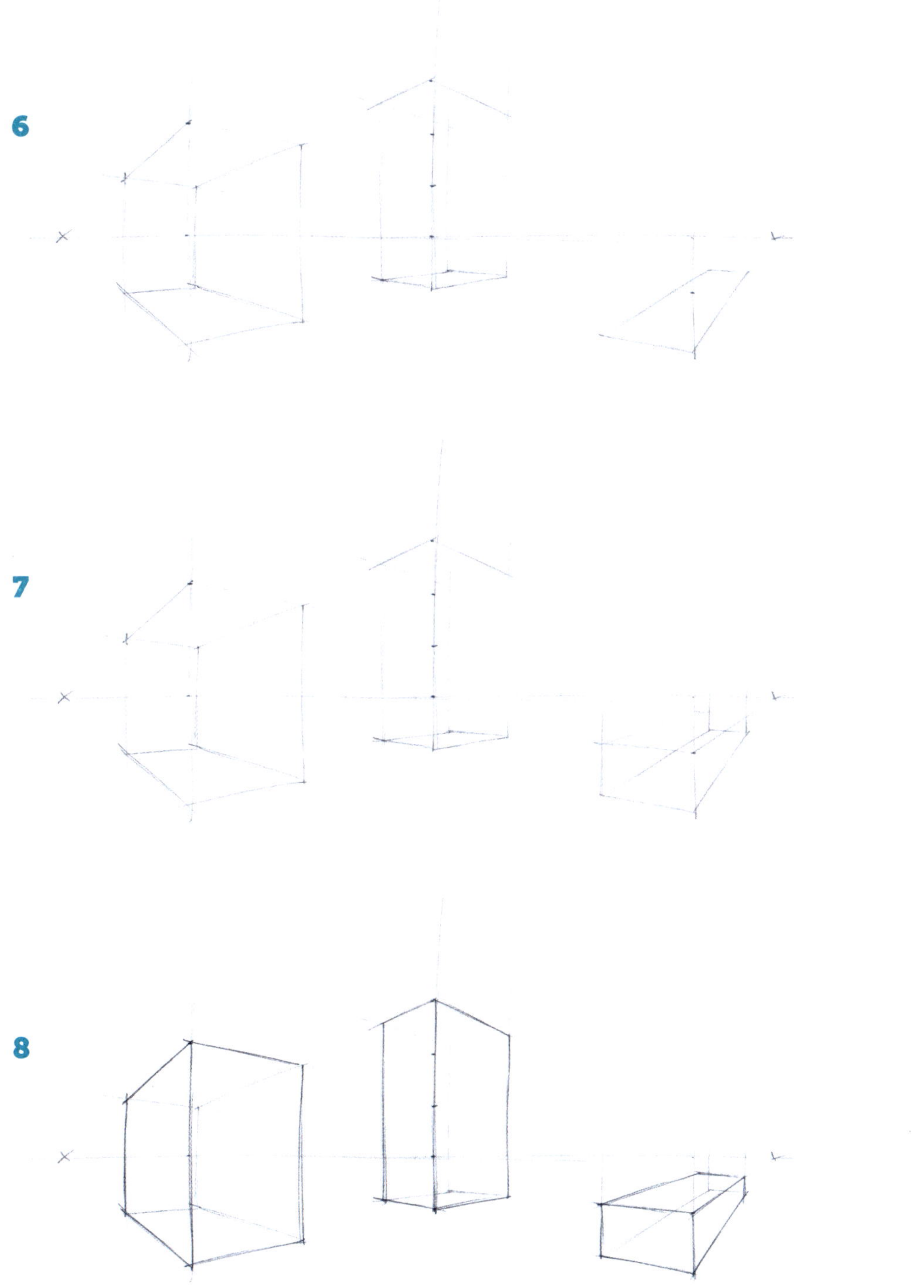
6
7
8

WIE VERHINDERE ICH, DASS MEINE OBJEKTE IM RAUM SCHWEBEN?

Das ist ein oft gemachter Zeichenfehler, den wir bei vielen Zeichenanfängern beobachten. Dem Objekt fehlt der Halt. Sie wirken oft, als wenn sie schweben würden. So verhinderst du es:

Bei den zwei Boxen unten habe ich eine Spiegelung auf den Boden gezeichnet. Bei der ersten Abbildung des Toasters kannst du sehen, dass etwas fehlt. Mit Zugabe einer Linie im Hintergrund und einem zusätzlichen Objekt im Vordergrund schwebt der Toaster nicht mehr.

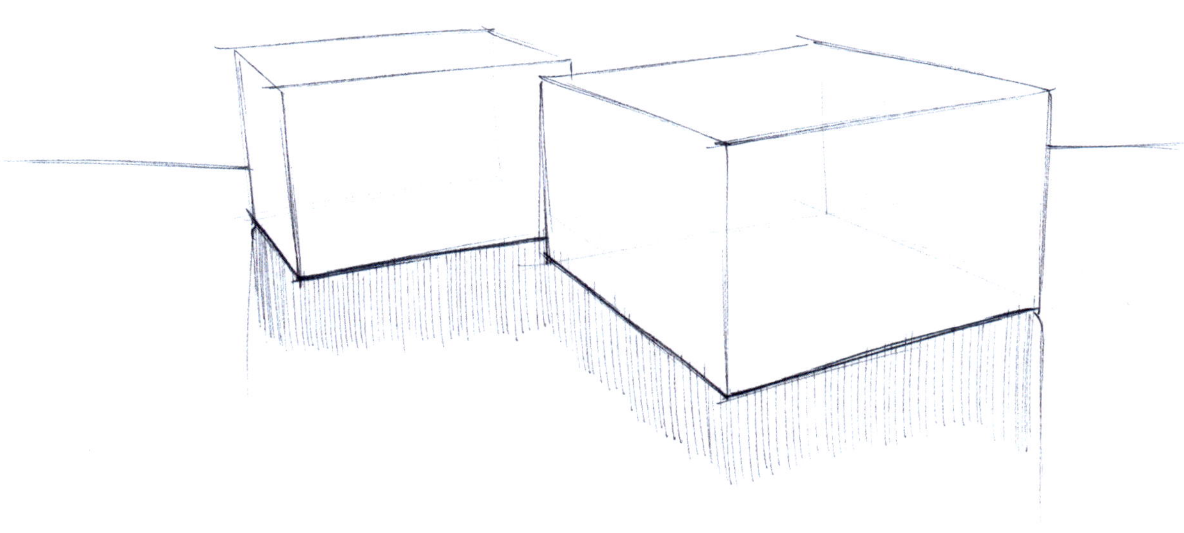

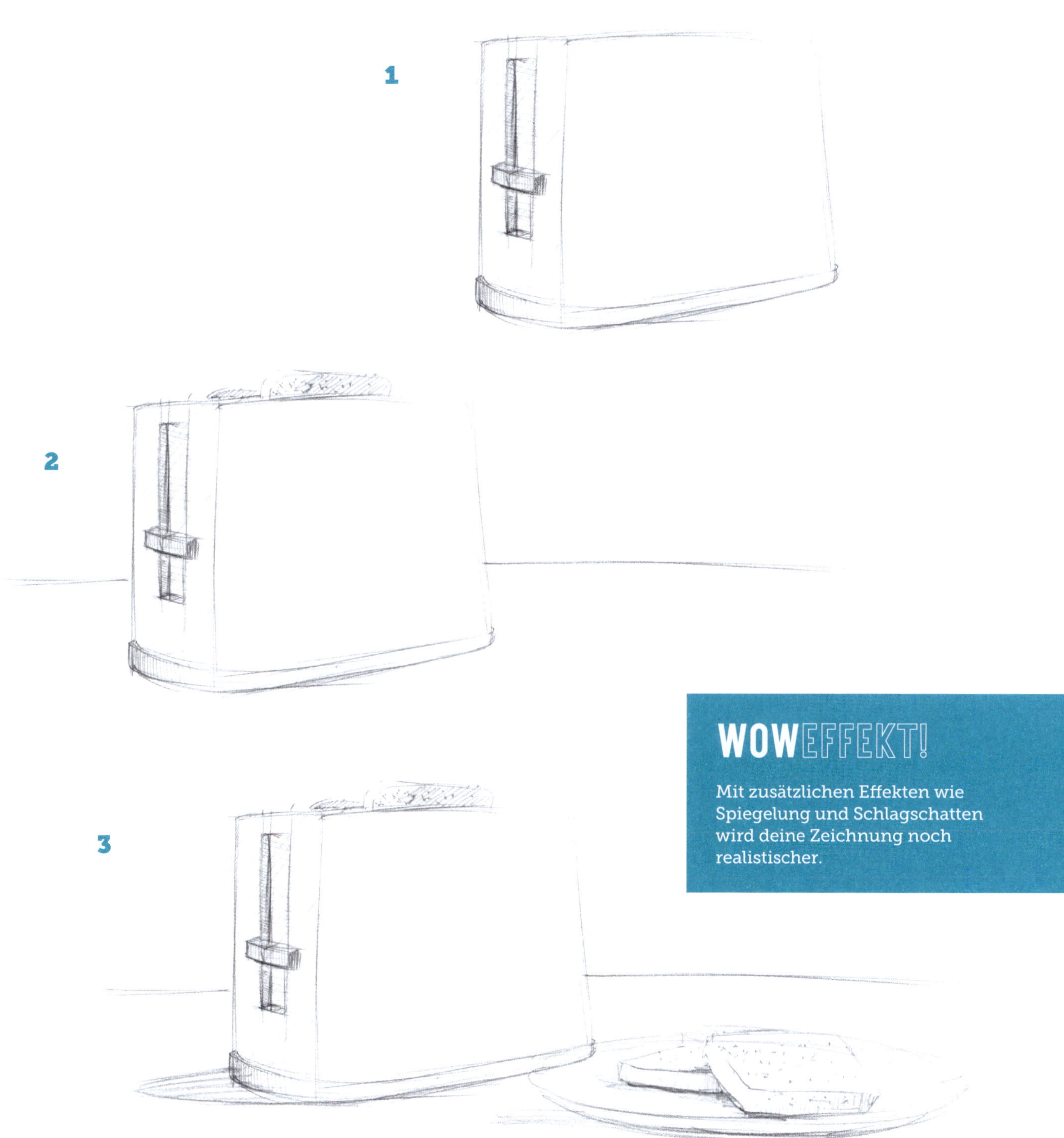

WOWEFFEKT!

Mit zusätzlichen Effekten wie Spiegelung und Schlagschatten wird deine Zeichnung noch realistischer.

ZEICHENÜBUNG

Folge der Schrittanleitung und erweitere den Raum mit Couch, Teppich und Dielen.

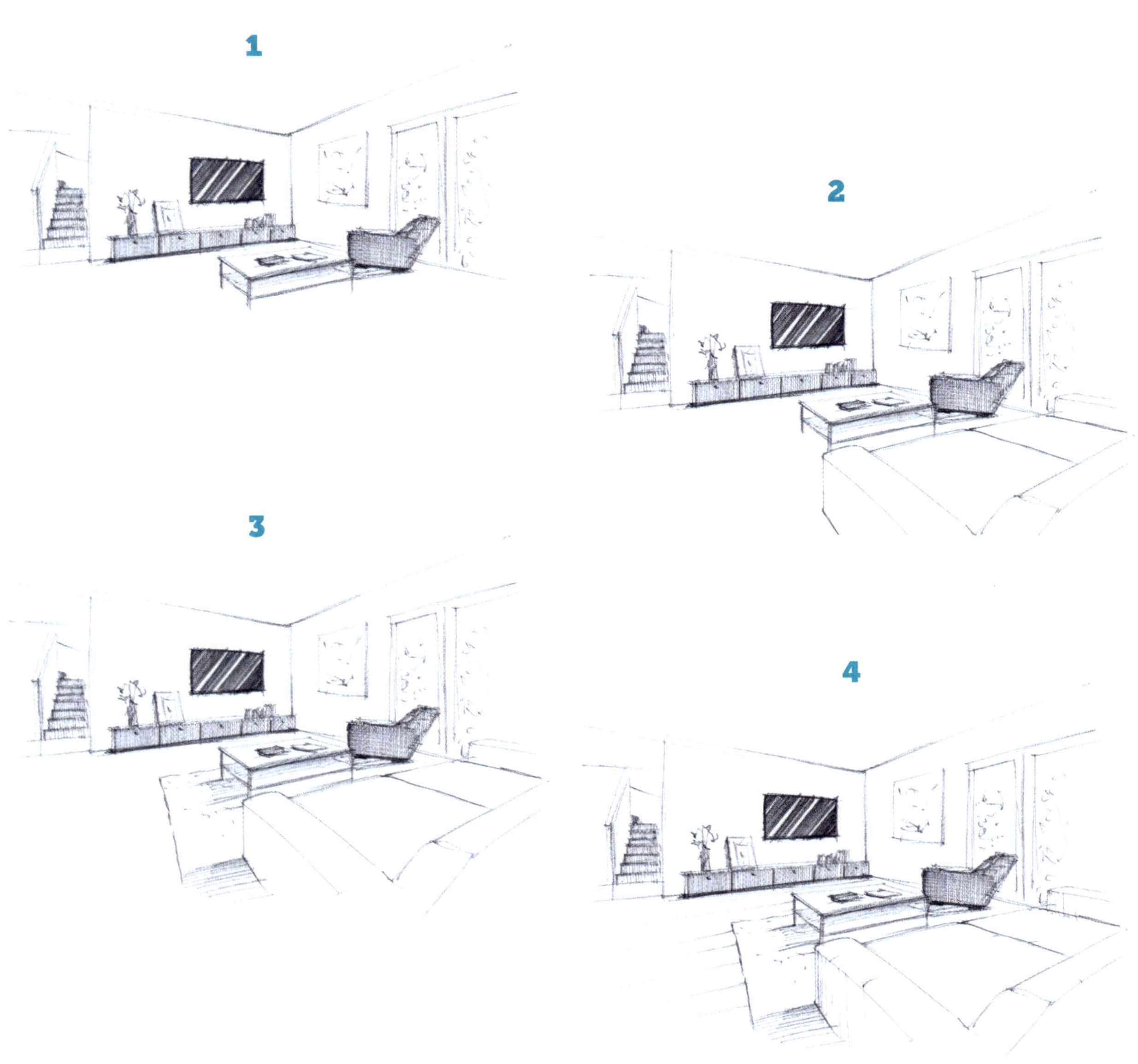

Los geht's!

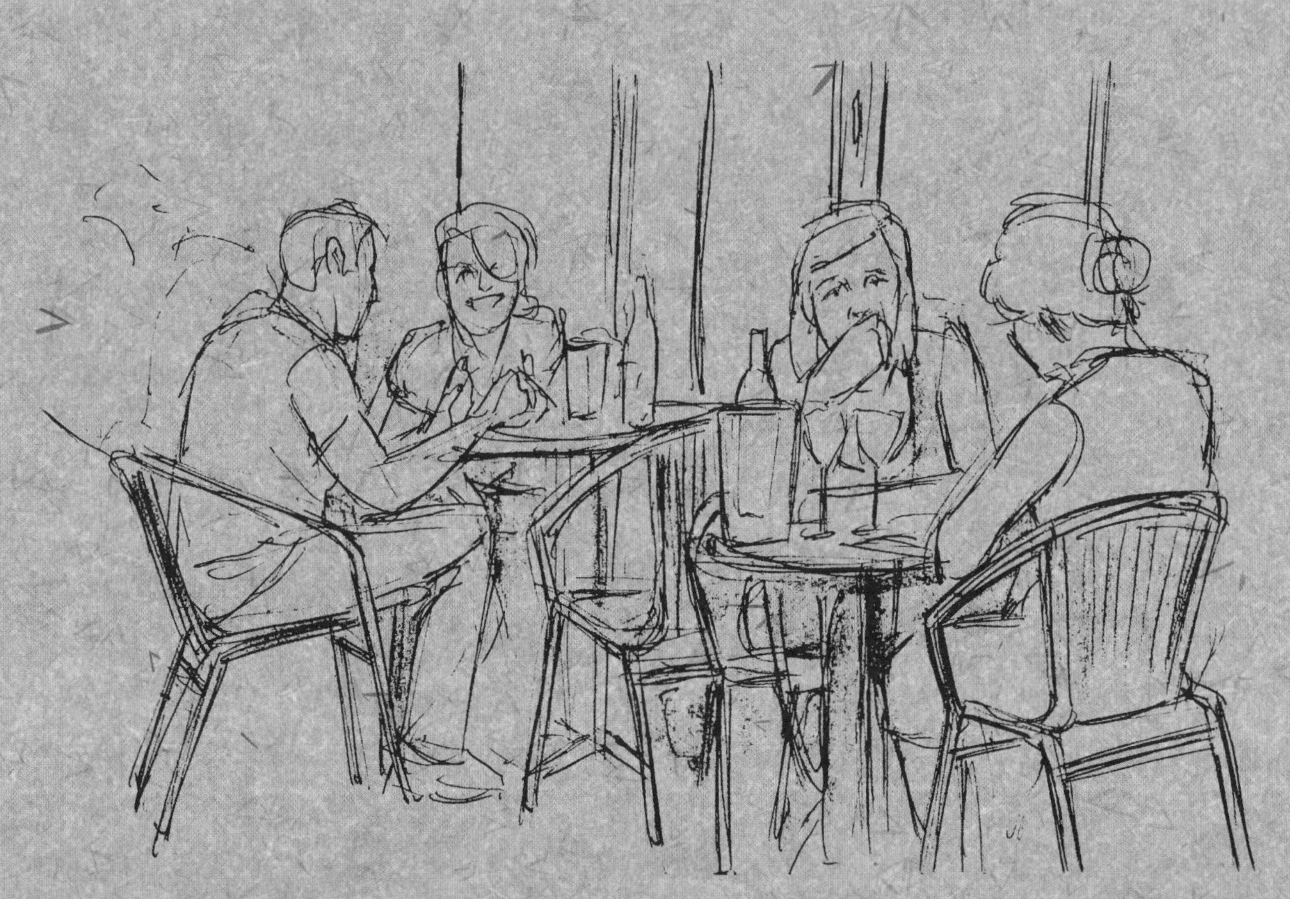

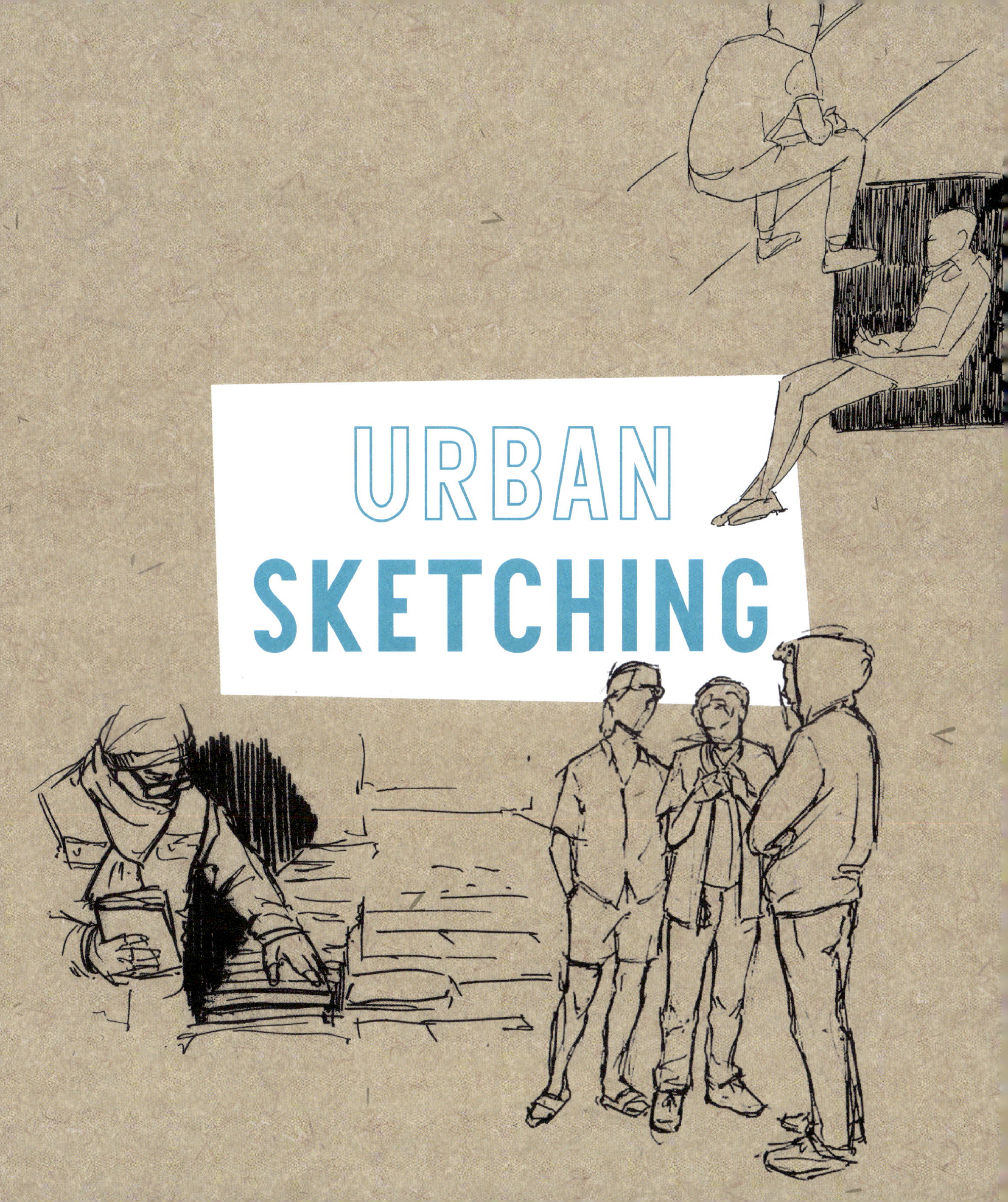
URBAN
SKETCHING

WELCHE MOTIVE EIGNEN SICH FÜR ANFÄNGER?

Wer den Spaß am Zeichnen entdeckt und gerne unterwegs zeichnen möchte, sollte unbedingt mit einfachen Motiven beginnen. Komplexe Motive können schnell in einer stundenlangen Fleißarbeit enden. Beginne mit einfachen Motiven und vereinfache vieles.

Z. B. bei einer Gruppe von Menschen. Da müssen nicht alle Personen ausgearbeitet werden. Bei Architektur verhält sich das ähnlich. Setze einen Fokus im Motiv.

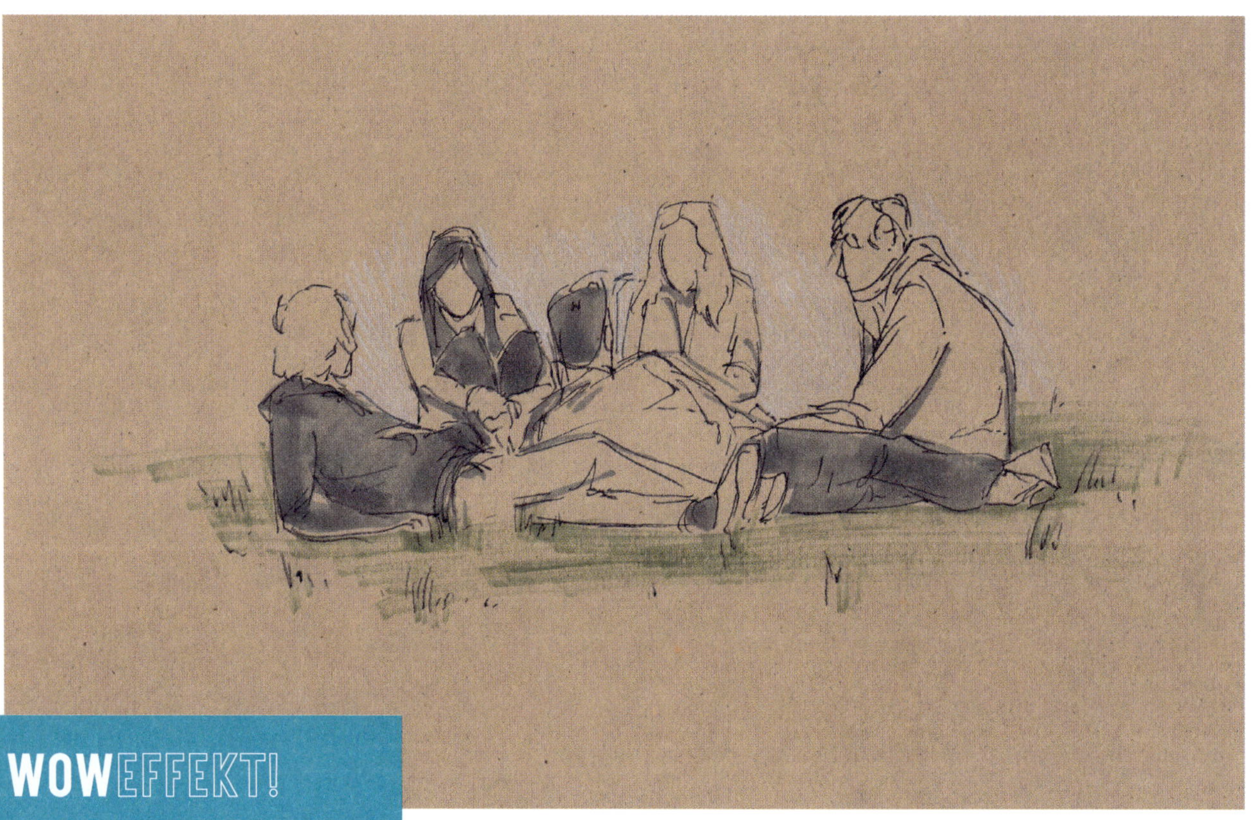

WOWEFFEKT!

Auf dunklem Papier wirken manche Farben deutlich intensiver. Experimentiere mit verschiedenen Papierfarben.

KEINE DETAILS
Hier haben wir bewusst auf die Porträts der Personen verzichtet. Die Zeichnung wirkt trotzdem.

WELCHE UTENSILIEN EIGNEN SICH FÜR TO GO?

Wenn du unterwegs zeichnen möchtest, dann solltest du auf kompaktes Zeichenwerkzeug setzen. Ich verwende gerne einen Kaweco Lilliput Kugelschreiber und mein Notizbuch. Die Kugelschreiber und Bleistifte sind ca. 10 cm lang und passen in jede Hosentasche.

Für meine Aquarellskizzen verwende ich gerne den kleinen Aquarellkasten von Winsor & Newton. Wenn ich kein Skizzenbuch zur Hand habe, zeichne ich einfach auf Servietten, Zeitungen oder auch auf Verpackungen. Einfach auf allem.

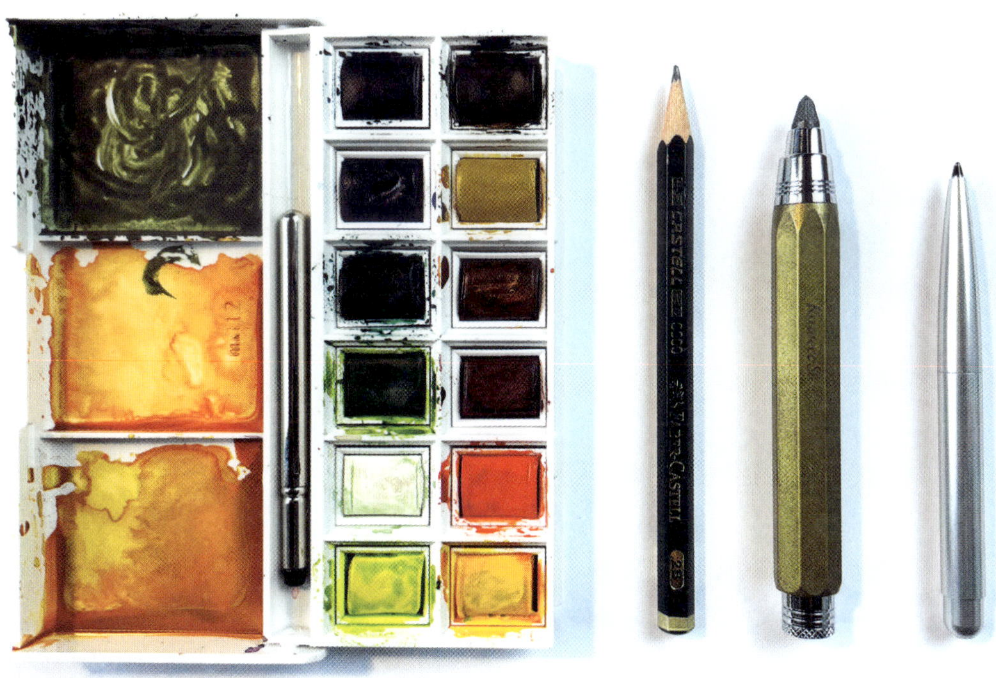

DIE 5-MINUTEN-SKIZZE

Wieso fünf Minuten und nicht zwei? Das ist eine grobe Vorgabe, um eine Situation im Urban Sketching schnell zu zeichnen. Oft wissen unsere Kursteilnehmer nicht, wann sie mit einer Skizze aufhören sollen. Es wird hier und da noch korrigiert, oder es kommt noch ein Detail dazu. Irgendwann wird es einfach zu überladen für eine Schnellskizze.

Du kannst dir selbst ein Zeitlimit setzen, indem du eine Beobachtung / Situation aufskizzierst.

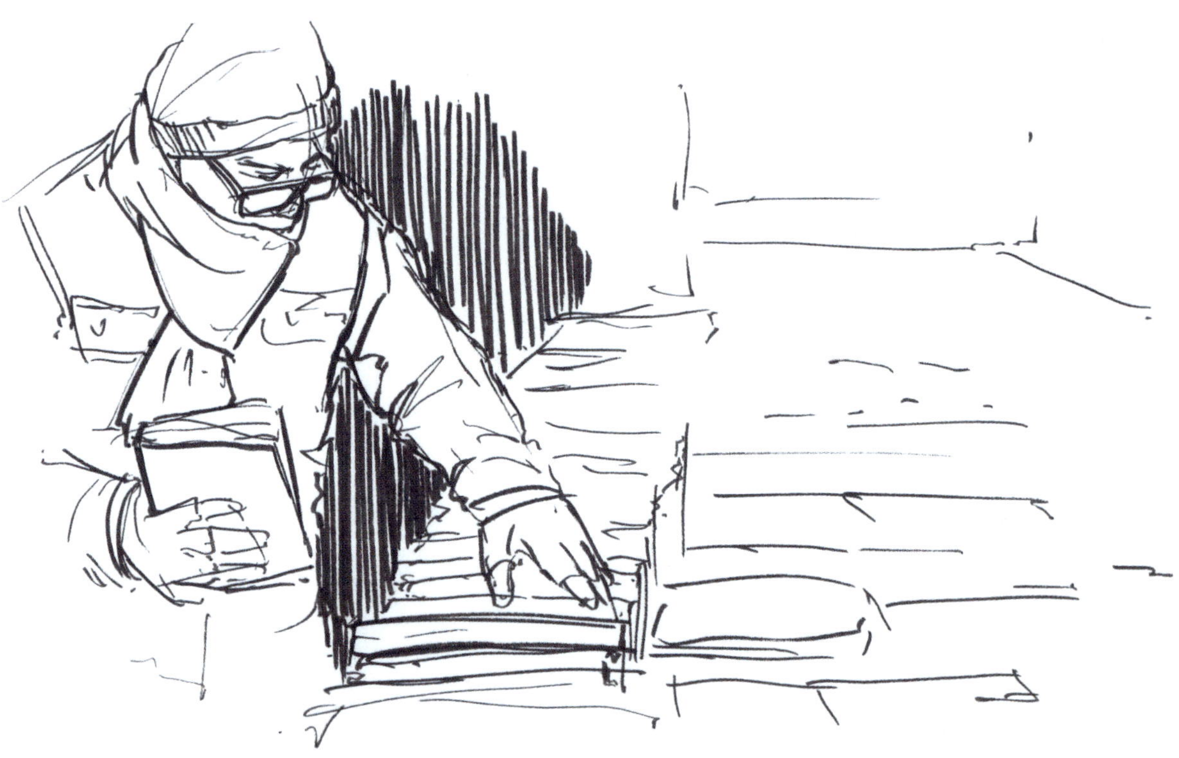

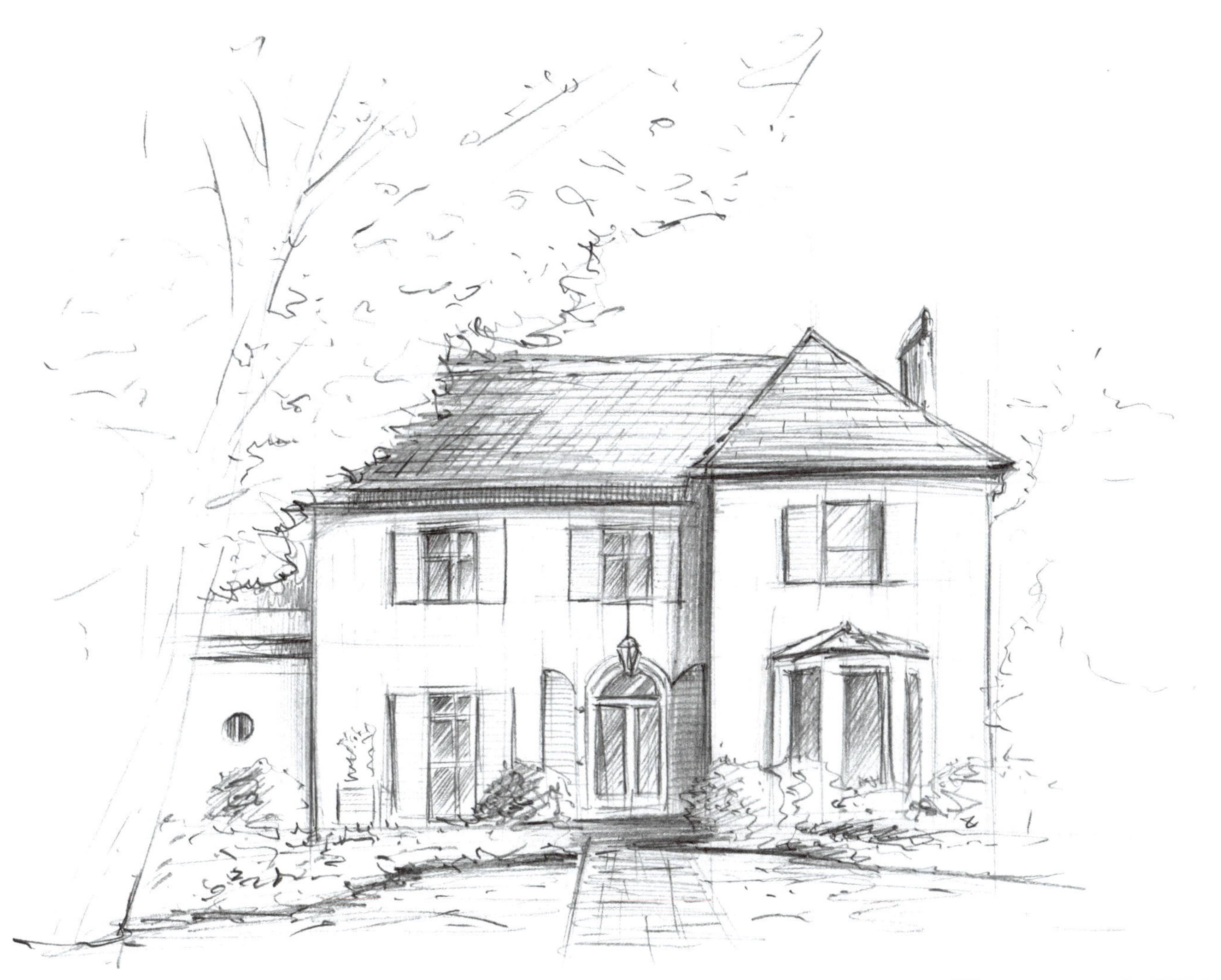

WOWEFFEKT!

Um Häuser schnell zu zeichnen, solltest du als Erstes die Form des Gebäudes zeichnen. Achte auf die Proportionen von Höhe zu Breite deiner Grundform.

WIE VEREINFACHE ICH SITUATIONEN UND MENSCHEN?

Die einfachste Methode, um Situationen und Menschen in einer Skizze zu vereinfachen, ist es, die Konturen zu zeichnen. Übe, einige einfache Silhouetten in verschiedenen Bewegungen zu zeichnen. Diese kannst du dann beliebig oft in deinen Skizzen einsetzen. Ein Repertoire aus wenigen Figuren kann jeden Urban Sketch bereichern.

Mit wenigen Details wie Kleidung oder Frisur wirken die Figuren lebendiger.

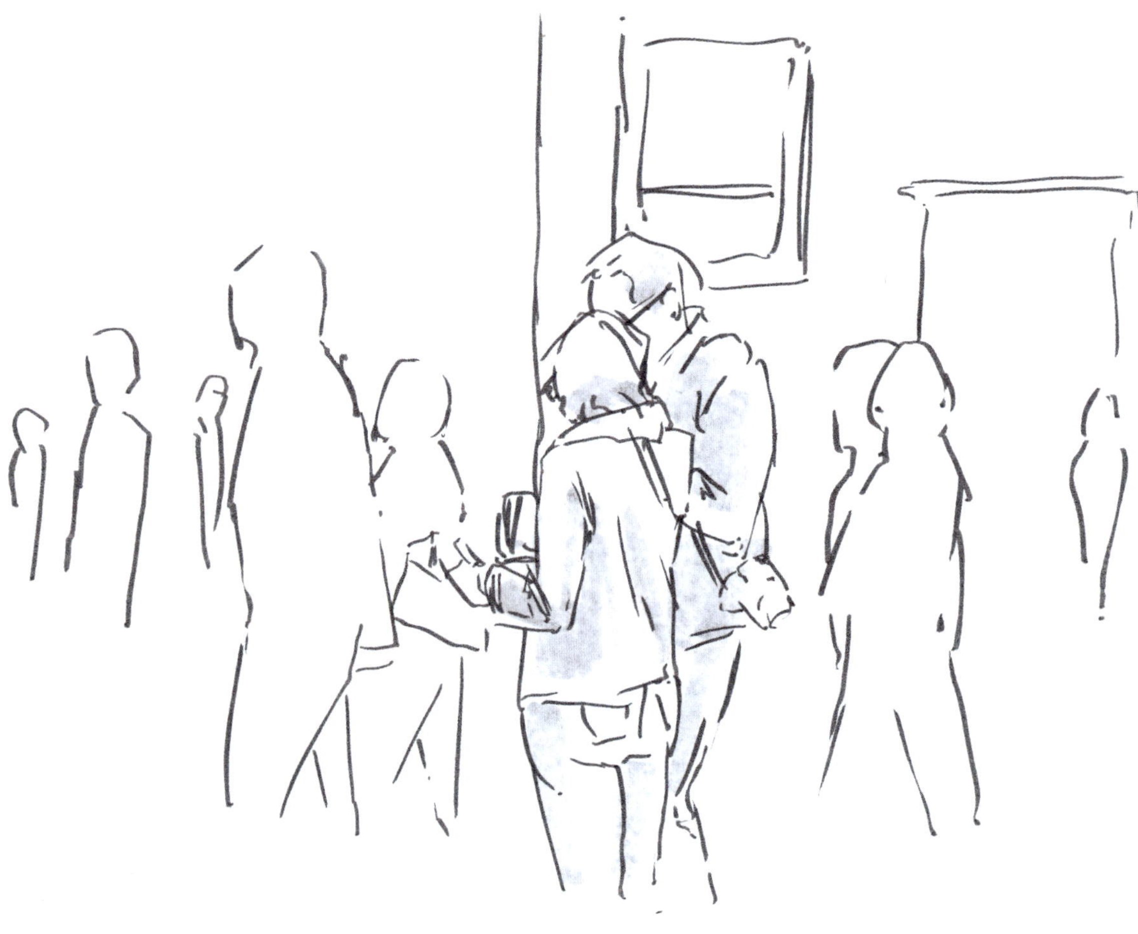

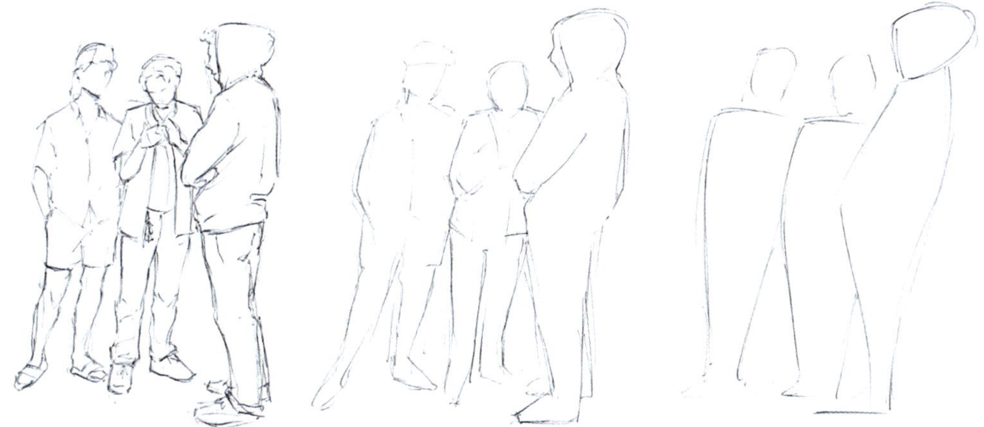

GRUNDFORMEN

Welche geometrische Figur siehst du in den Silhouetten?

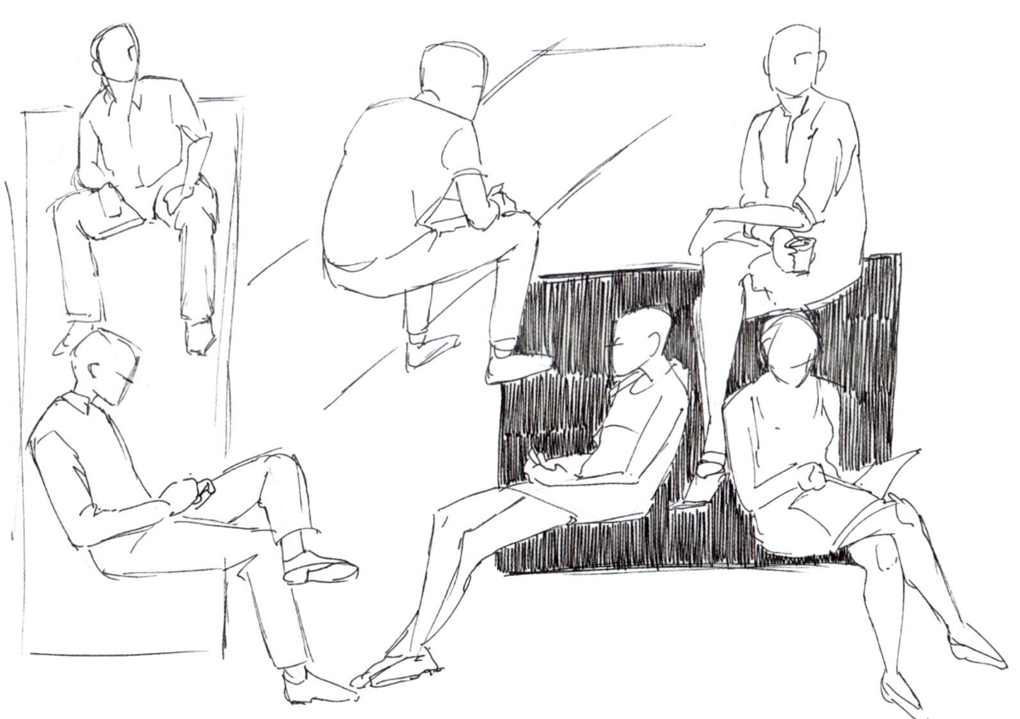

KEEP IT SIMPLE

Auch Gesichter kannst du sehr gut vereinfachen. Wie wäre es mit einem Strich?

Im folgenden Beispiel haben wir mit einem Fineliner eine Figur skizziert. Wie du siehst, kommen Details und Farbe erst zum Schluss. Moderiere deine Silhouette und ergänze sie mit den dir wichtigen Details.

1

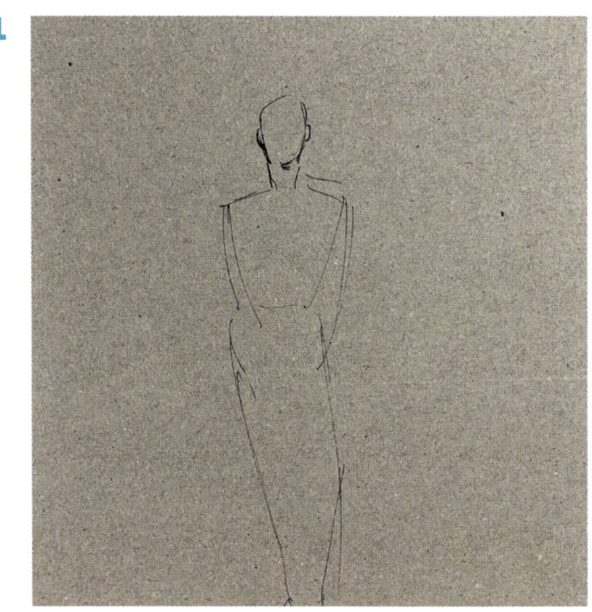

2

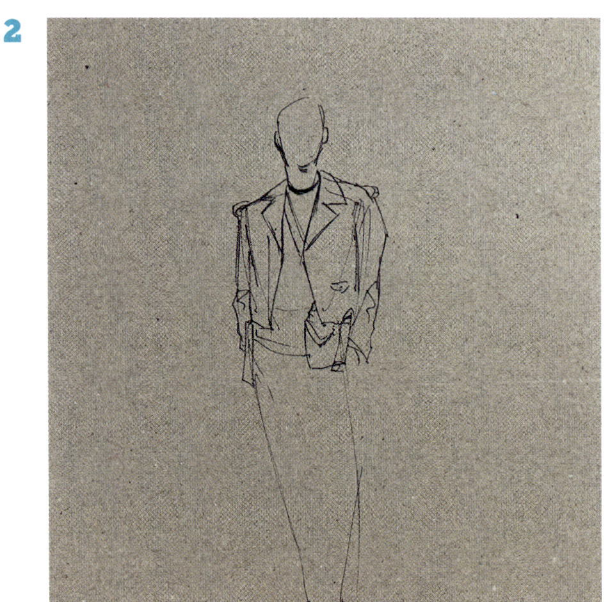

3

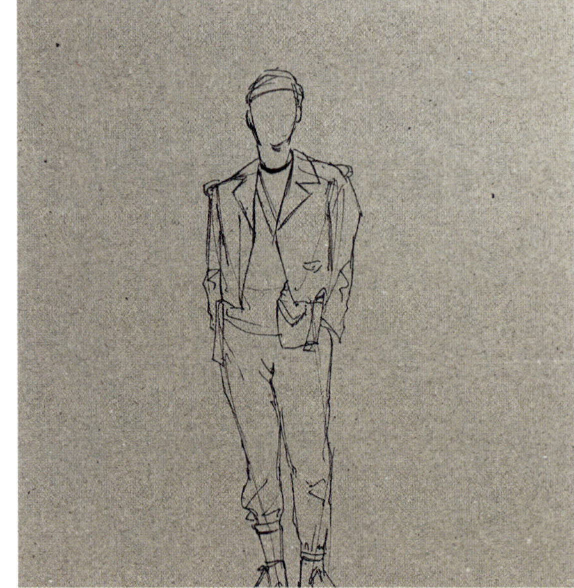

4

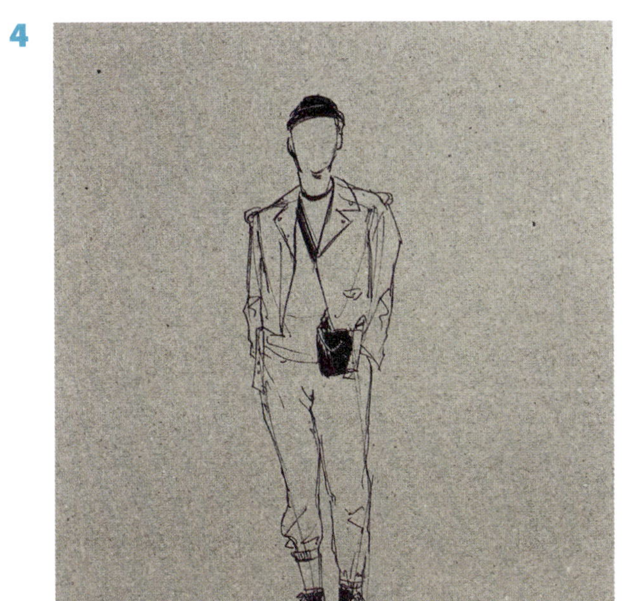

5

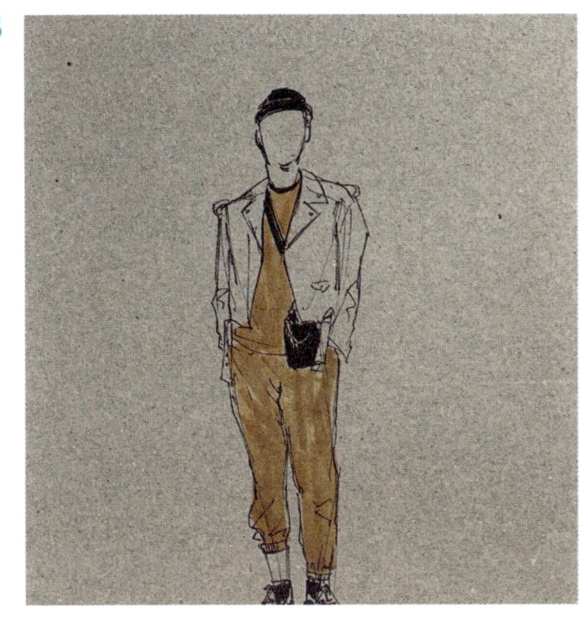

6

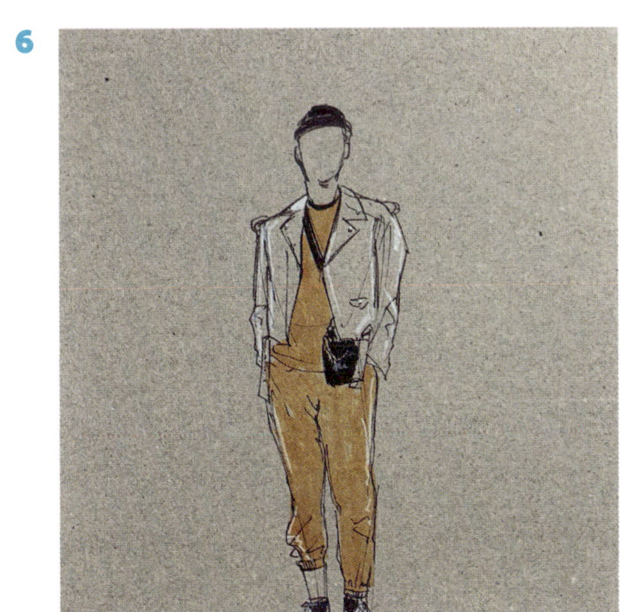

7

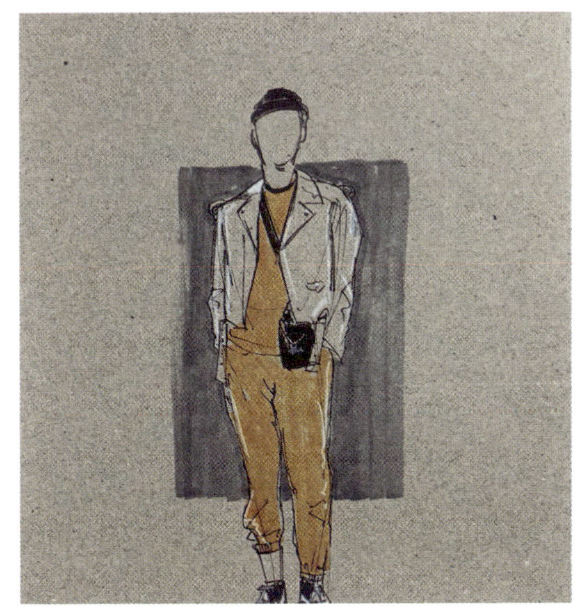

INSPIRATION

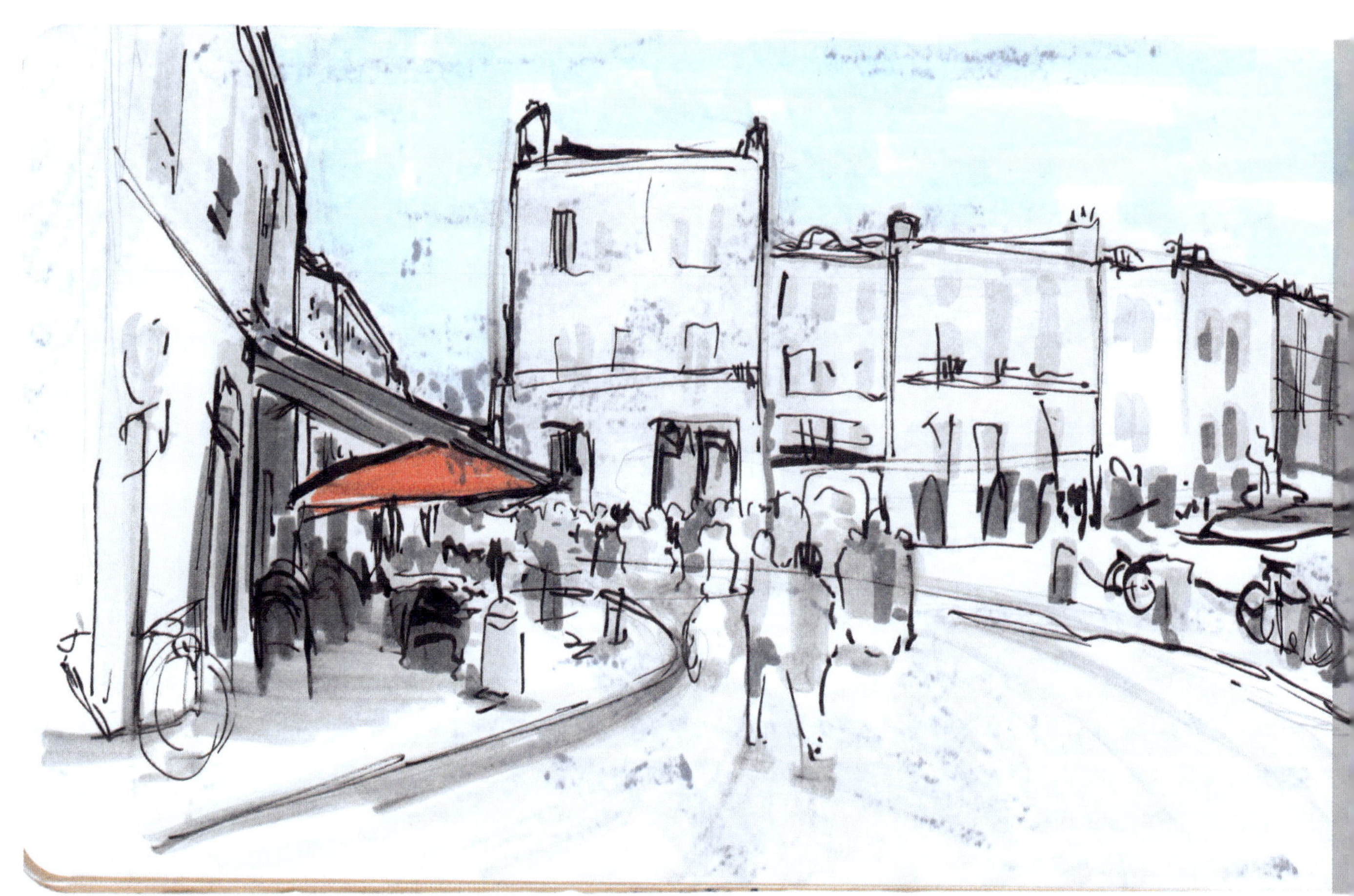

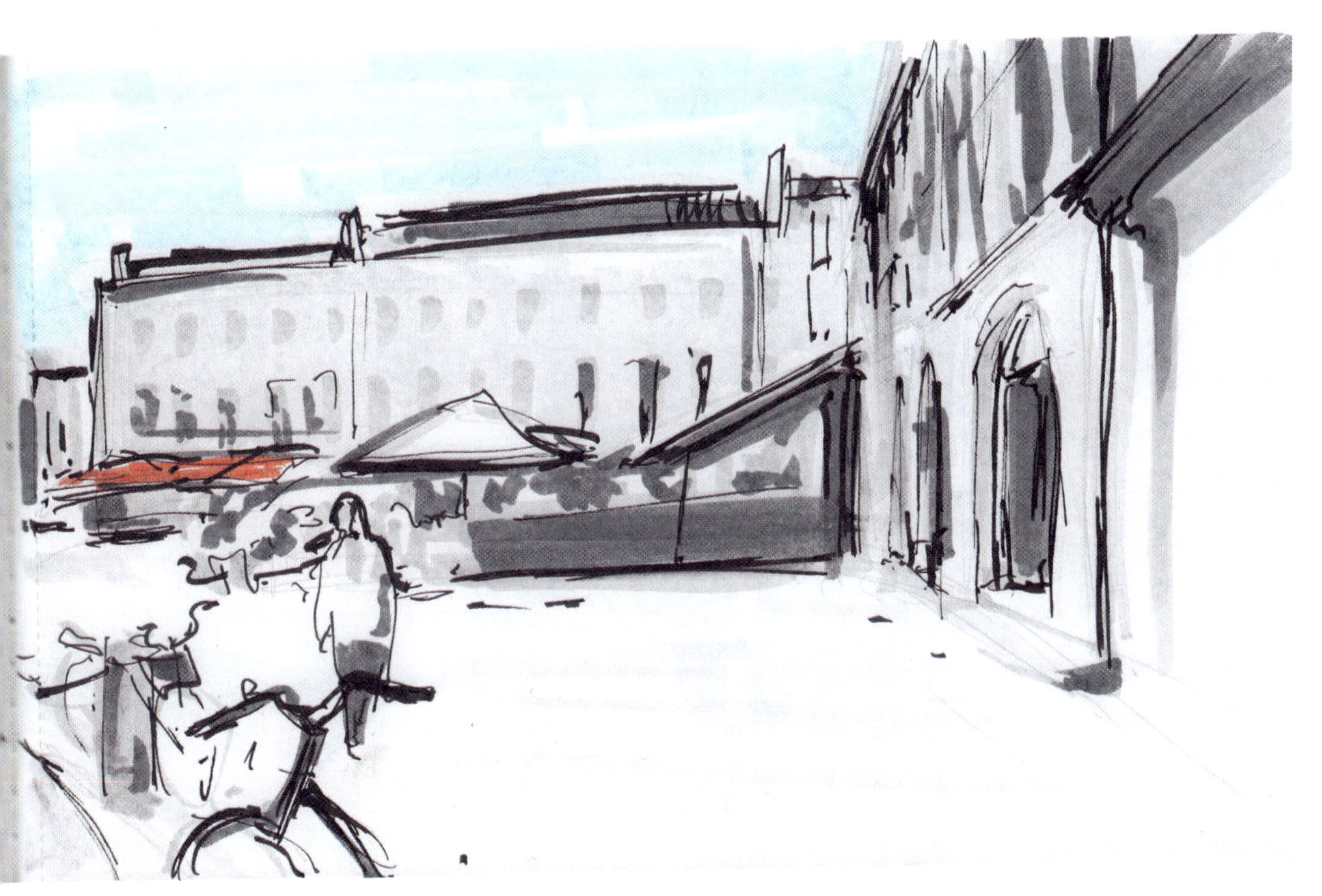

INSPIRATION

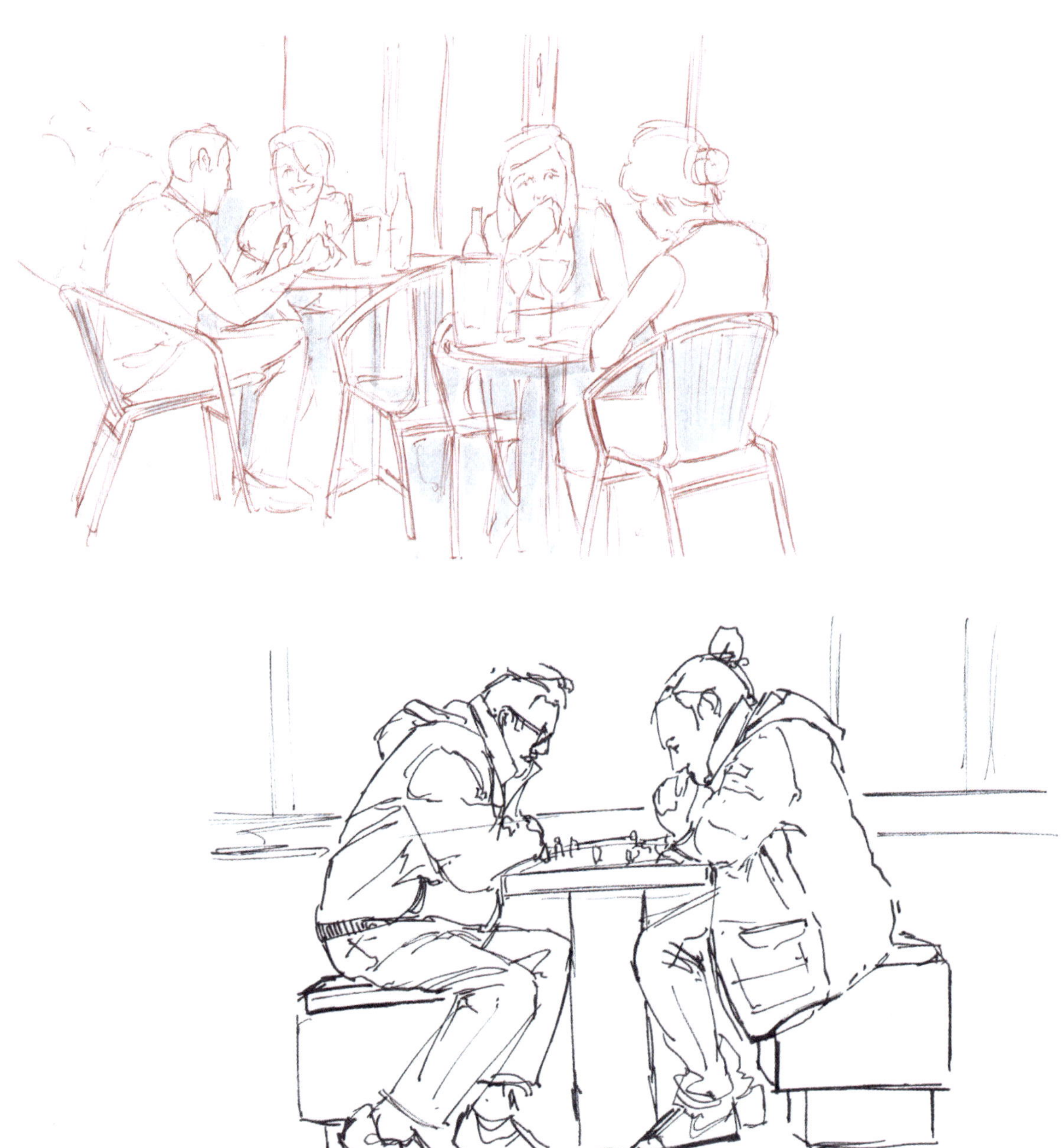

ZEICHENÜBUNG

Such dir ein Plätzchen in einem Café oder einem Park und zeichne eine Gruppe von Menschen mit lockerem Strich. Die Zeichnung muss nicht perfekt sein!

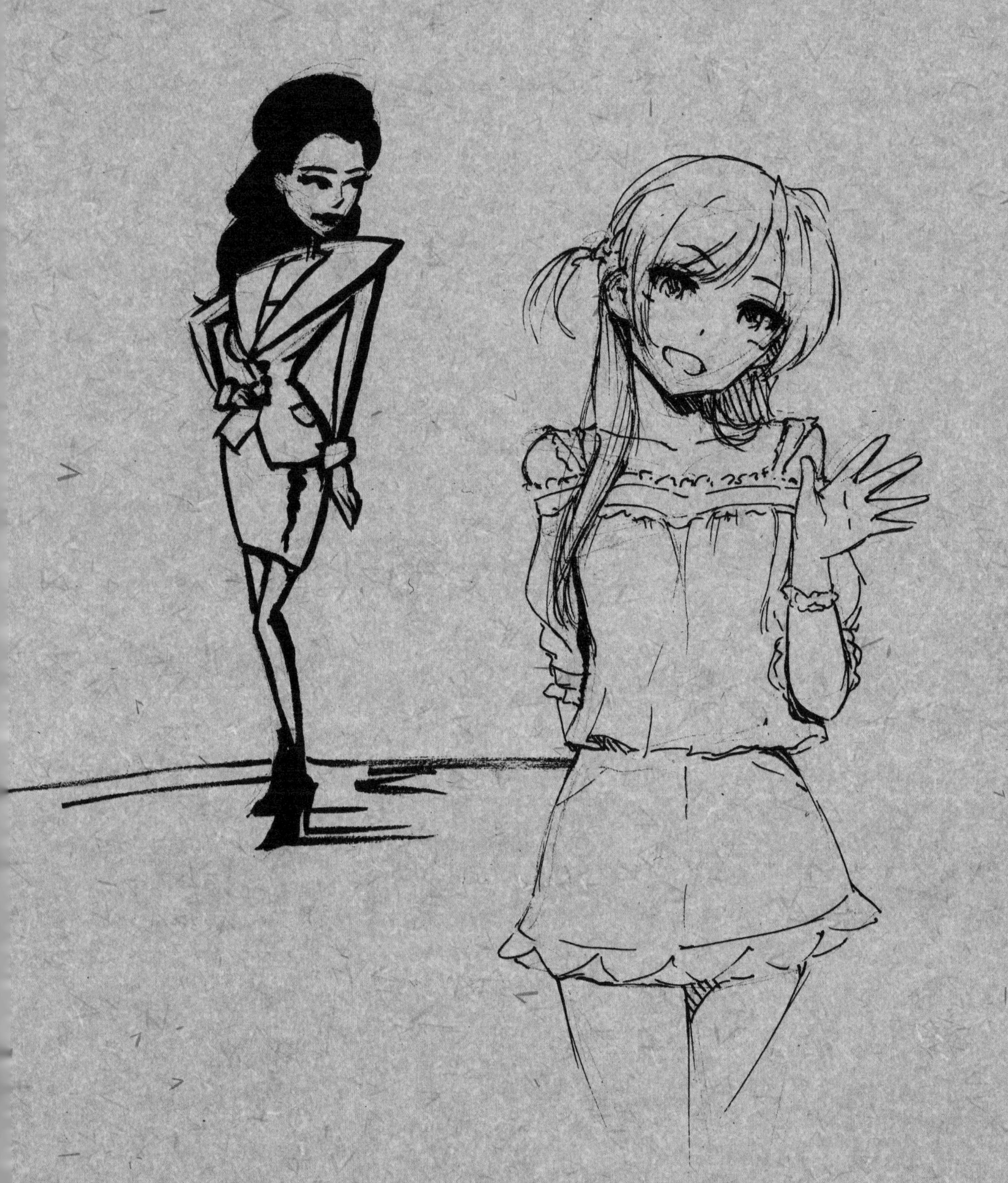

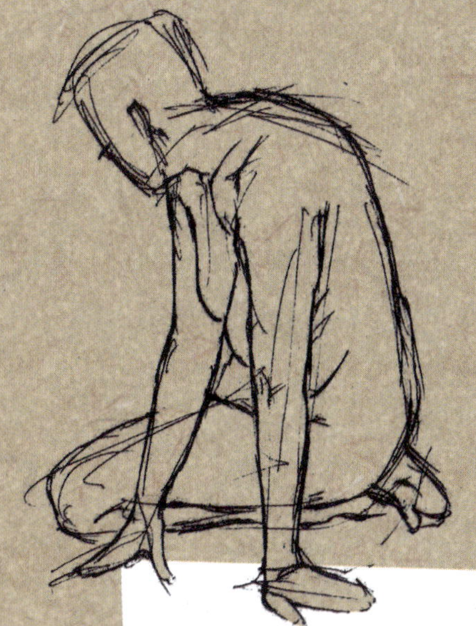

STILKUNDE

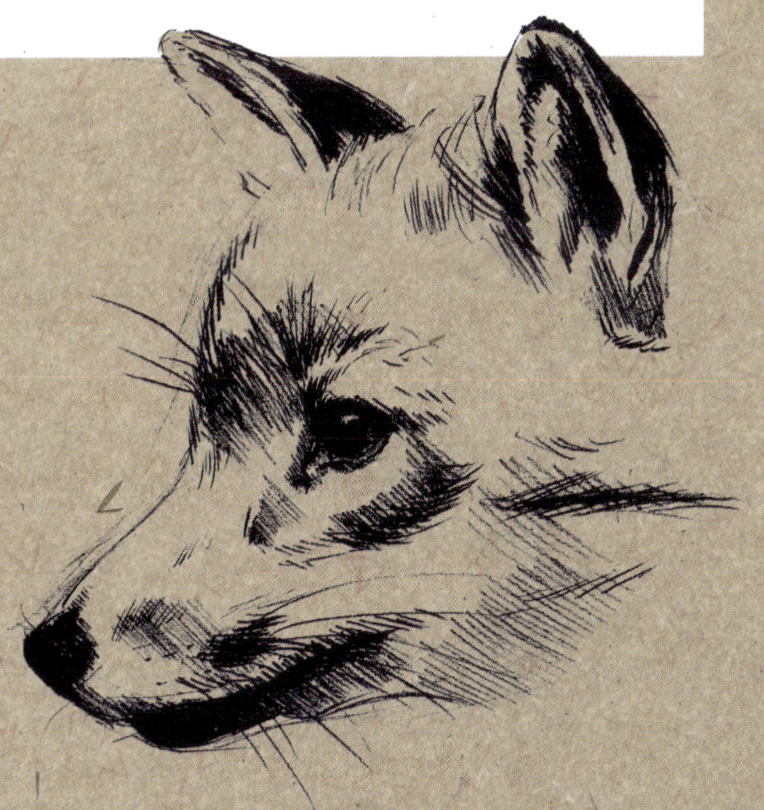

ZEICHNEN IM KLASSISCHEN LOOK

Im Zuge vieler neuer Zeichenwerkzeuge wie Filzstifte, Marker oder Fineliner hat sich die Vielfalt der Möglichkeiten zu zeichnen sehr vergrößert. In der Geschichte der Zeichnung spielten Tusche und Bleistift eine große Rolle. Aber auch die Art der Motive wie Stillleben oder Porträt waren weit verbreitet.

Die folgenden Motive haben wir mit dem neuen Faber-Castel Bleistift „Pitt Graphite Matt" gezeichnet.

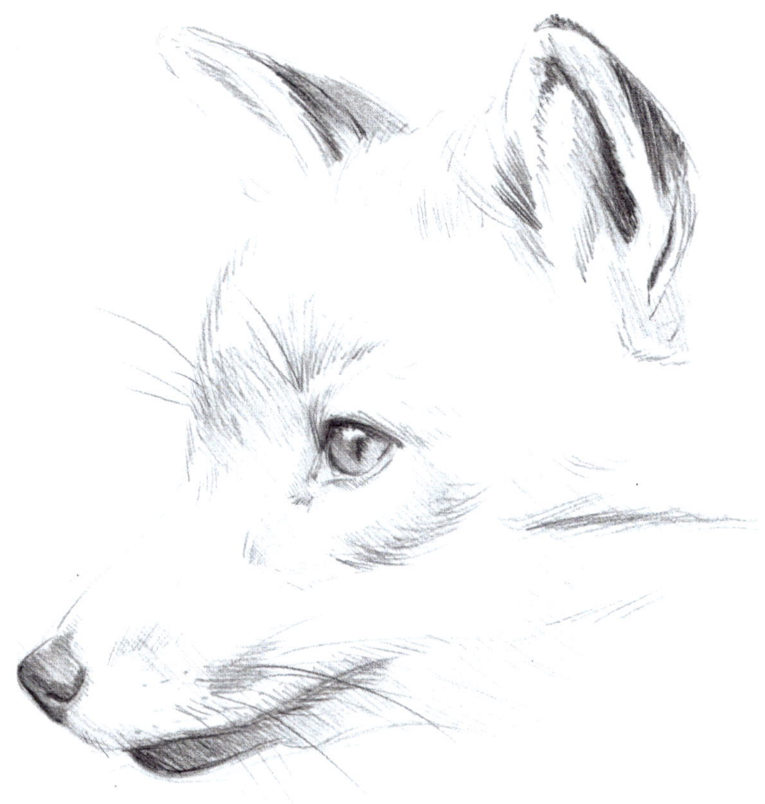

WOWEFFEKT!

Der besonders matte Bleistift reduziert Reflexionen auf Papier. Er sorgt mit seiner Farbdichte für maximale Tiefenwirkung.

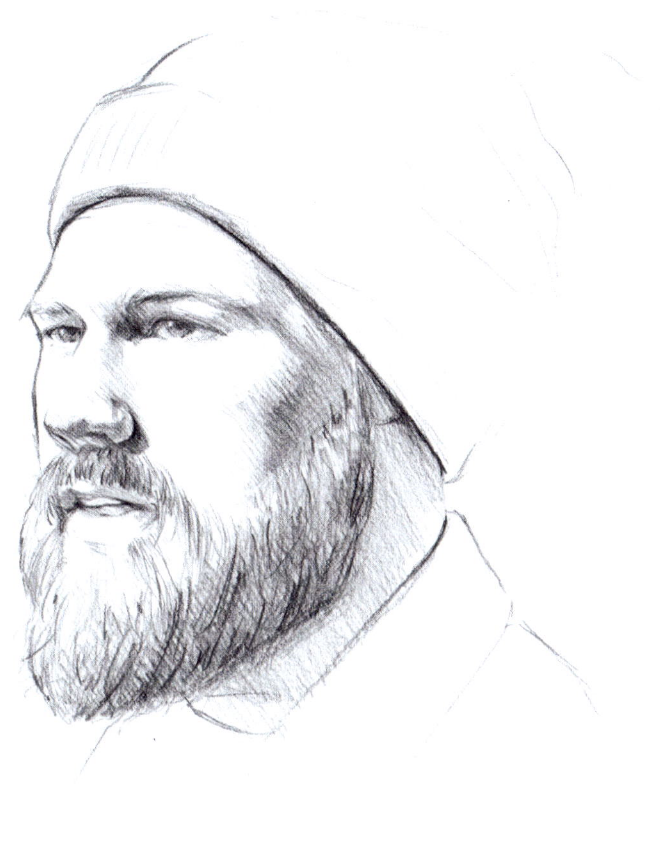

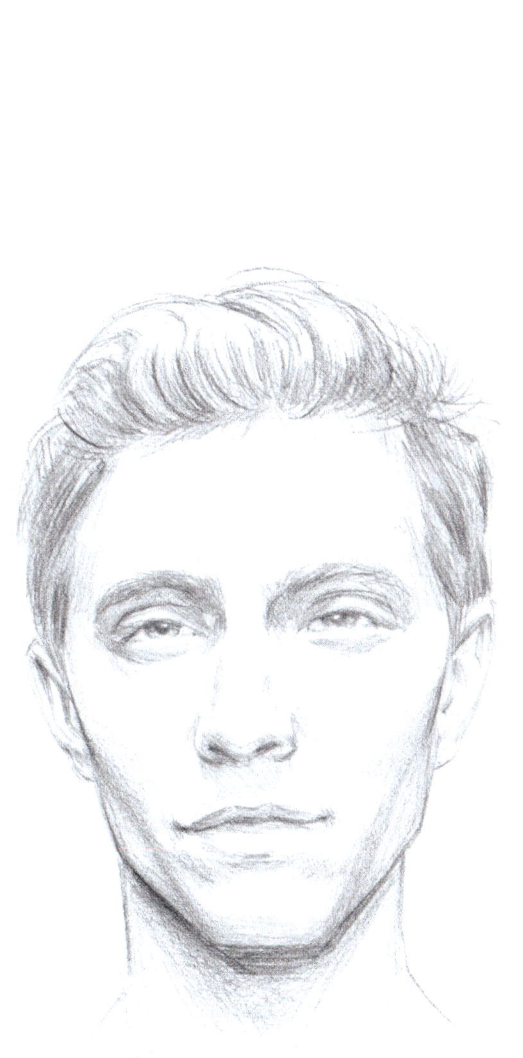

WOWEFFEKT!

Um die Wirkung deiner Zeichnung noch mehr zu steigern, setze so viel Weißraum wie möglich ein.

CARTOON

Beim Zeichnen von Cartoons haben sich Tusche oder tuscheähnliche Stifte durchgesetzt. Hierbei kannst du Flächen ganz schnell vollflächig bearbeiten oder mit Pinsel-Tusche-Stiften zwischen dünnen und dickeren Linien variieren.

Natürlich gibt es auch Farb-Cartoons. Dazu werden die einzelnen Bereiche wie Kleidung oder Haare nachträglich ausgemalt.

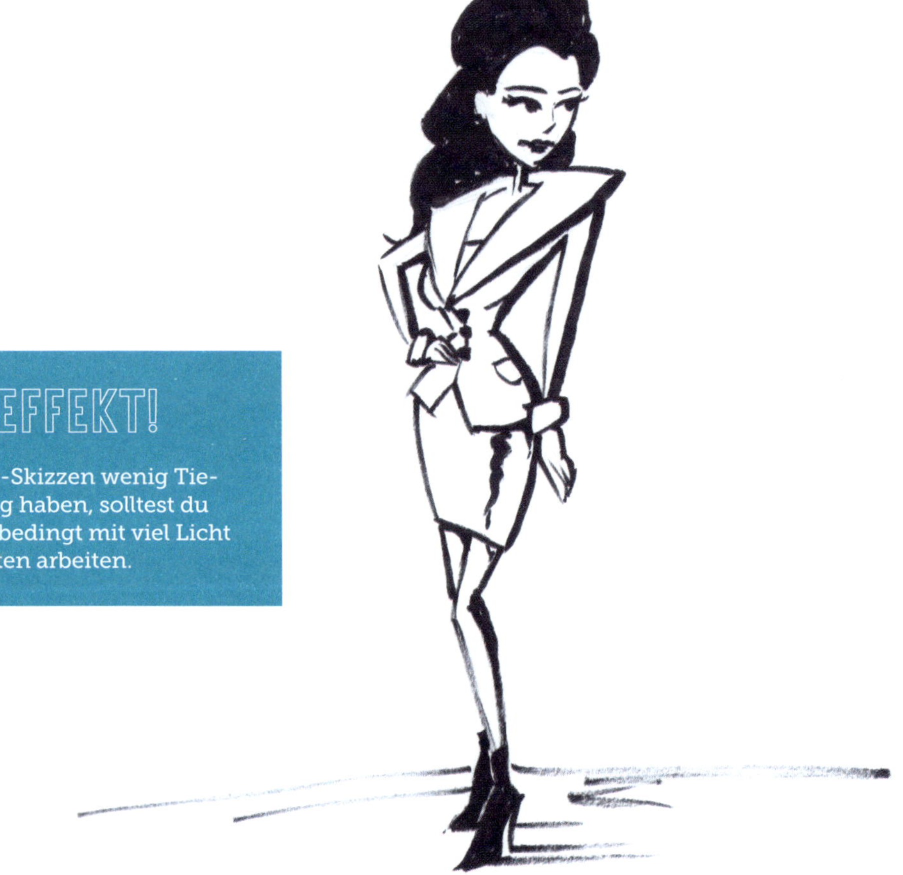

WOWEFFEKT!

Da Tusche-Skizzen wenig Tiefenwirkung haben, solltest du hierbei unbedingt mit viel Licht und Schatten arbeiten.

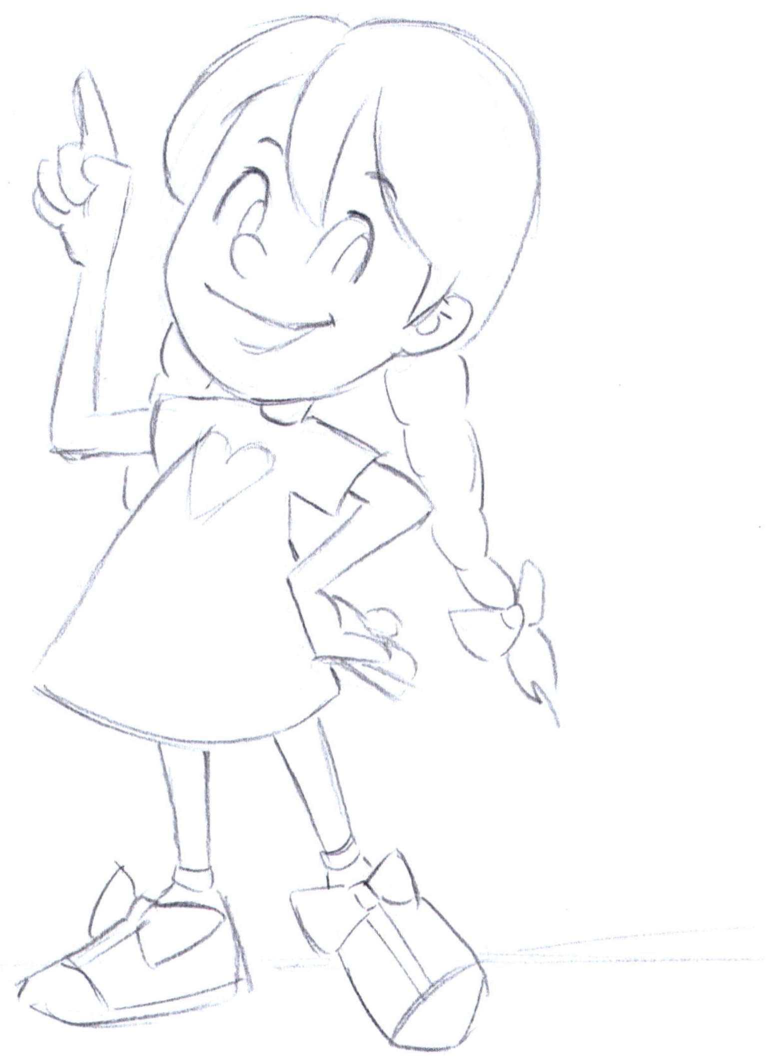

ÜBERTREIBE!
Cartoon-Gesichter können übertrieben dargestellt werden. Hier sind deiner Fantasie keine Grenzen gesetzt.

MANGA

Mangas zeichnen ist eine Kunst für sich. Unzählige Stile prägen die Kunst des Mangazeichnens. Fast alle basieren aber auf der Zeichnung mit Markern. Diese gibt es in über 450 verschiedenen Tönen.

Besonders die Hauttöne gibt es in verschiedensten Farbvariationen. Für die Vorzeichnung empfehle ich Fineliner in verschiedenen Stärken.

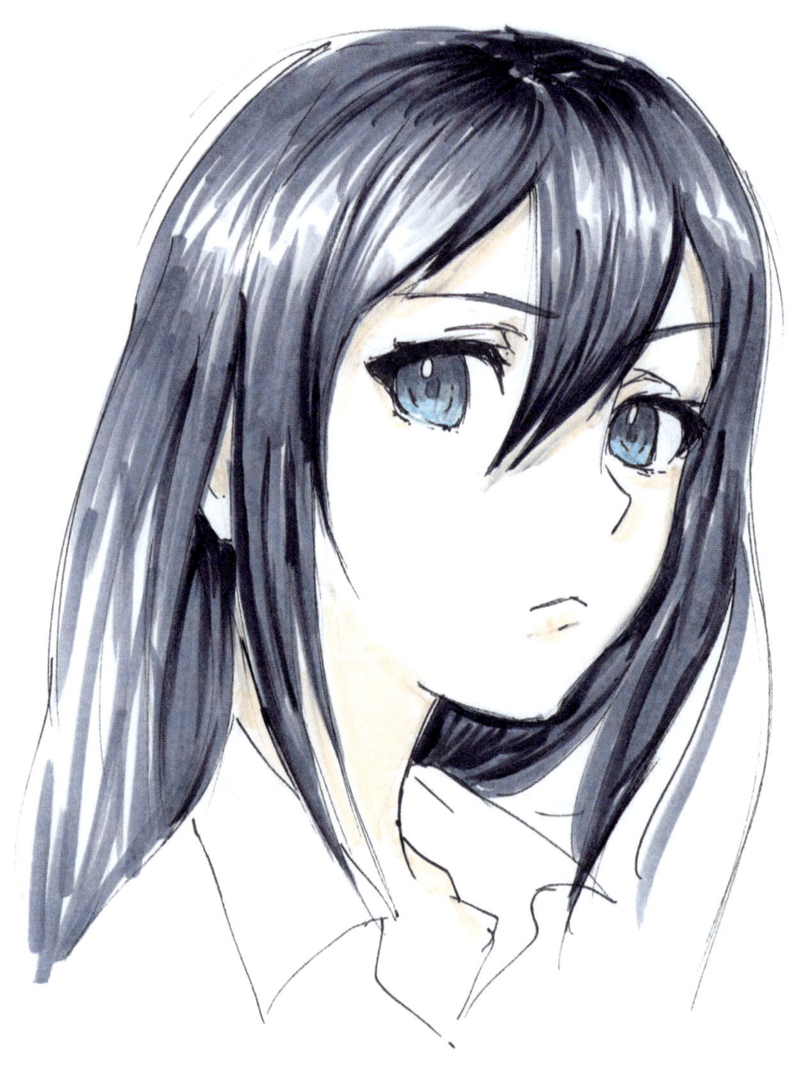

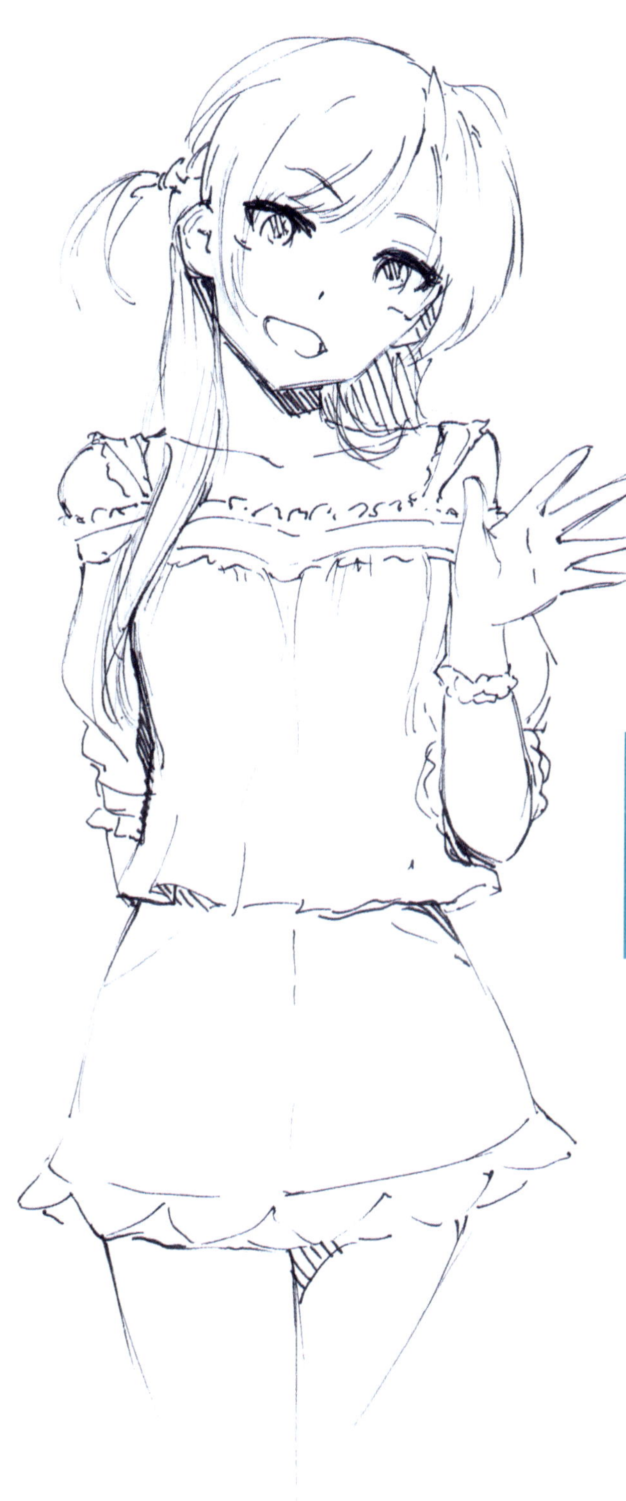

WOWEFFEKT!

Unterbrochene Linien sorgen für Bewegung und mehr Tiefenwirkung im Motiv.

AKT

Aktzeichnen hat viel mit Beobachtung zu tun. Jede kleine Bewegung des Models wirkt sich auf das Ergebnis aus. Das schnelle Vorskizzieren ist entscheidend für den ersten Teil der Zeichnung. Im zweiten Teil solltest du die Details mehr und mehr aufgreifen und sie ausarbeiten.

Aber auch hier kommt es manchmal auf die Reduktion an. Eine Zwei-Minuten-Skizze als Aktstudie hat auch ihren Reiz.

WOWEFFEKT!

Mit einem Marker können Schattenbereiche schnell ausgearbeitet werden.

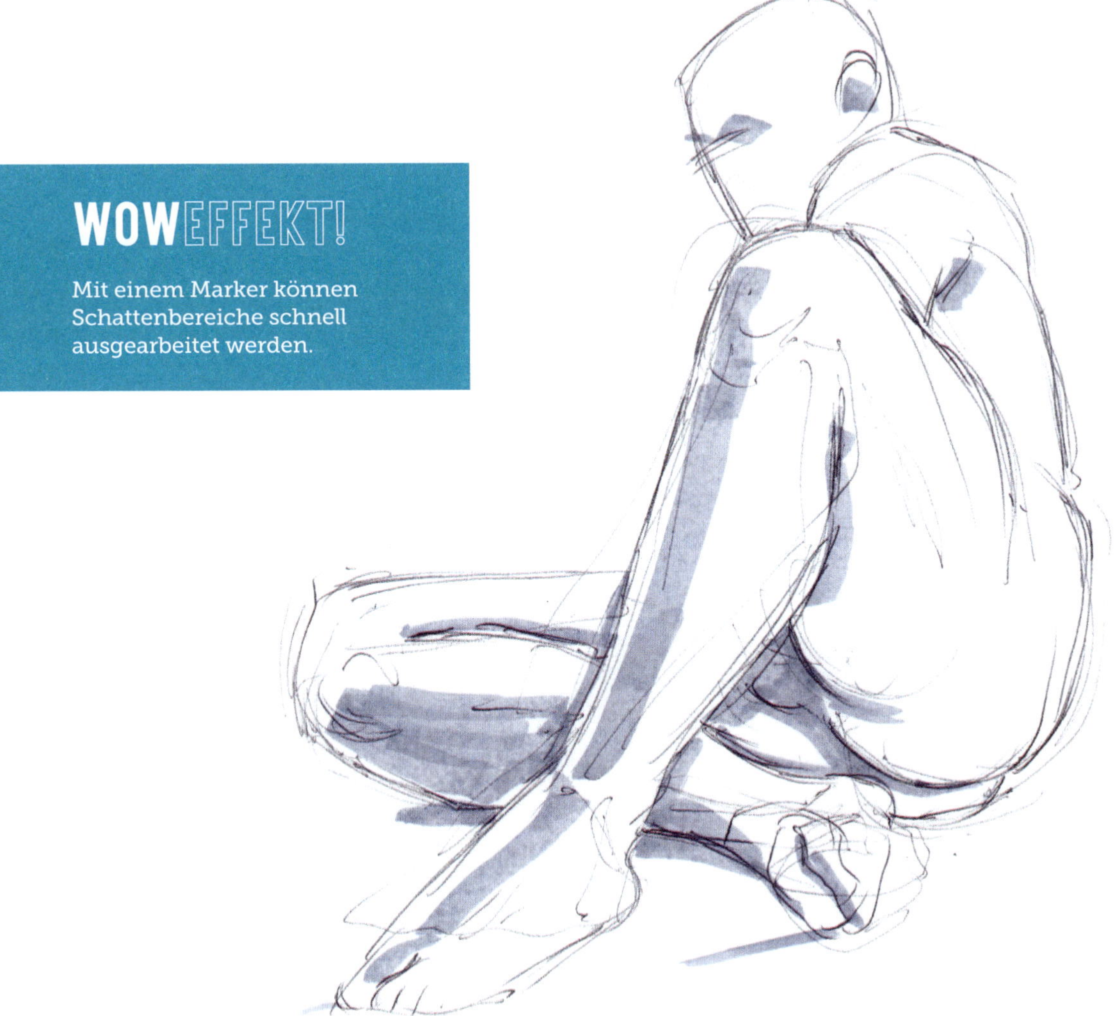

TIPP

Ein Kugelschreiber eignet sich bestens für schnelles Skizzieren.

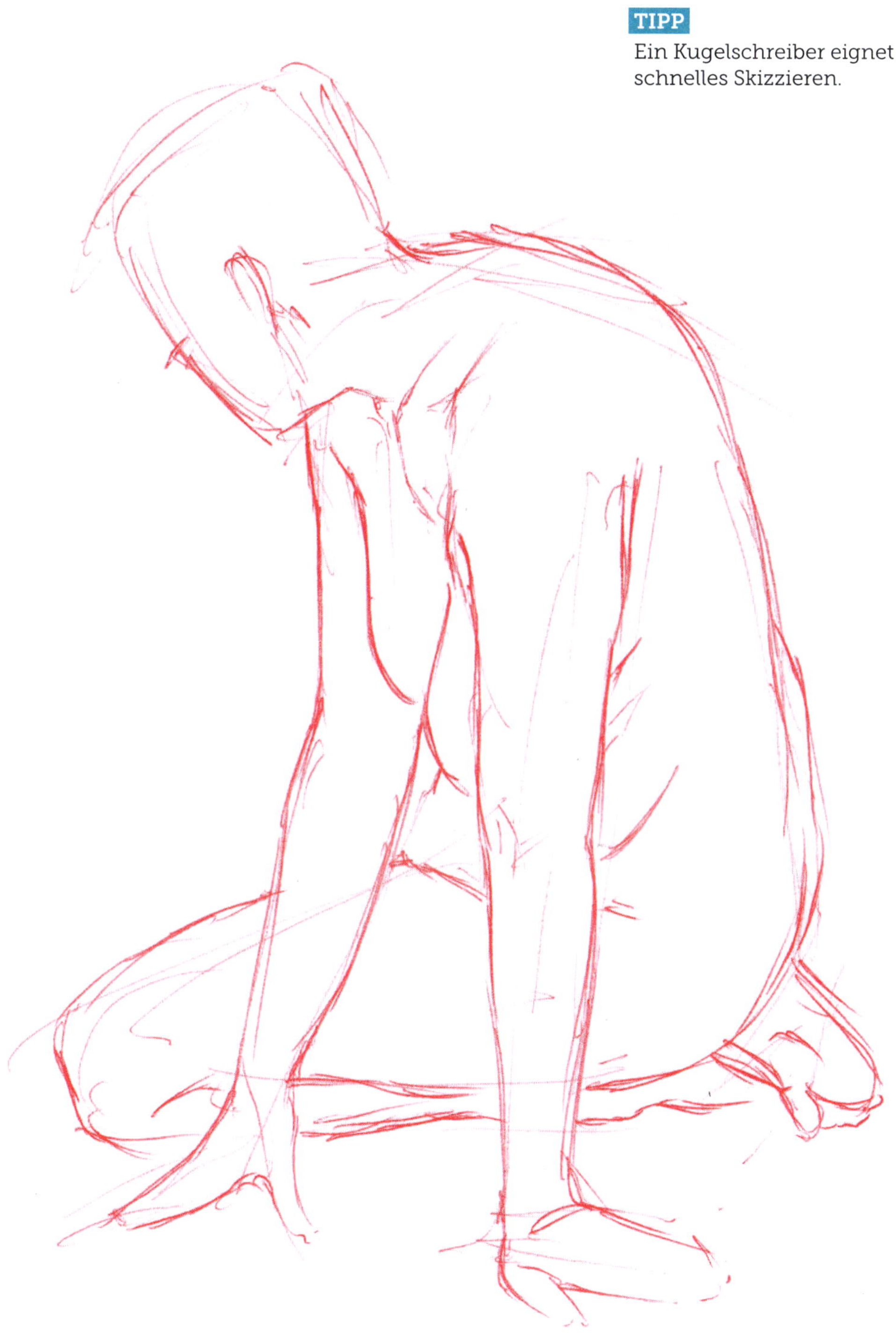

INSPIRATION

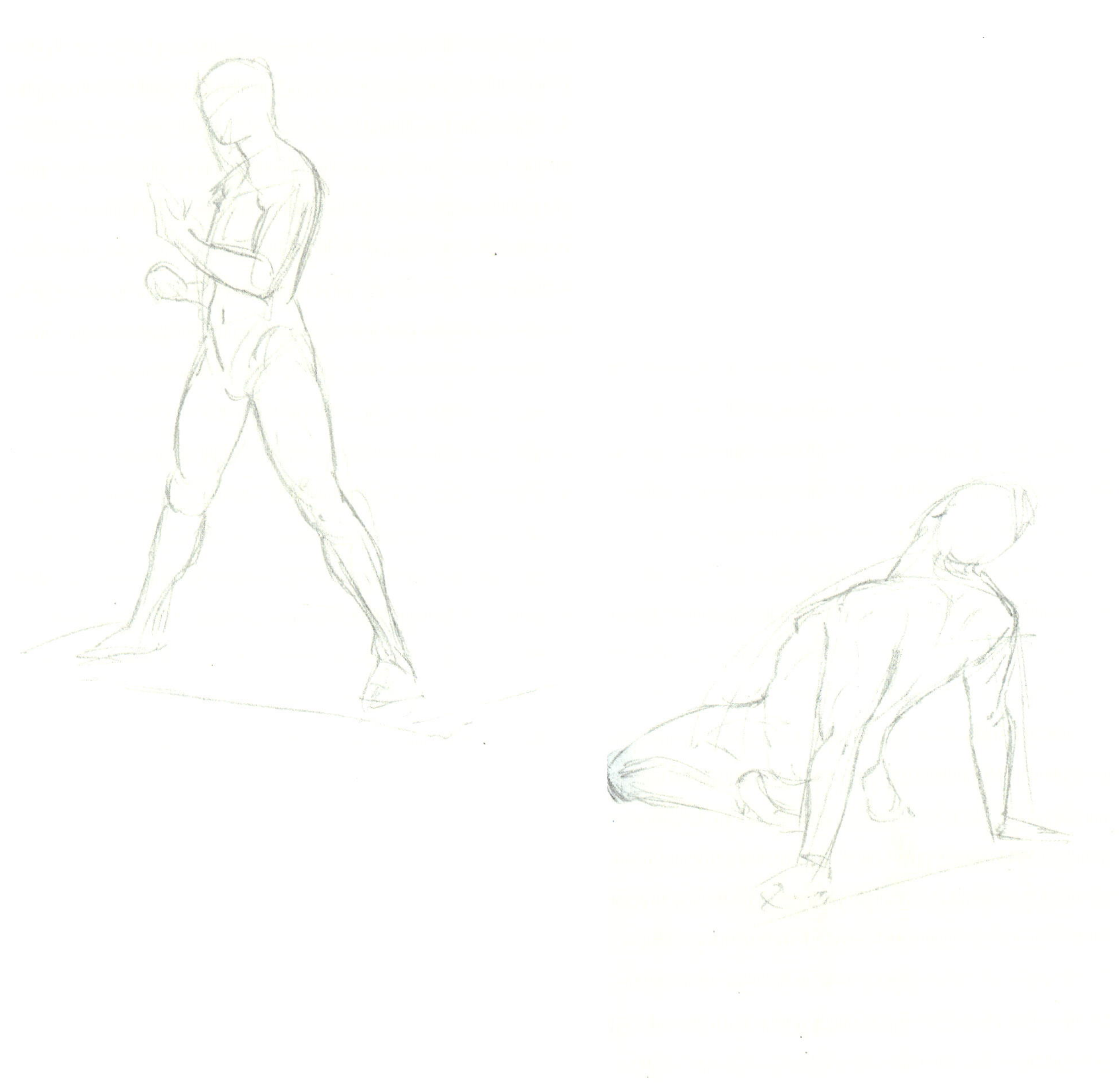

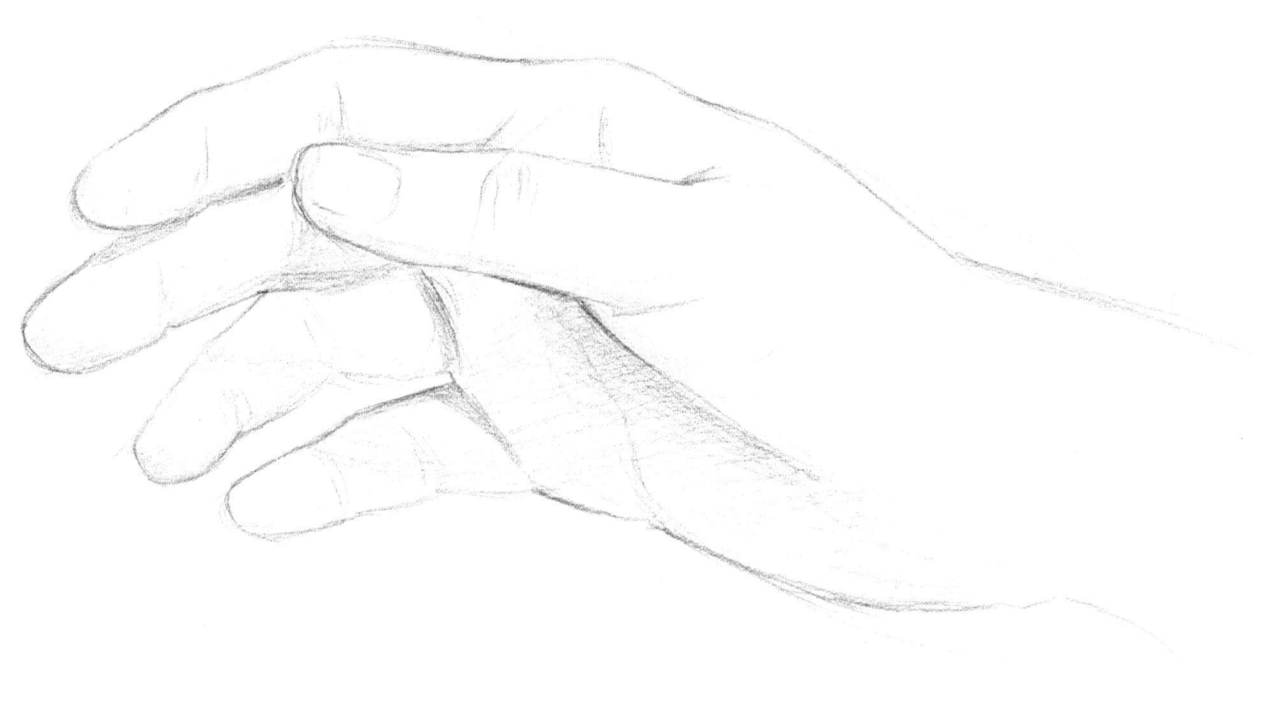

INSPIRATION

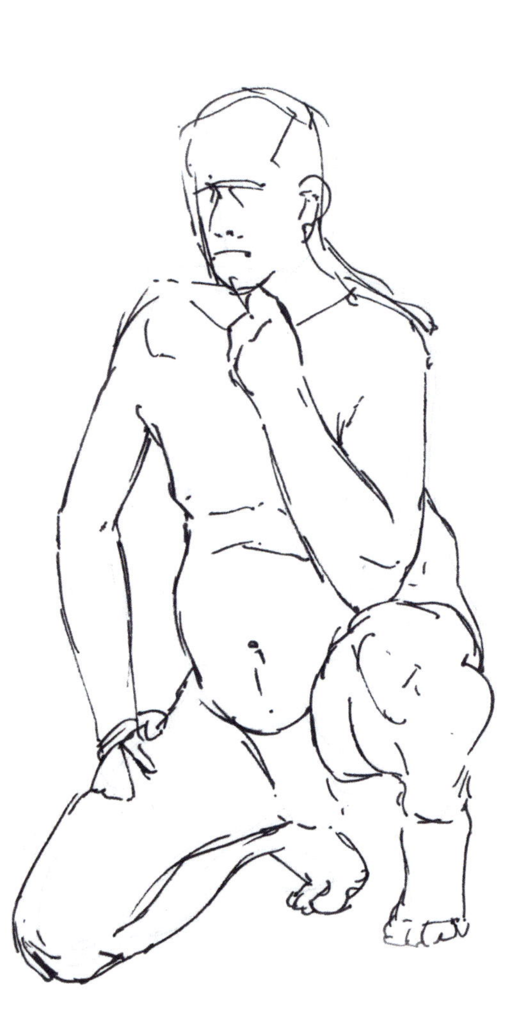

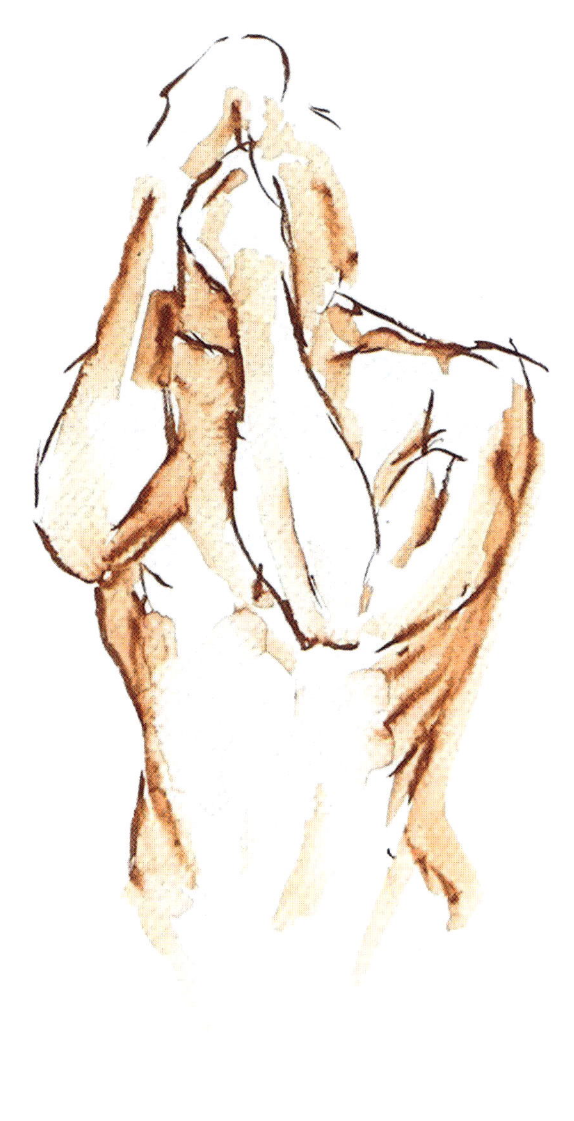

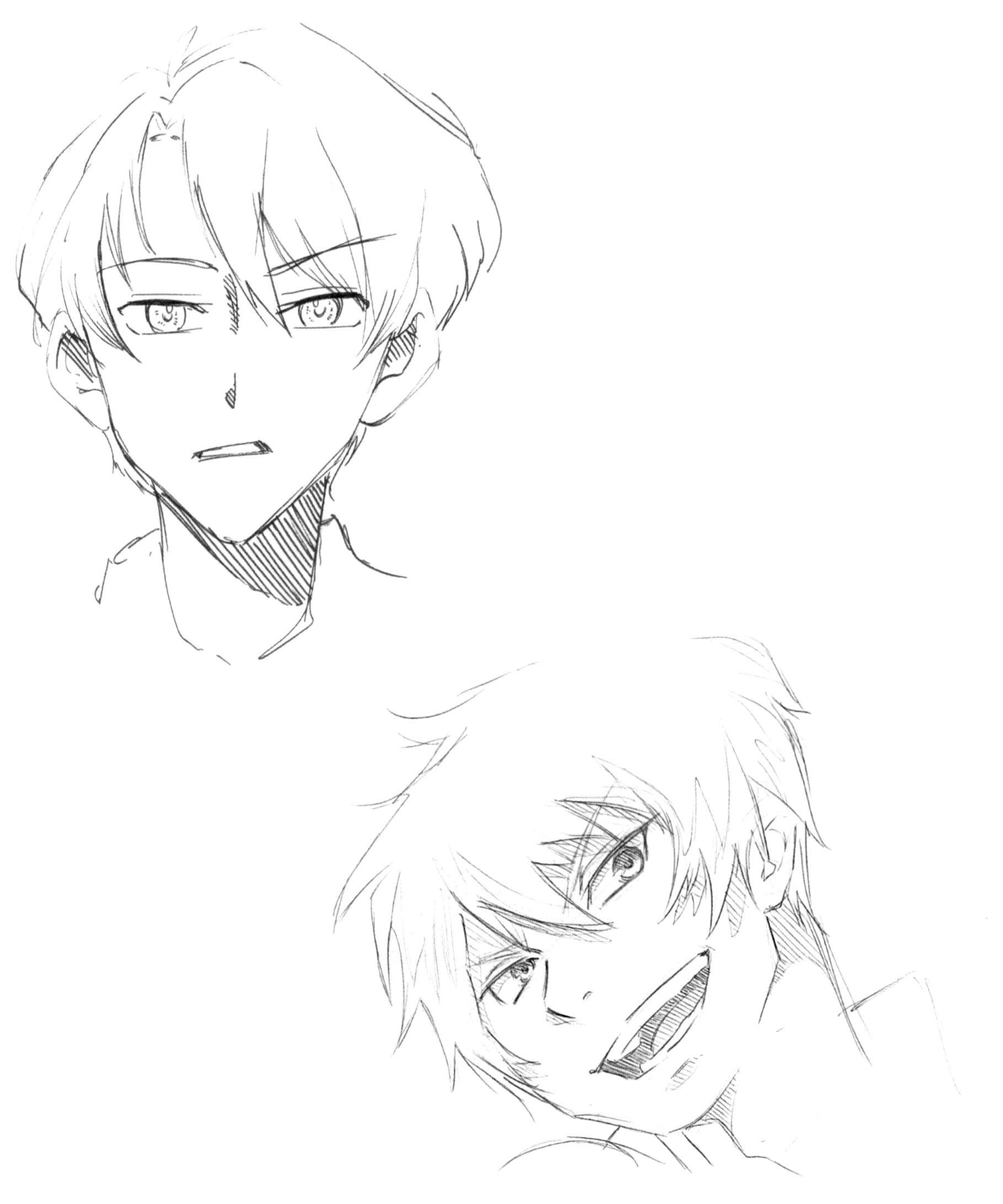

ZEICHENÜBUNG

Und nun bist du dran! Lass dich von dem Manga-Mädchen inspirieren oder erfinde deinen ganz eigenen Manga-Charakter.

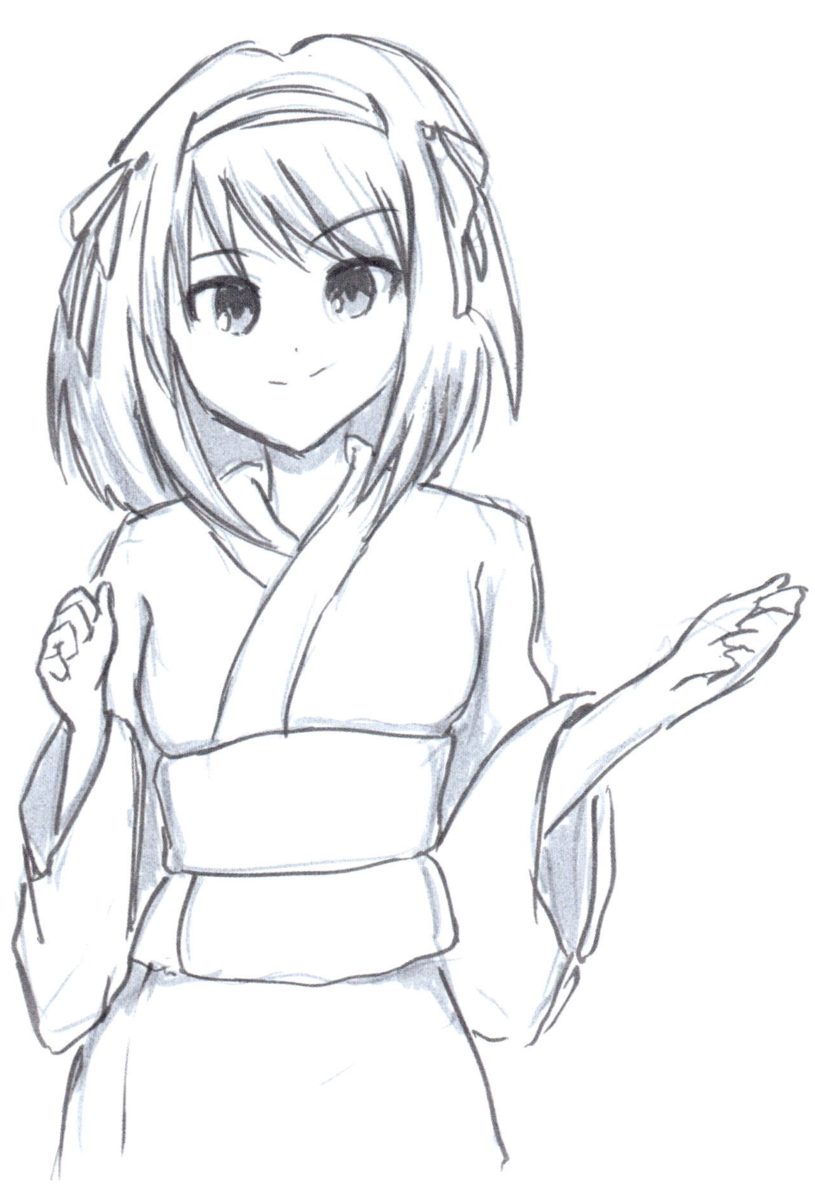

Los geht's!

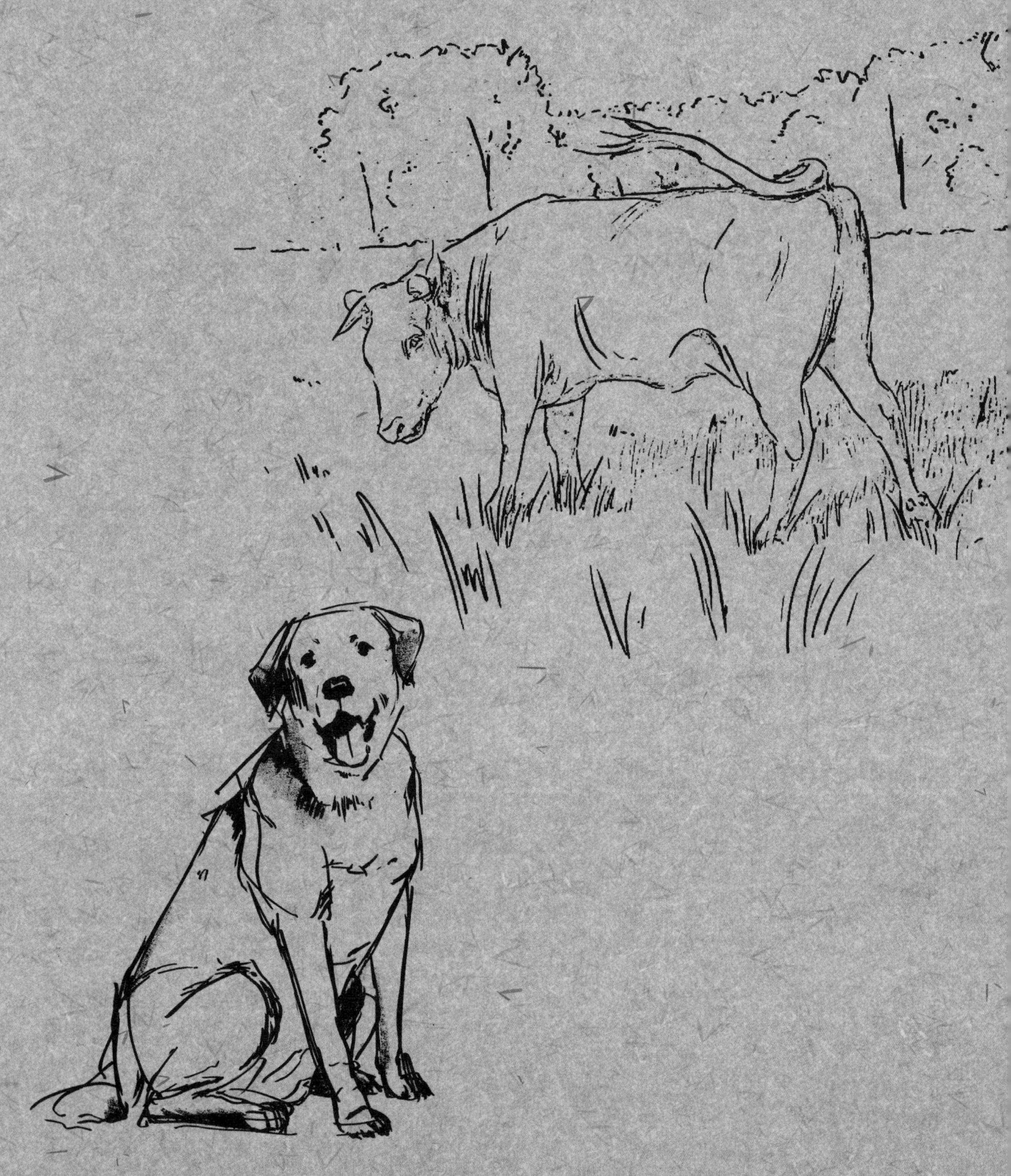

TIERE

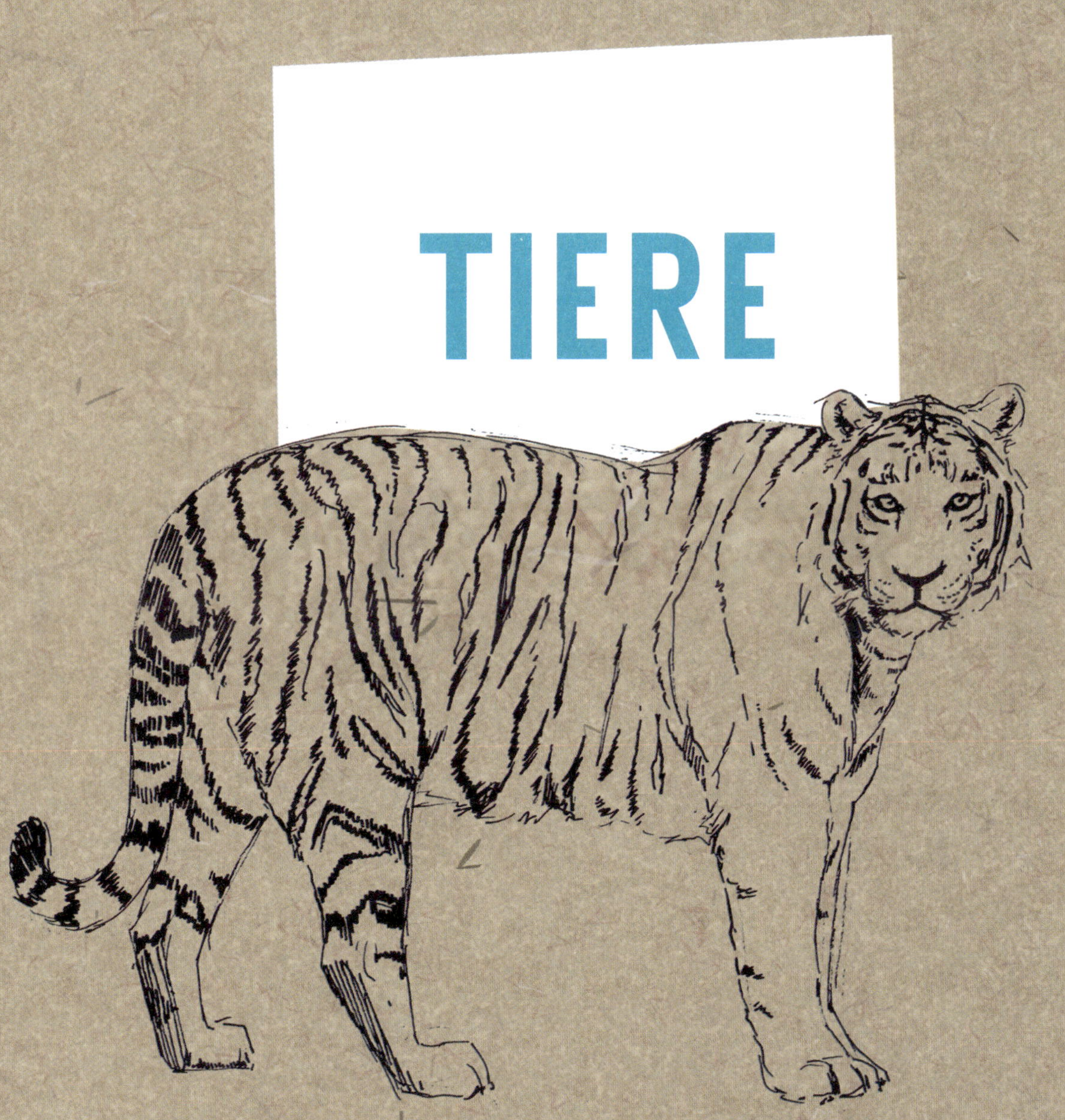

TIGER

Viele unserer YouTube-Fans haben sich an dieser Stelle im Buch den Tiger als Thema gewünscht. Das Entscheidende beim Zeichnen eines Tigers ist das Fell. Hier muss zusätzlich zu Licht und Schatten auch das Fellmuster bedacht werden.

Achte aber darauf, dass die Muster sich mit der Körperform mitbewegen. Also nicht gegen die Form schraffieren.

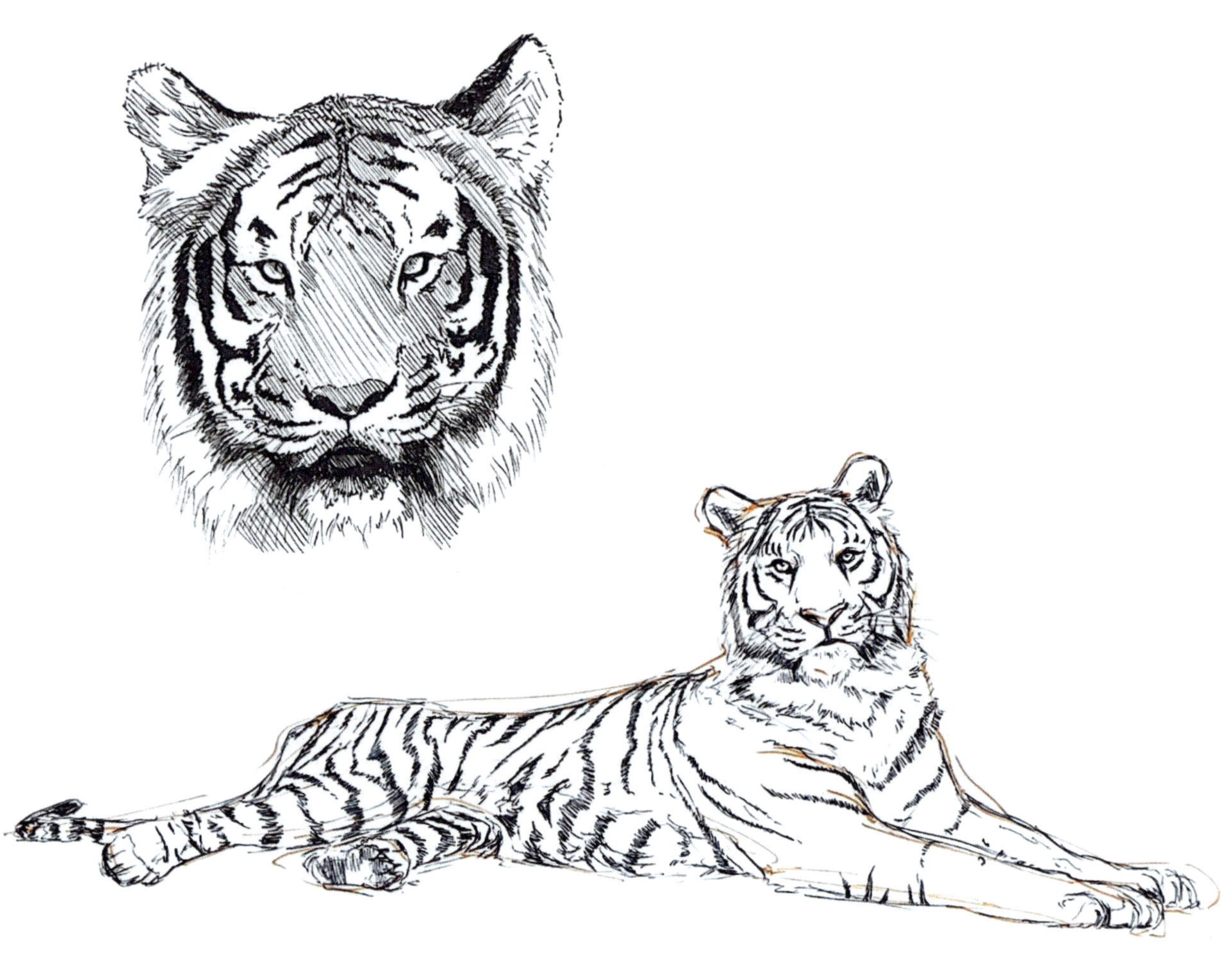

1

DIE GRUNDFORM

Skizziere als Erstes die grobe Körperform auf. Denke an die geometrischen Formen.

2

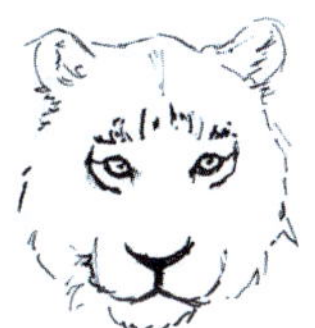

DIE KONTUR

Mit dem Kopf beginnend, kannst du jetzt die Kontur des Tigers anzeichnen.

3

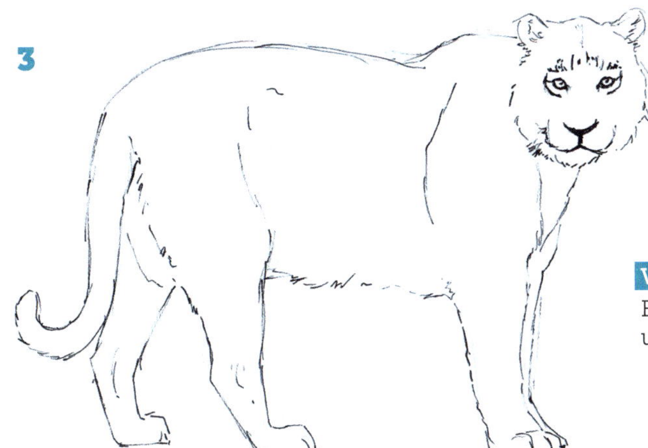

VERVOLLSTÄNDIGEN

Erstelle einen kompletten Umriss des Tieres und deute die Beine an.

4

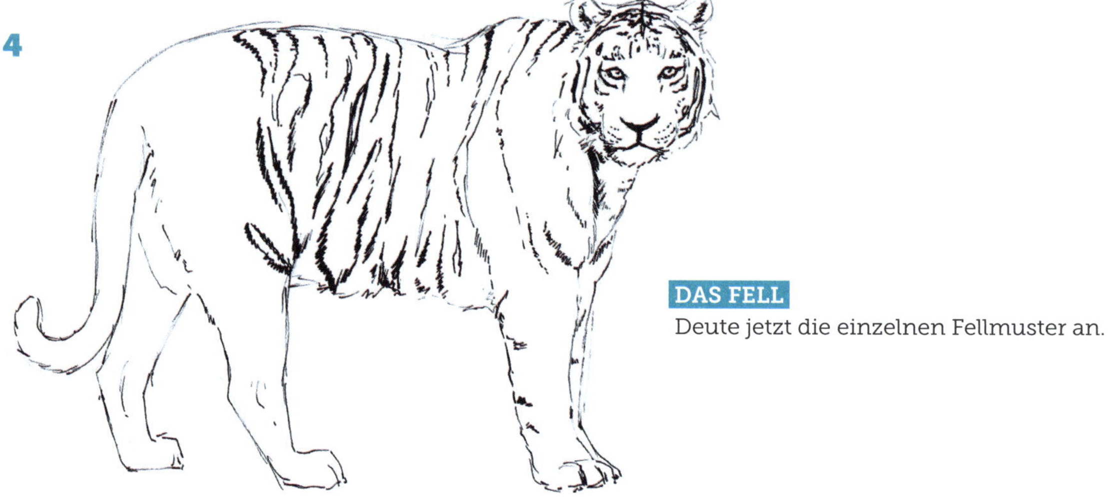

DAS FELL

Deute jetzt die einzelnen Fellmuster an.

5

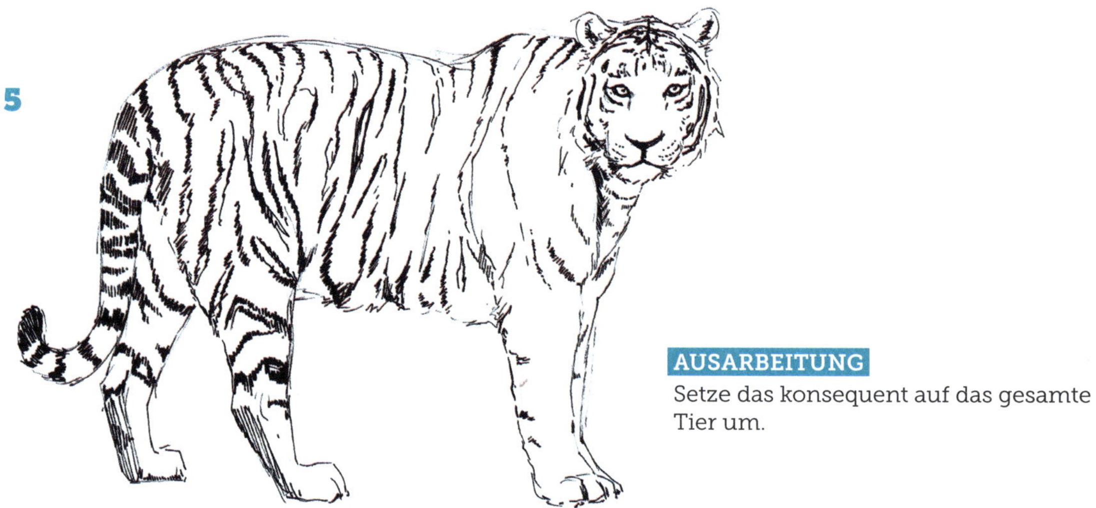

AUSARBEITUNG

Setze das konsequent auf das gesamte Tier um.

6

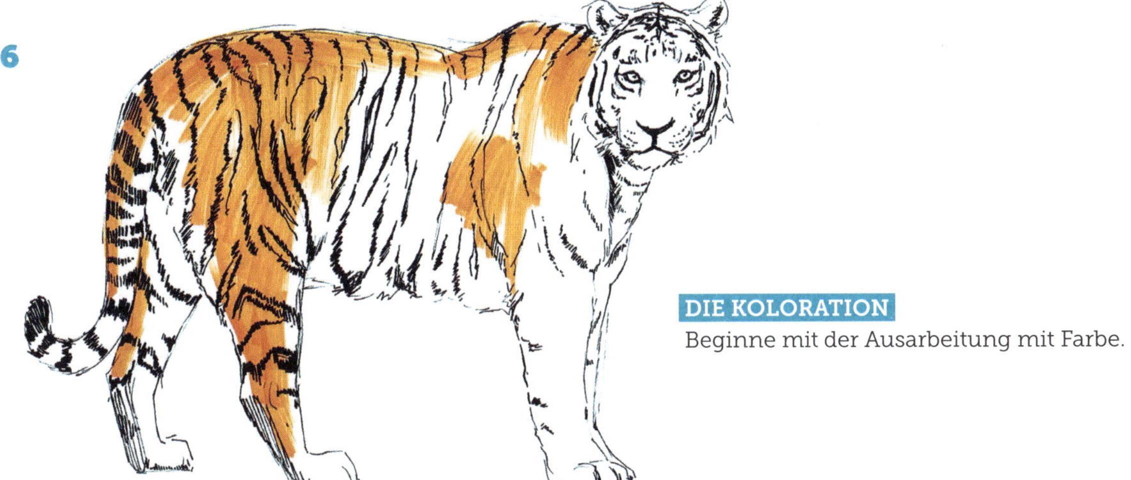

DIE KOLORATION
Beginne mit der Ausarbeitung mit Farbe.

7

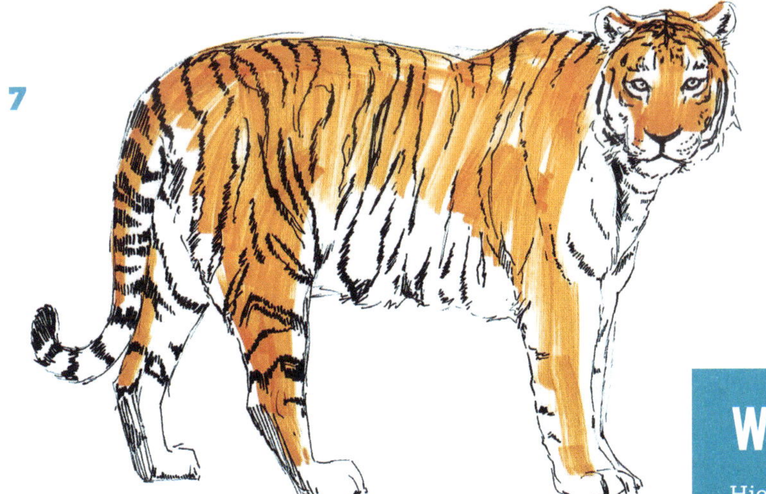

AUSARBEITUNG
Vervollständige die Farbflächen.

WOWEFFEKT!

Hier steht der Weißraum nicht nur für Licht, sondern auch für die tatsächliche Farbe des Fells am Bauch.

HUND

Beim Zeichnen von Hunden kommt es nicht nur auf die Wiedergabe der Fellstruktur, sondern auch auf die Proportionen der jeweiligen Rasse an.

Als Zeichenwerkzeug eignet sich beinahe alles. Von Aquarellfarben bis zu Stabilo-Stiften.

Ich persönlich entscheide bei der Stiftwahl nach Motiv. Wenn es detailliert werden soll, dann verwende ich Bleistifte oder gerne auch Aquarellfarben. Bei schnellen Skizzen oder Studien dann auch gerne einen Filzstift.

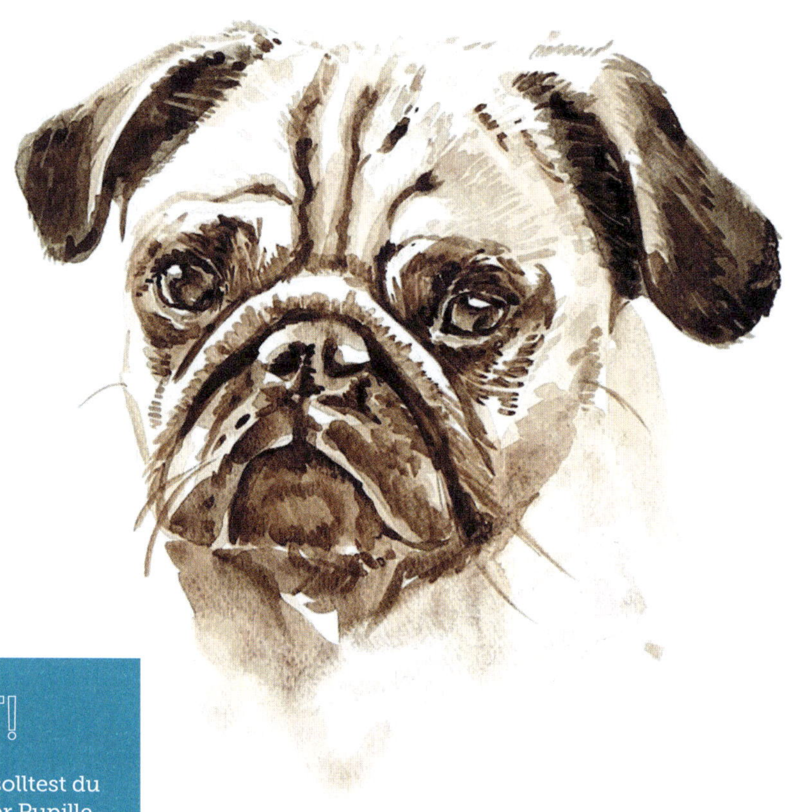

WOWEFFEKT!

Auch bei Tier-Porträts solltest du den weißen Punkt in der Pupille zeichnen.

TIPP

Bei der Verwendung von zwei Farbtönen entsteht eine leichte Bewegung im Motiv. Auch die Tiefenwirkung wird verstärkt.

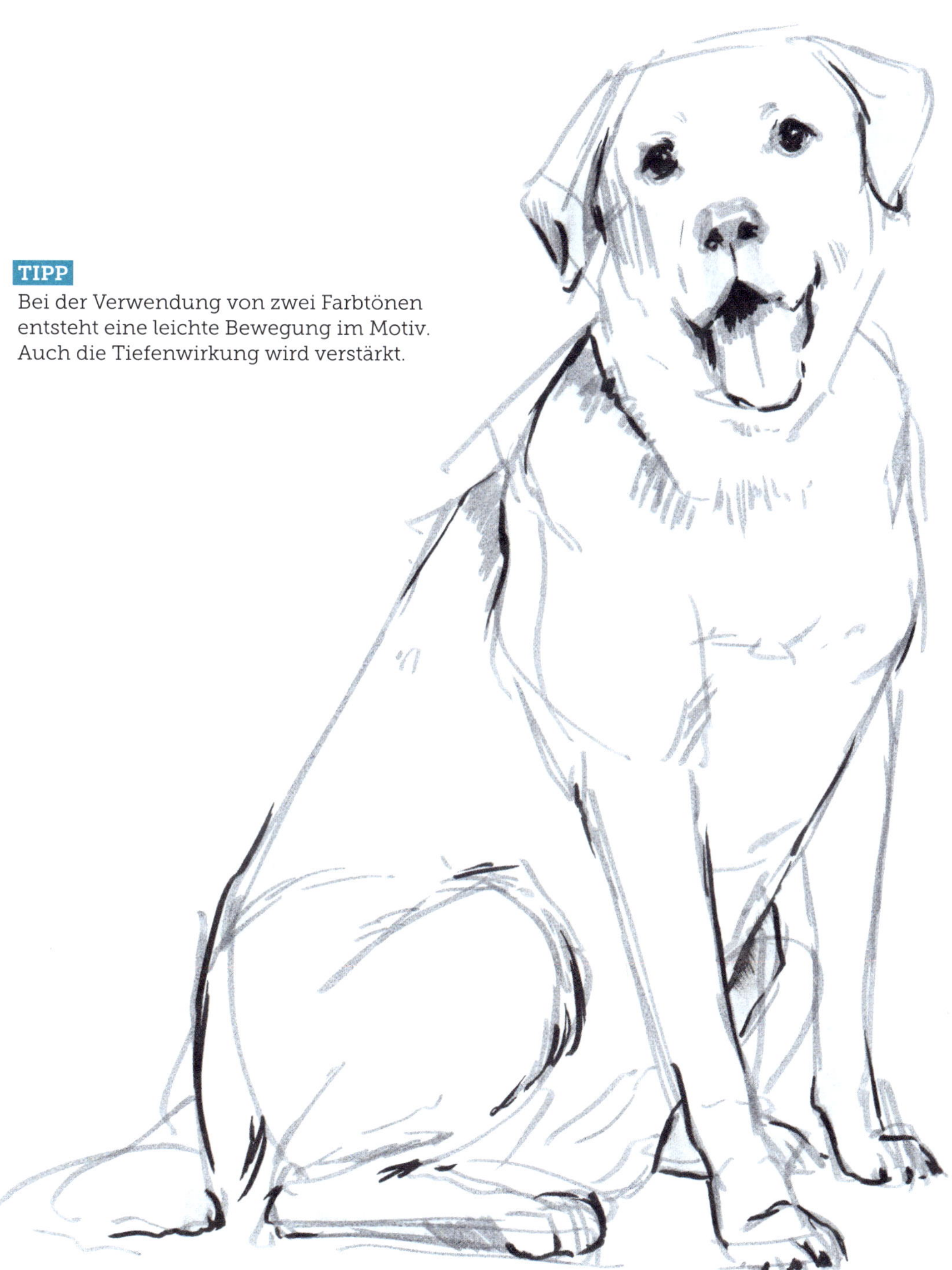

VOGEL

Wenn wir Vögel zeichnen, verwenden wir in unseren Zeichenkursen oft dunkles Papier. Hier lässt sich Farbe mit einer zusätzlichen weißen Farbe deutlich akzentuieren.

Ähnlich wie bei Hunden sind bei Vögeln die Proportionen sehr unterschiedlich. Beginne mit der groben Grundform, bevor du dich mit den Details auseinandersetzt.

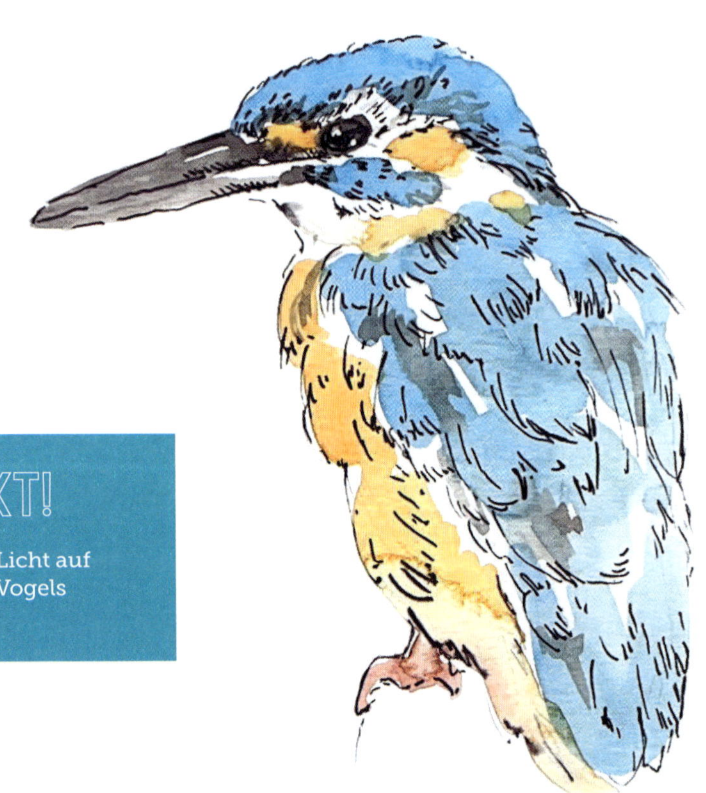

WOWEFFEKT!

Weißraum lässt das Licht auf dem Federkleid des Vogels blinken.

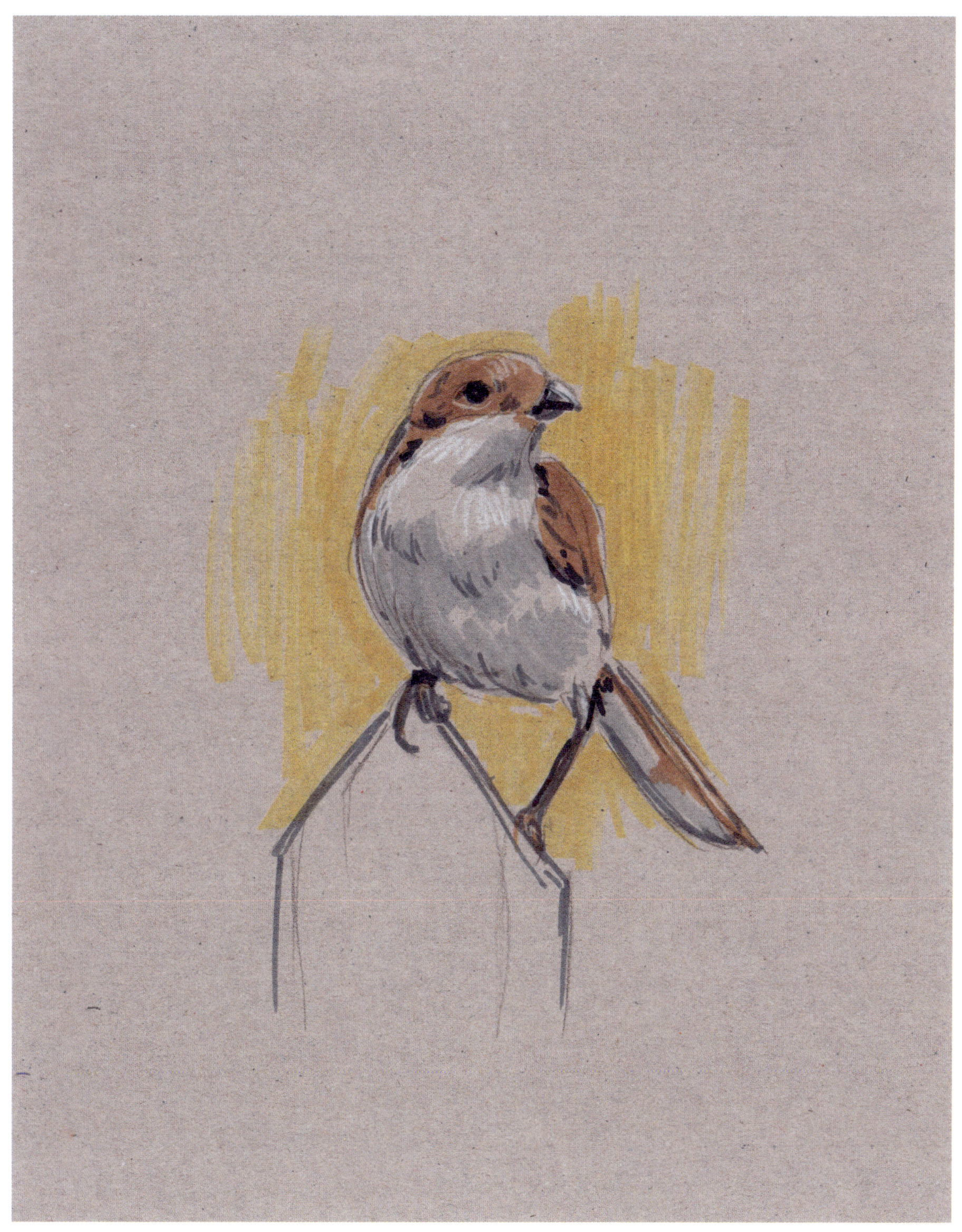

KUH

Eine Kuh eignet sich von ihrem Wesen her sehr gut als Model. Sie steht oder liegt gerne. Schnapp dir dein Skizzenbuch und mache dich auf den Weg in die Felder und Wiesen. Ein besseres Motiv für die Tier-Studie im Freien gibt es kaum.

Eine schnelle Skizze mit Bleistift oder Finelinern ist schnell gemacht. Gehe anfangs von einer geometrischen Figur aus. Auch der Kopf lässt sich nach diesem Prinzip aufbauen.

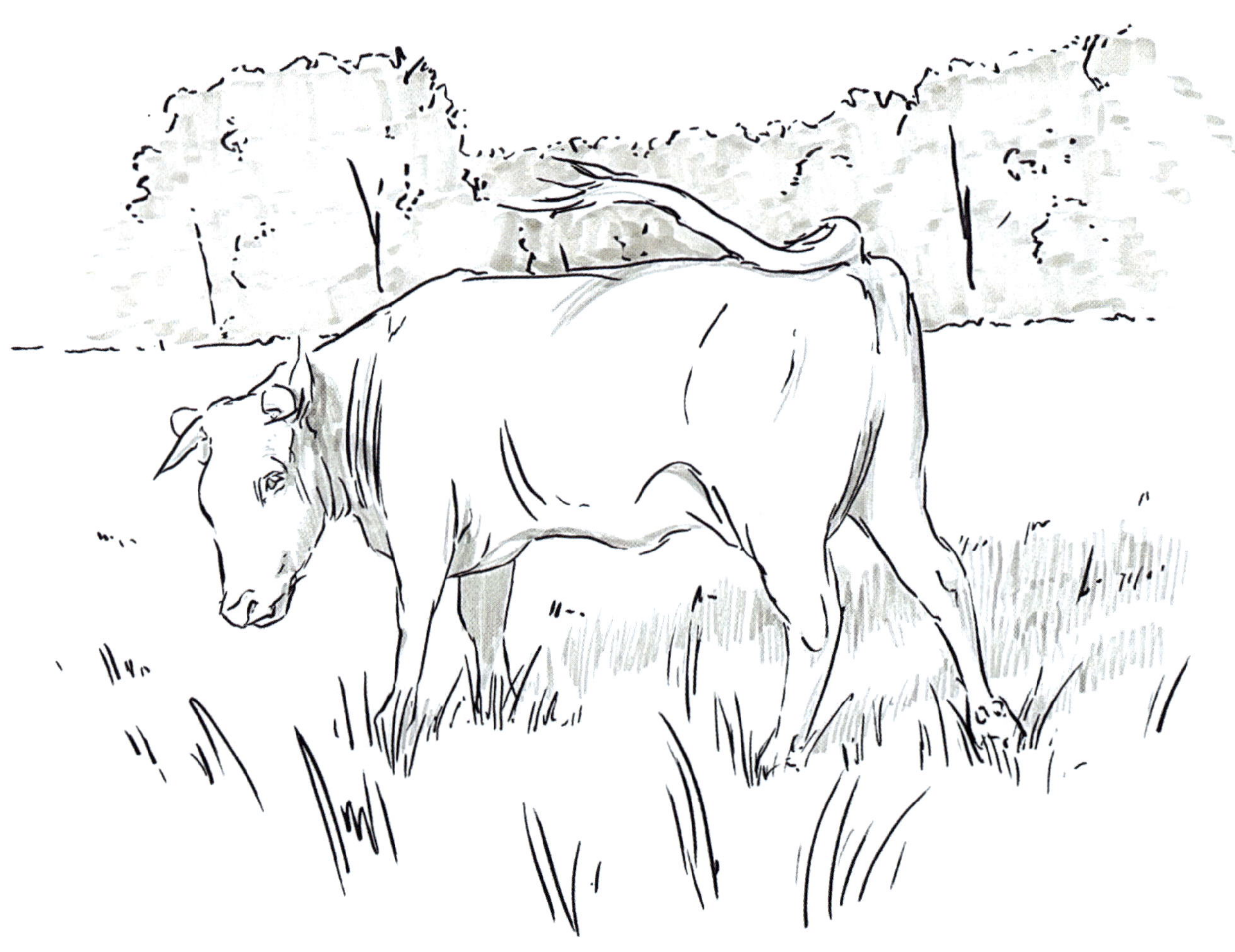

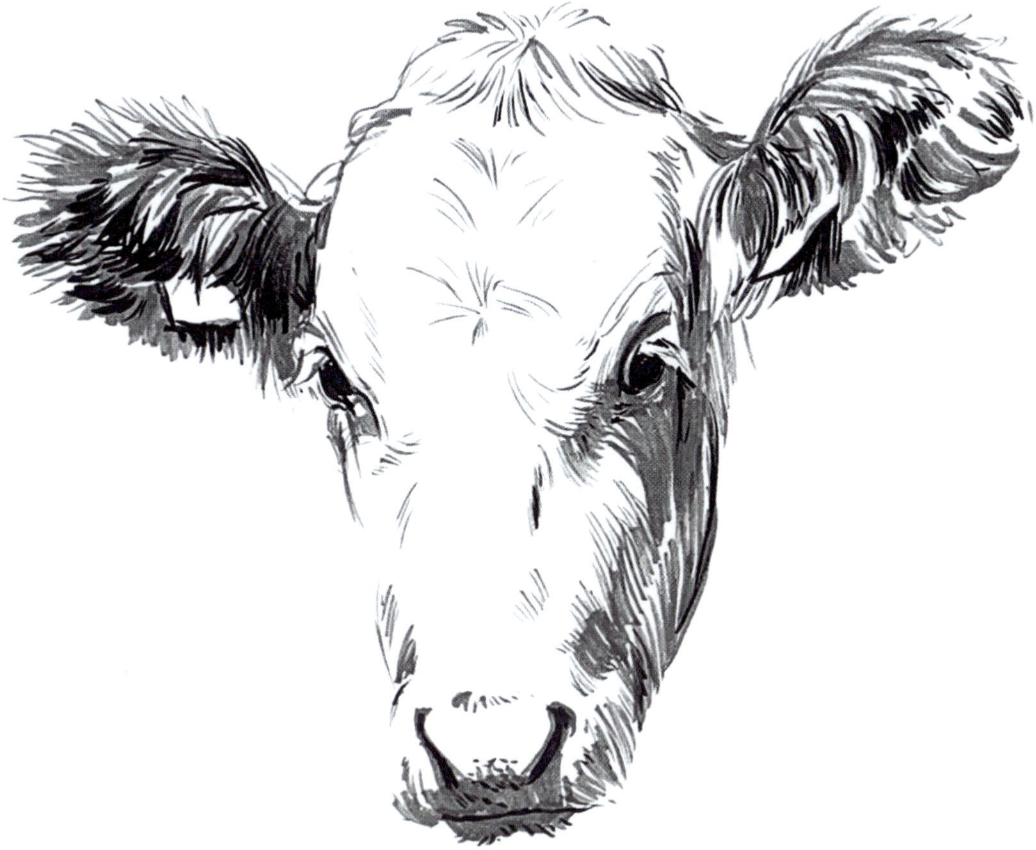

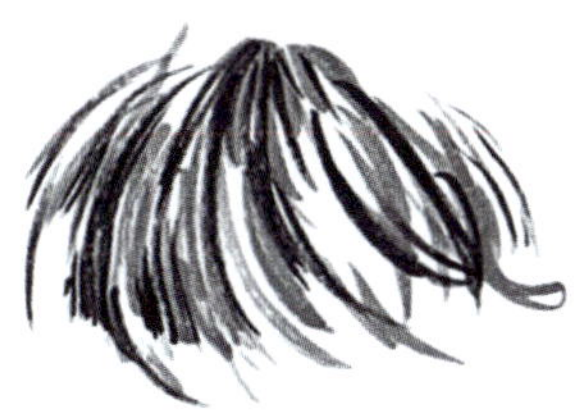

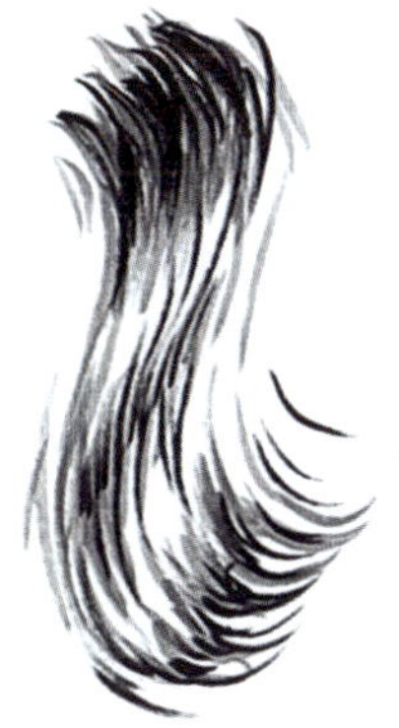

WOWEFFEKT!

Achte darauf, wie das Fell fällt und wie die Wuchsrichtung ist.

TIPP

Ein Fell solltest du immer mit schwungvollen Linien zeichnen.

INSPIRATION

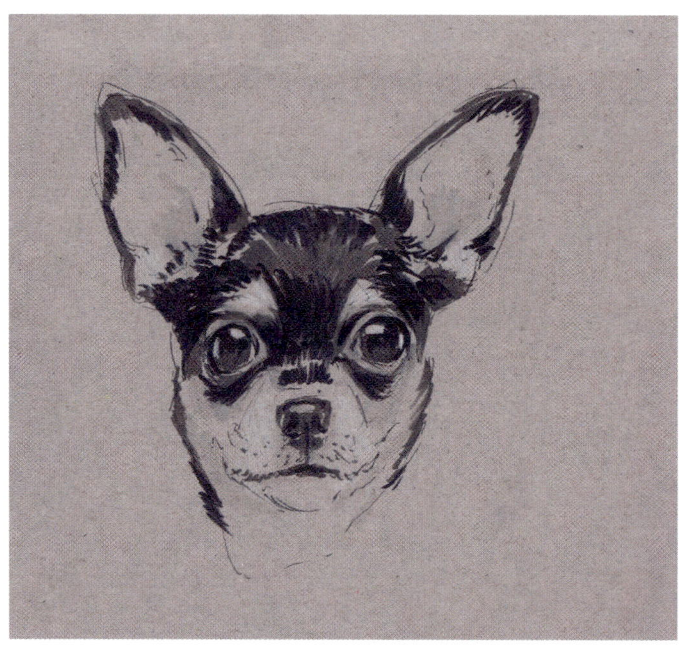

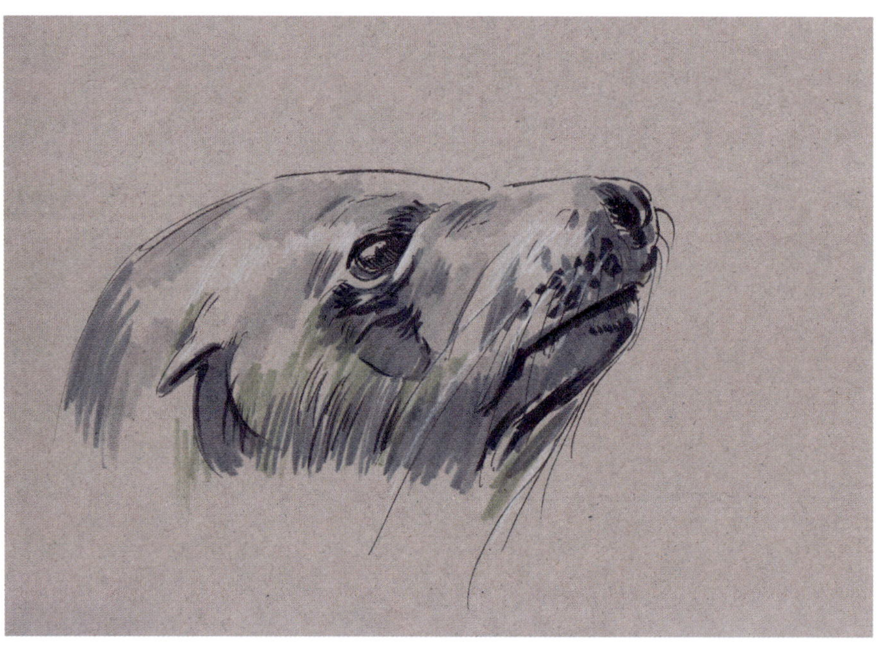

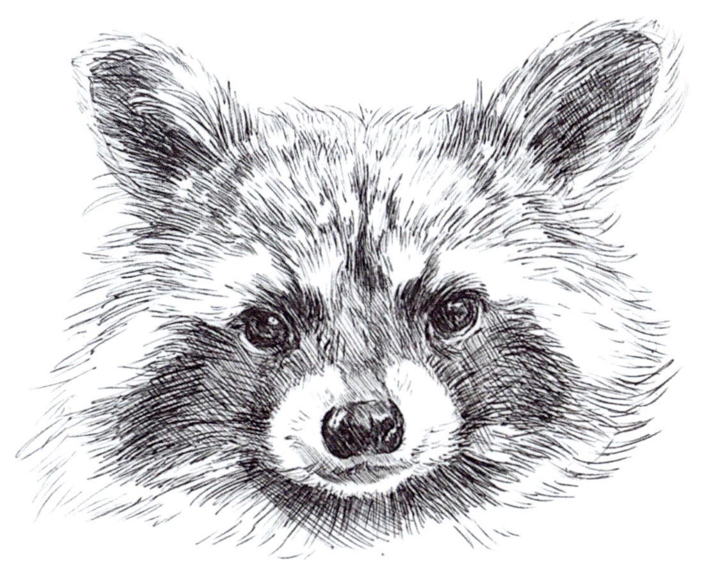

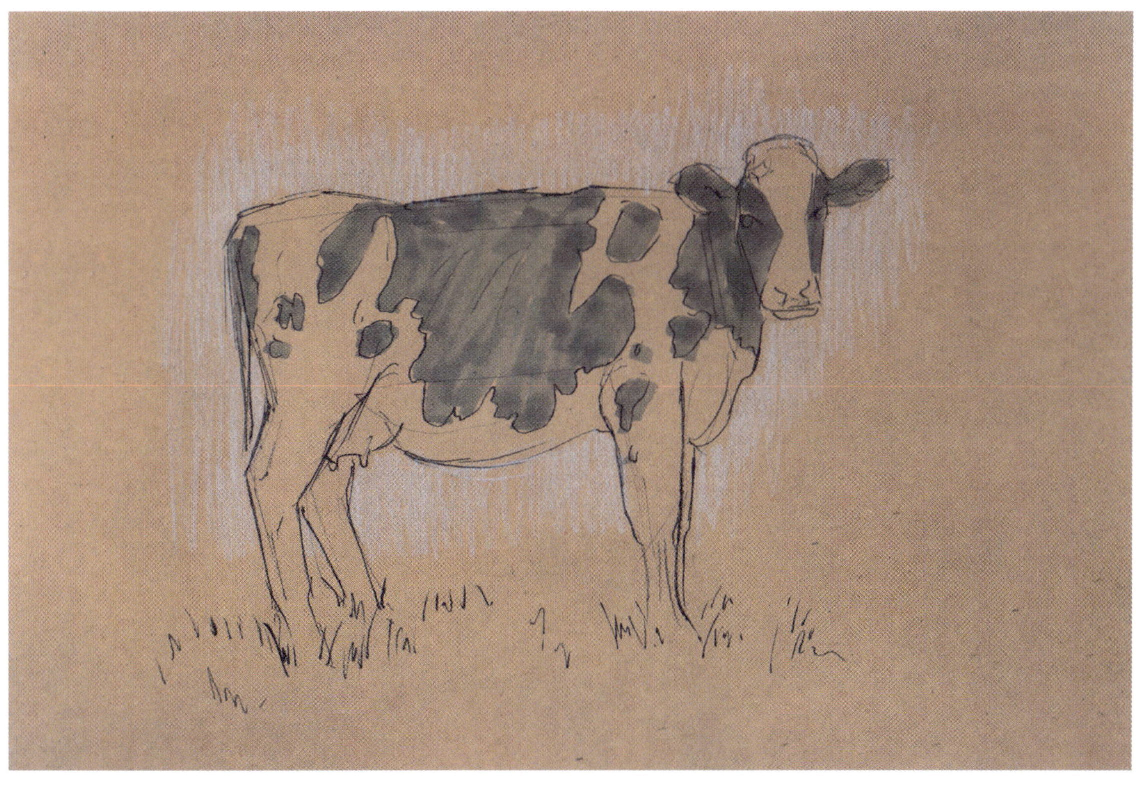

ZEICHENÜBUNG

Erkennst du die verschiedenen Federtypen bei diesen Tauben? Übe dich darin, mit wenigen Strichen das Federkleid vielfältig zu gestalten.

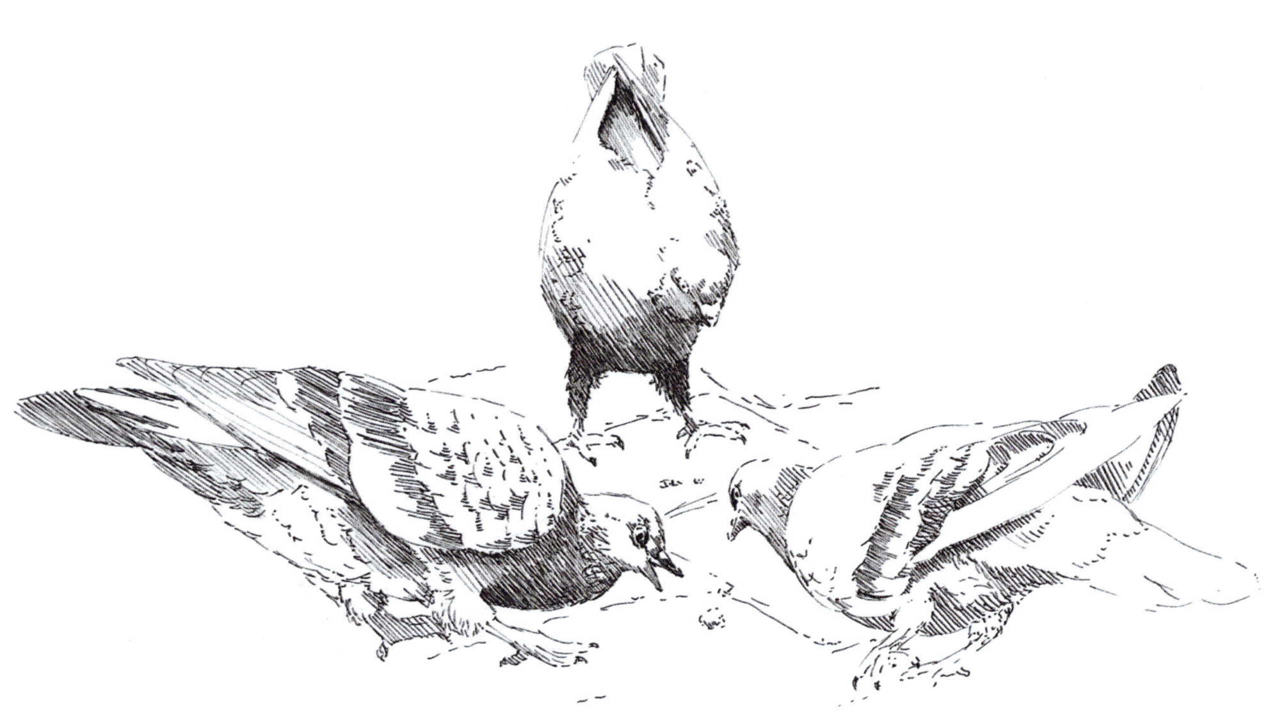

Los geht's!

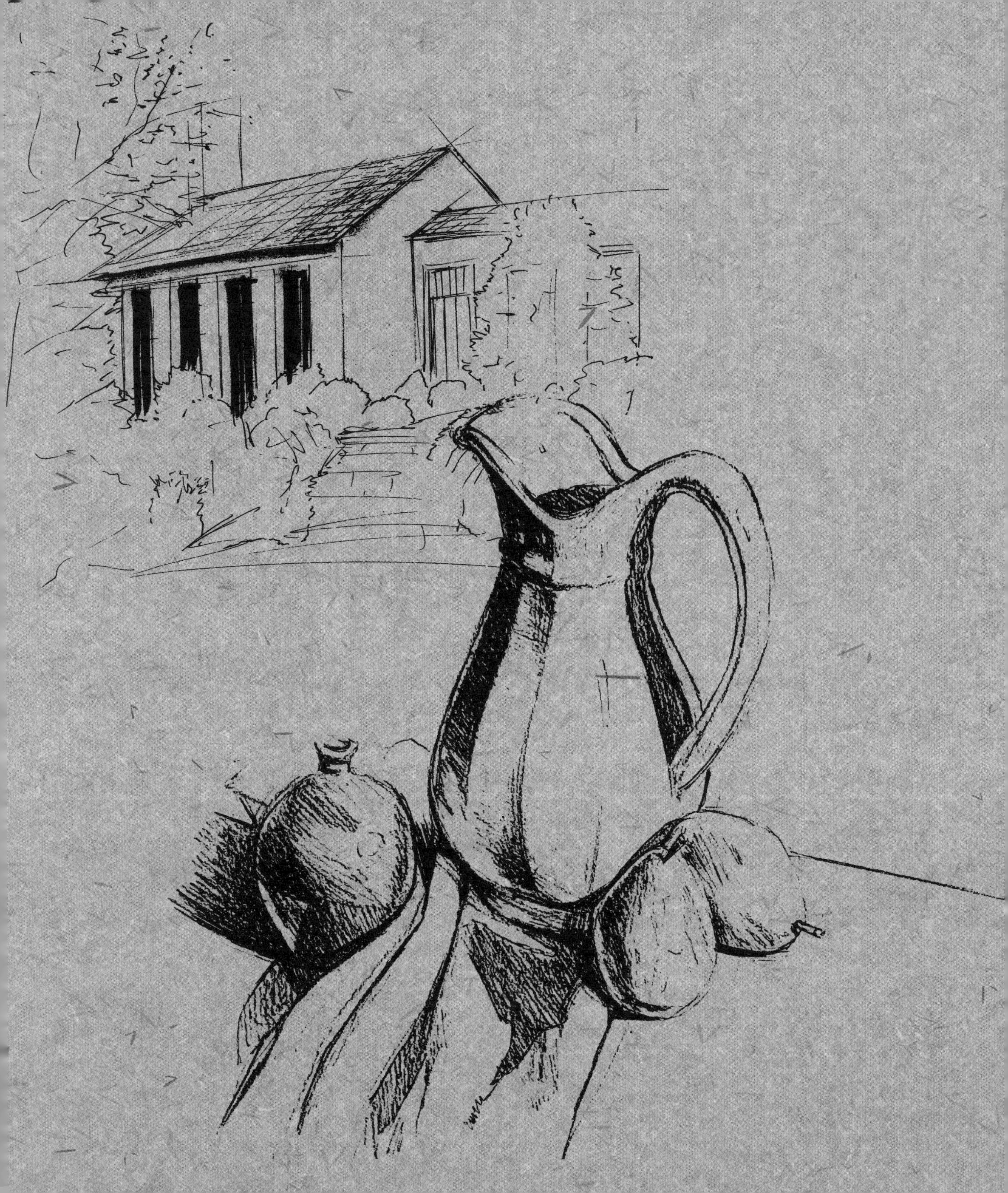

STILLLEBEN UND KOMPOSITION

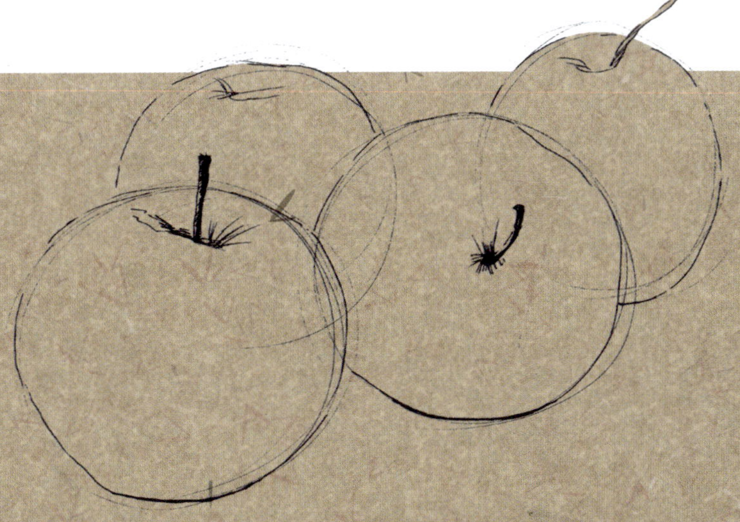

DAS KLASSISCHE STILLLEBEN

Das klassische Stillleben ist eine der ältesten Zeichendisziplinen. Wir kennen all die Motive mit Fruchtkörben oder Tafeln mit Weinkrügen und Brotlaiben. Meistens wurden diese Motive mit Ölfarben oder Aquarellfarben gezeichnet.

In unseren Kursen experimentieren wir gerne mit Zeichentechniken aus den Bereichen Produktdesign und Architektur. Wie wäre es mit einem Stillleben, gezeichnet mit Markern?

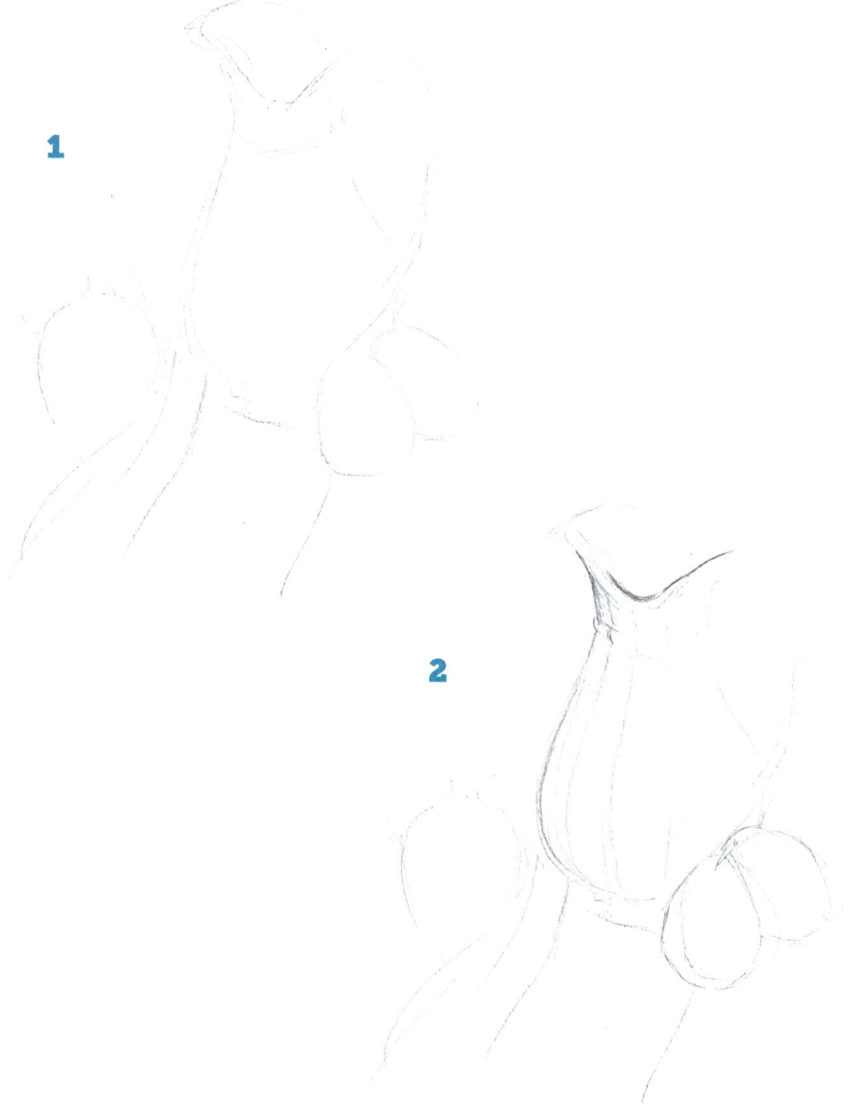

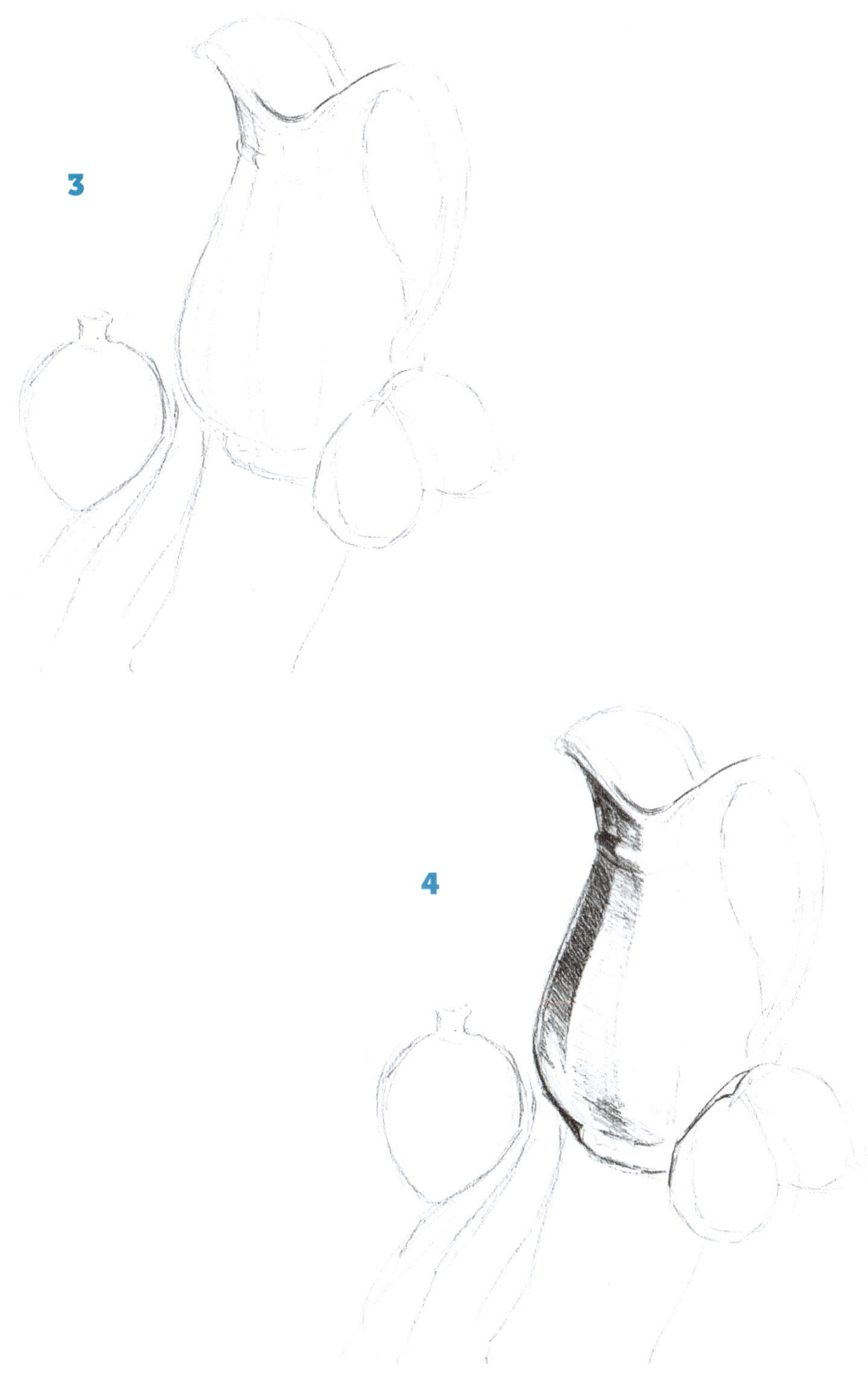
3
4

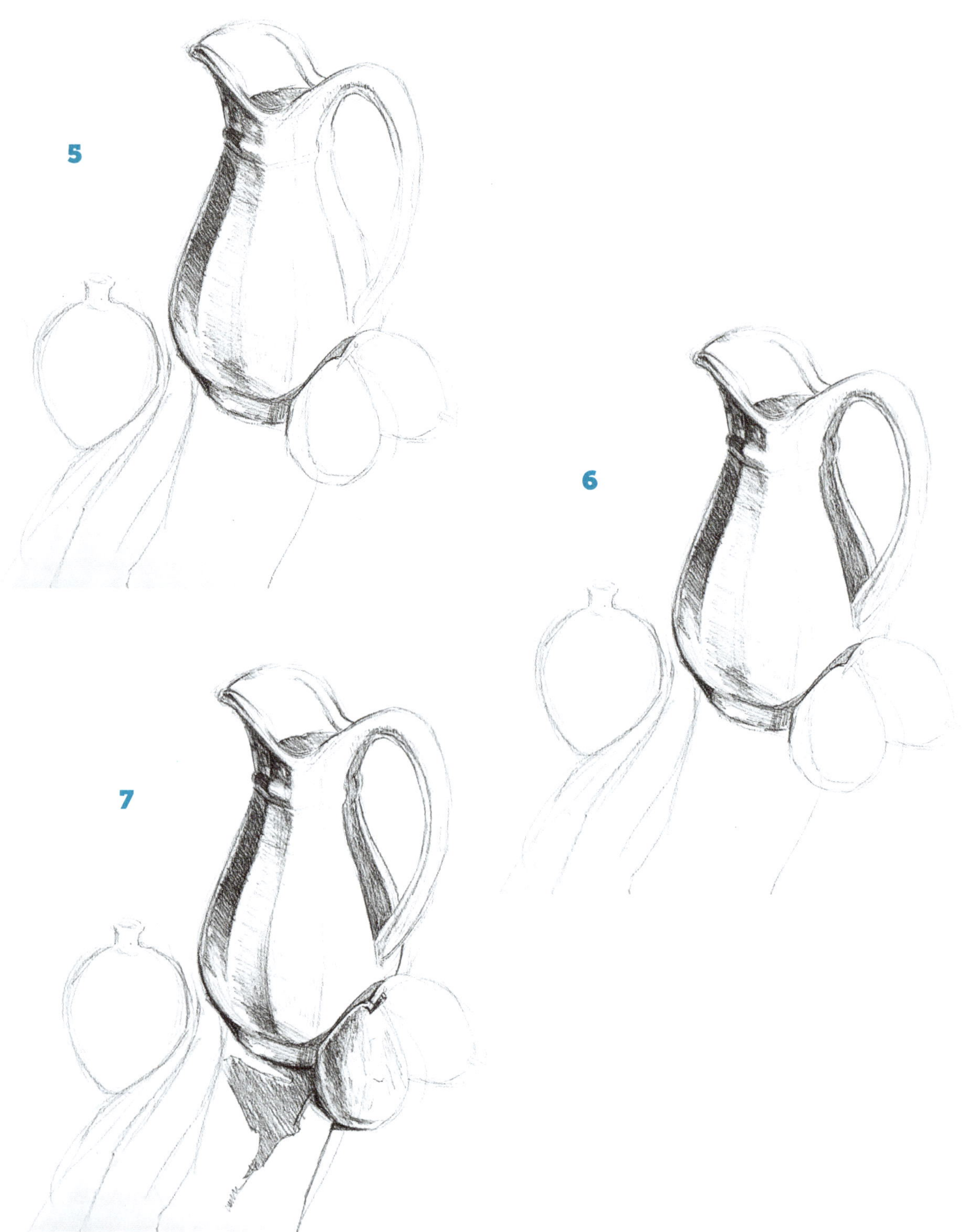
5
6
7

8

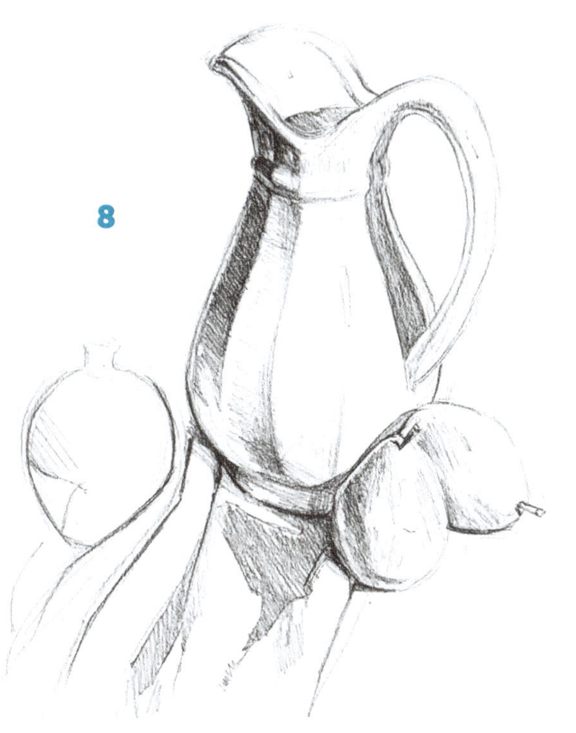

WOWEFFEKT!

Erst durch die Schraffur entsteht eine realistische Abbildung des Gesehenen. Beobachte die Licht- und Schattenbereiche genau.

9

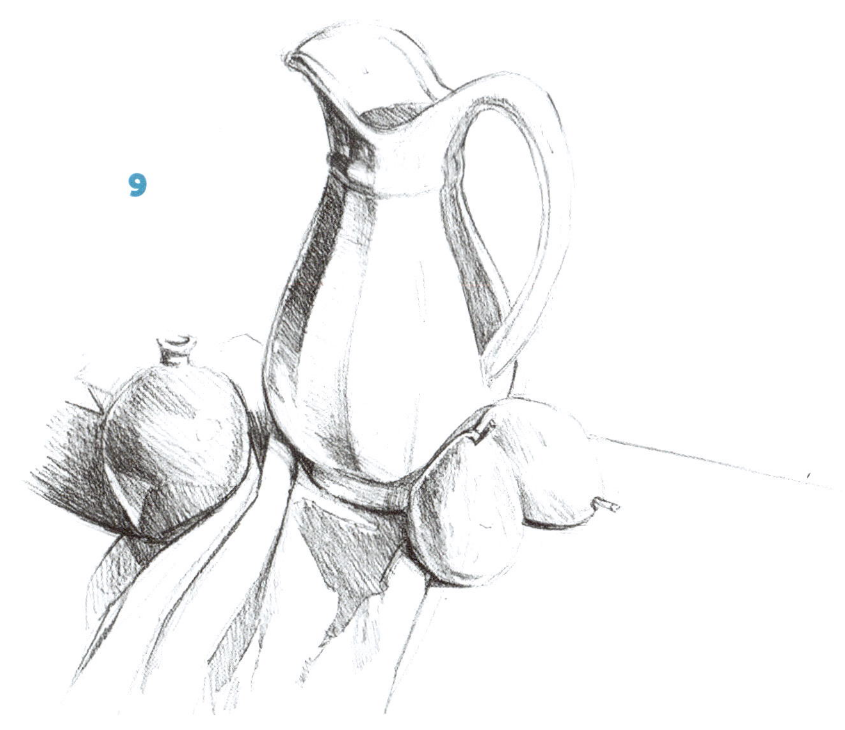

BILDAUFBAU – WAS ZUERST, WAS ZULETZT?

Immer wieder sehen wir den Fehler, den viele Anfänger begehen. Es werden Objekte, die im Hintergrund sind, detailliert ausgearbeitet, obwohl im Vordergrund ein anderes Objekt steht und das hintere sowieso nicht zu sehen ist.

Beim Stillleben solltest du stets die Gesamtkomposition leicht vorzeichnen und dann Schritt für Schritt die wirklich sichtbaren Objekte ausarbeiten.

KOMPOSITION
Zeichne zuerst die Gesamtkomposition aus den vier Äpfeln.

WOWEFFEKT!

Ein Stillleben lebt von Licht und Schatten. Spiele bewusst damit.

KONTUR

Betone etwas die Kontur der beiden vorderen Äpfel.

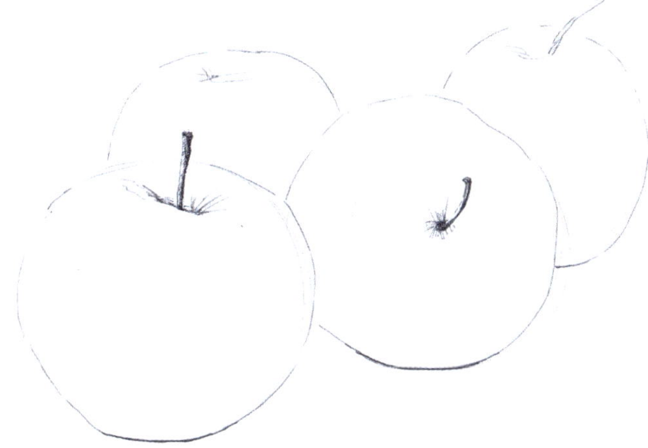

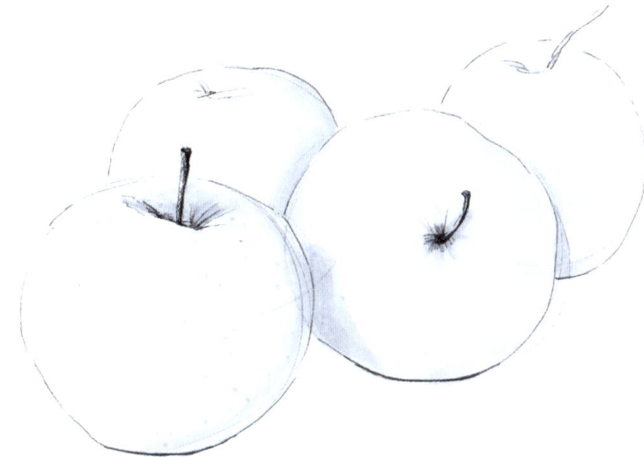

SCHATTEN

Jetzt kannst du den Schatten in die Früchte einzeichnen.

KONTRASTE

Zum Schluss nicht den Schlagschatten und die Kontraste vergessen.

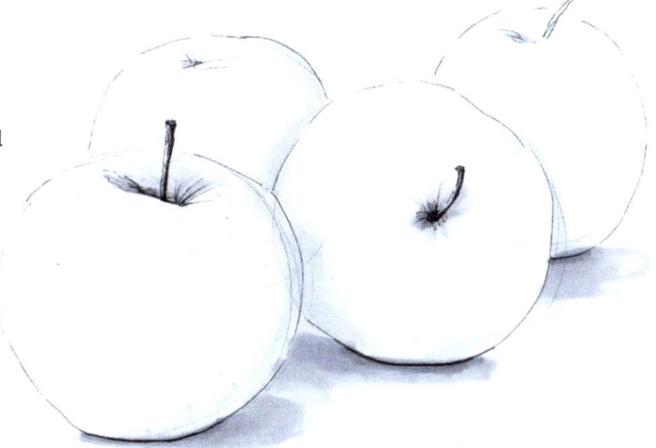

STILLLEBEN MAL ANDERS

Ein Stillleben ist immer reizvoll. Man kann sich sehr viel Zeit lassen, denn die Früchte laufen nicht weg und bewegen sich nicht. Auch das Licht bleibt meistens konstant. Also eine gute Übung, um ein Stillleben mit außergewöhnlichen Zeichenwerkzeugen zu zeichnen.

Im ersten Beispiel habe ich den Hintergrund vorgezeichnet und darauf die Komposition gezeichnet.

Die Wasserkaraffe ist mit Filzstiften ausgearbeitet.

WOWEFFEKT!

Auf einem dunkleren Papier lässt sich mit dem weißen Buntstift gut Licht zeichnen.

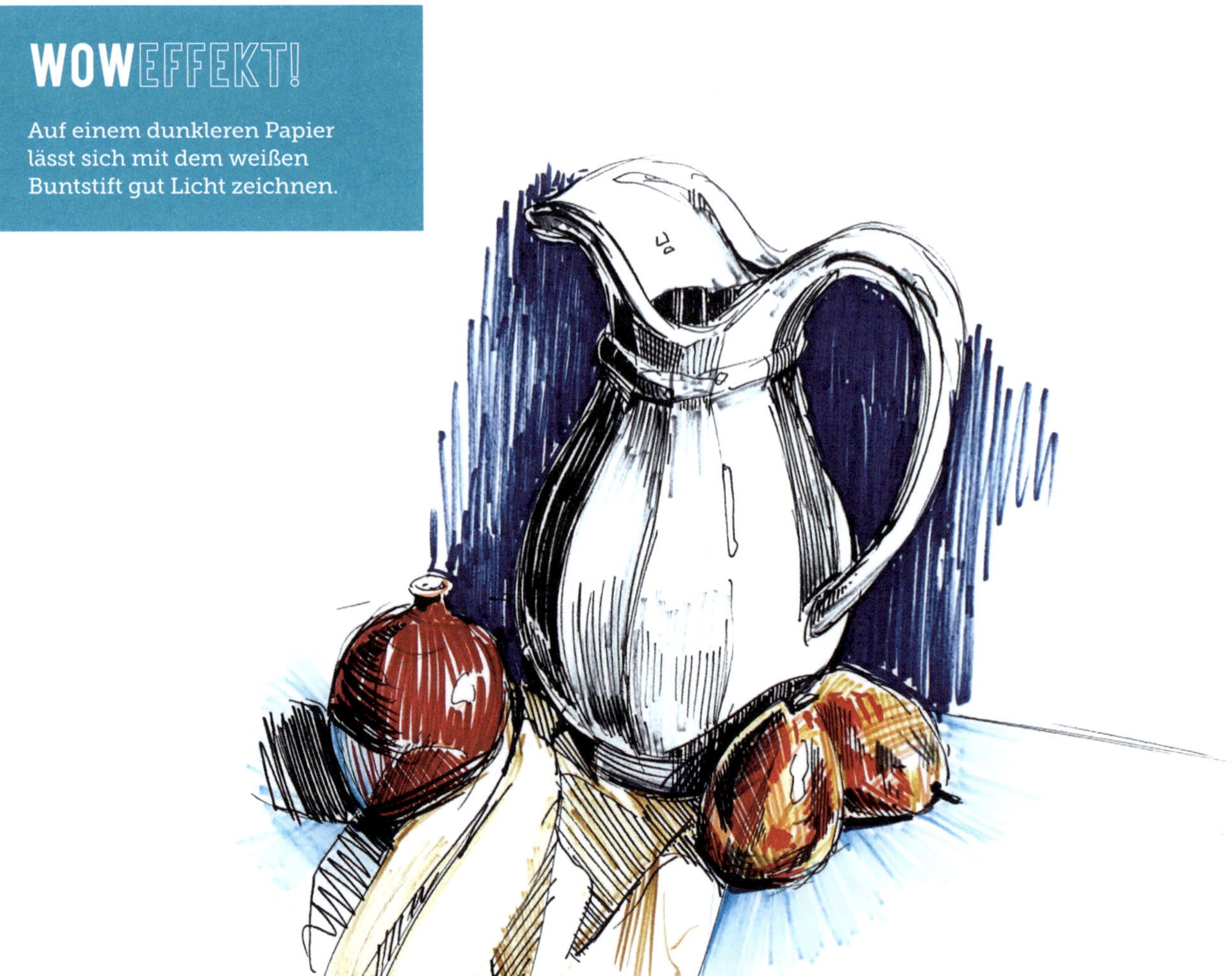

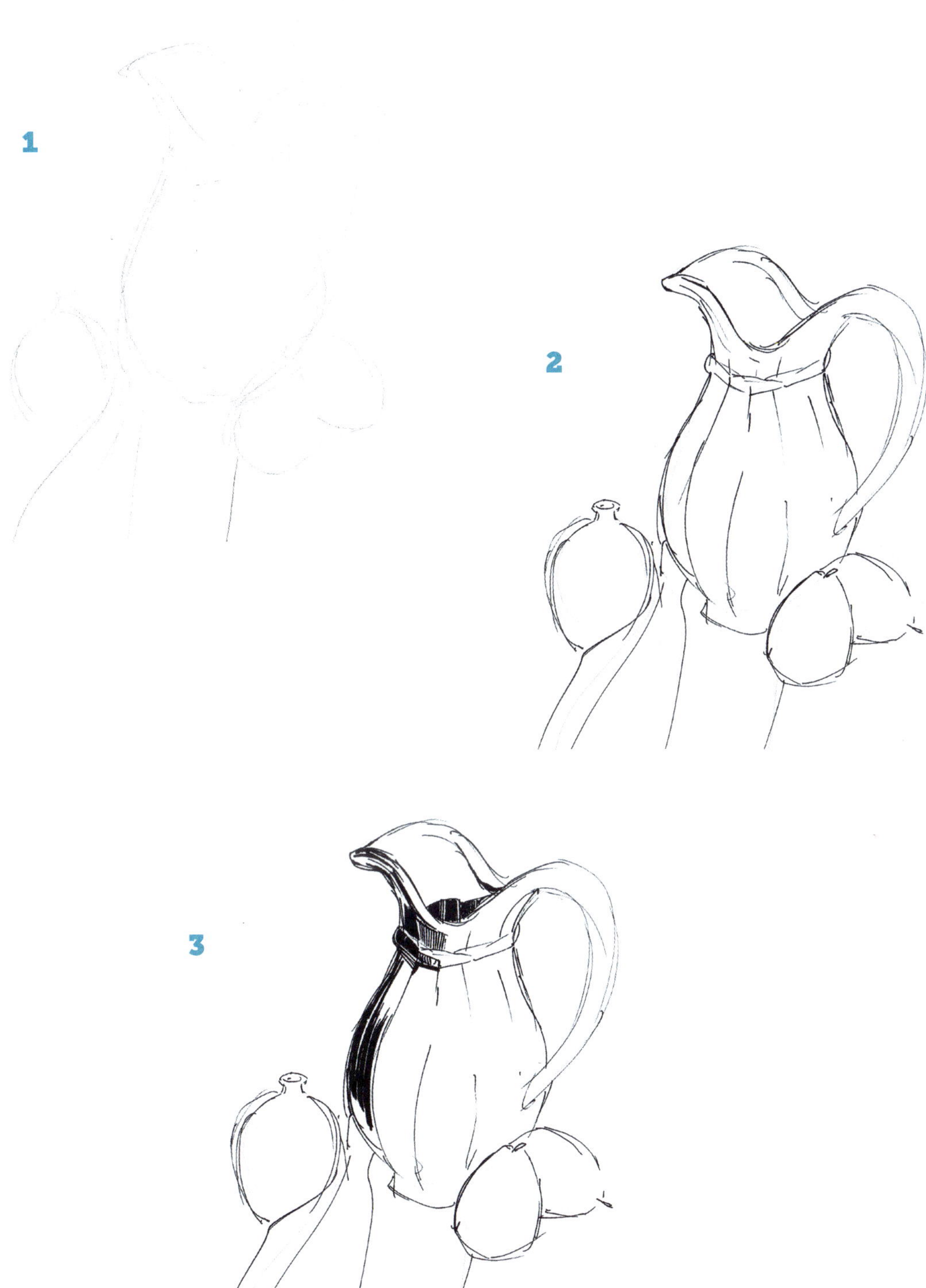
1
2
3

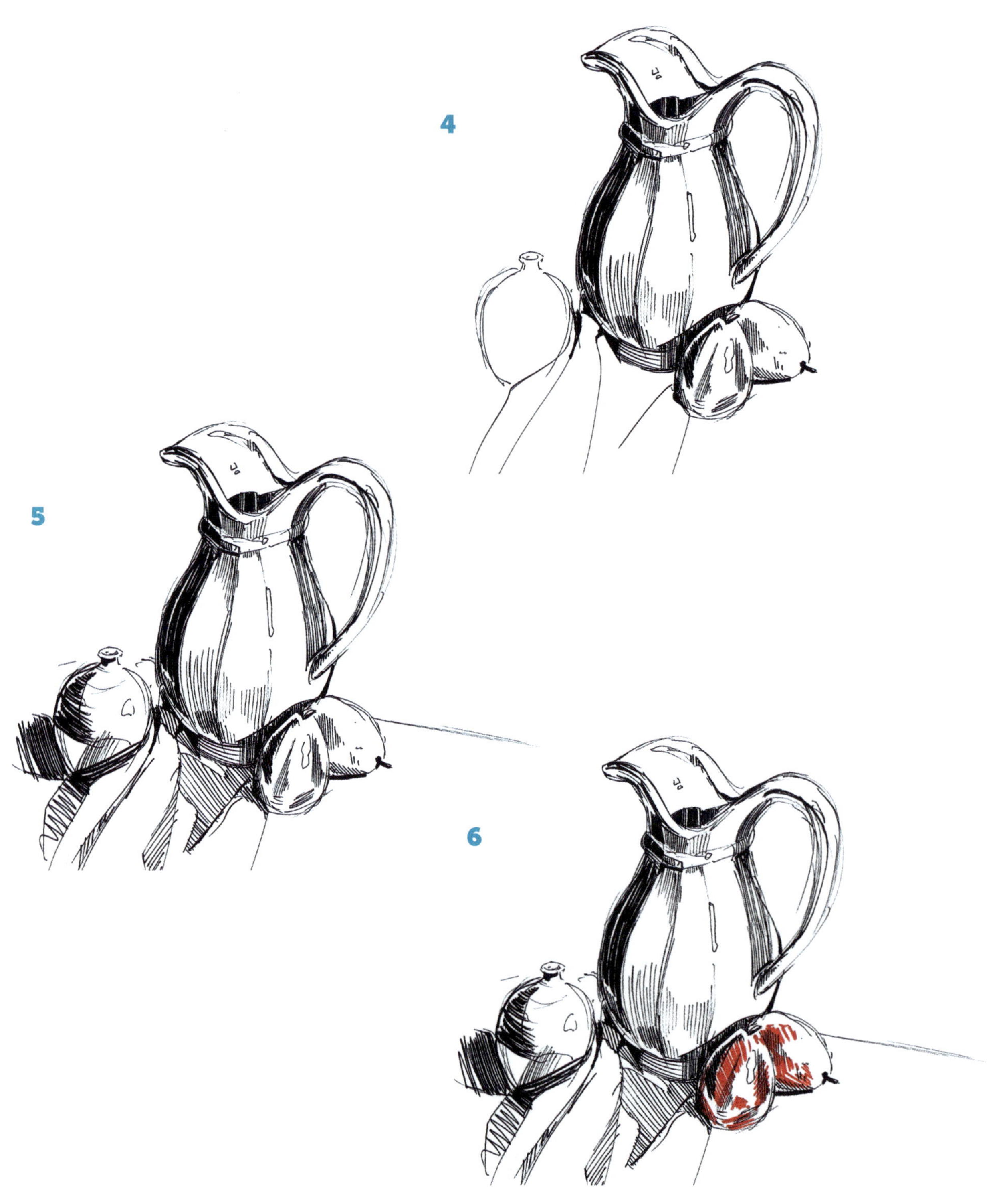
4
5
6

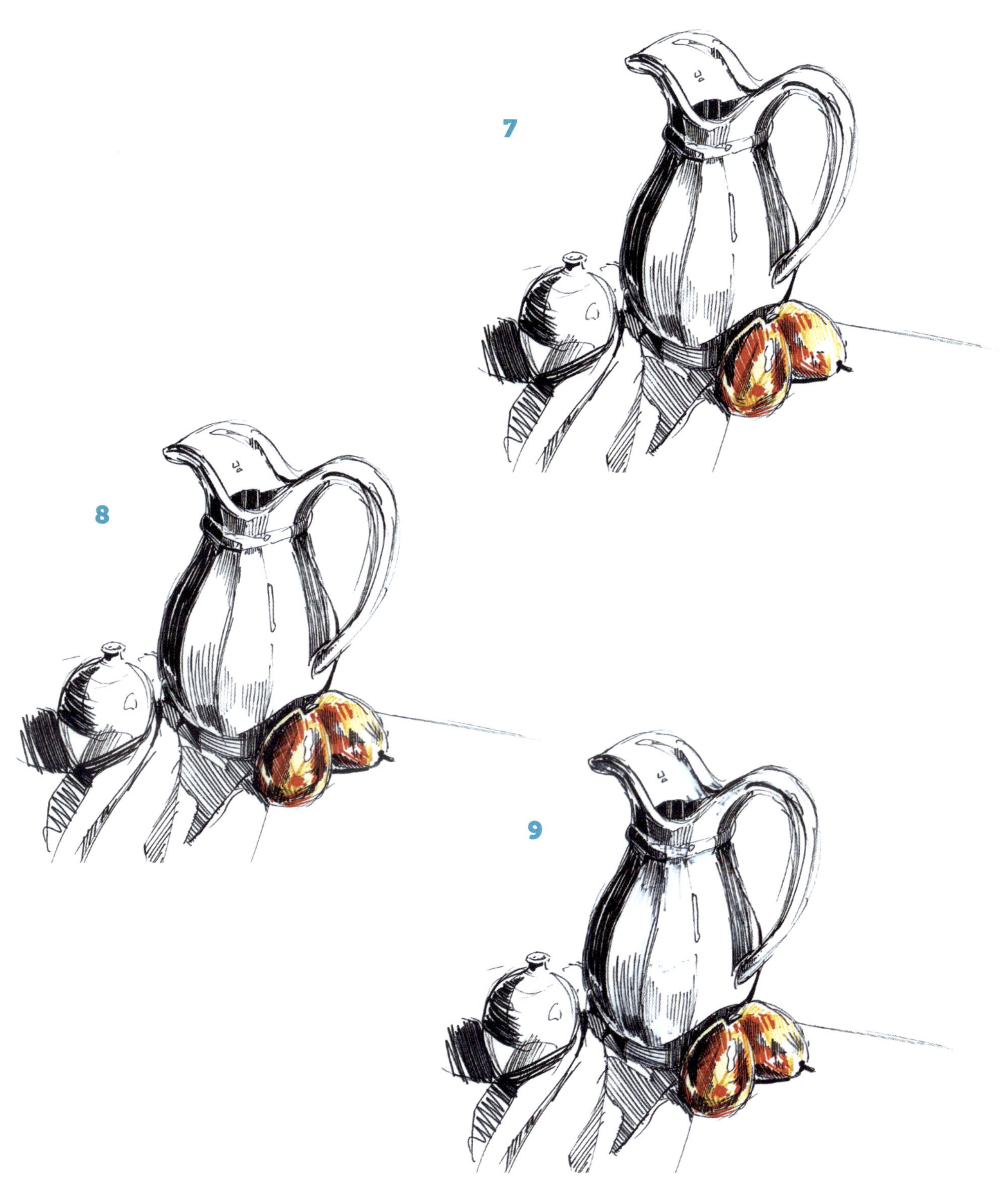
7
8
9

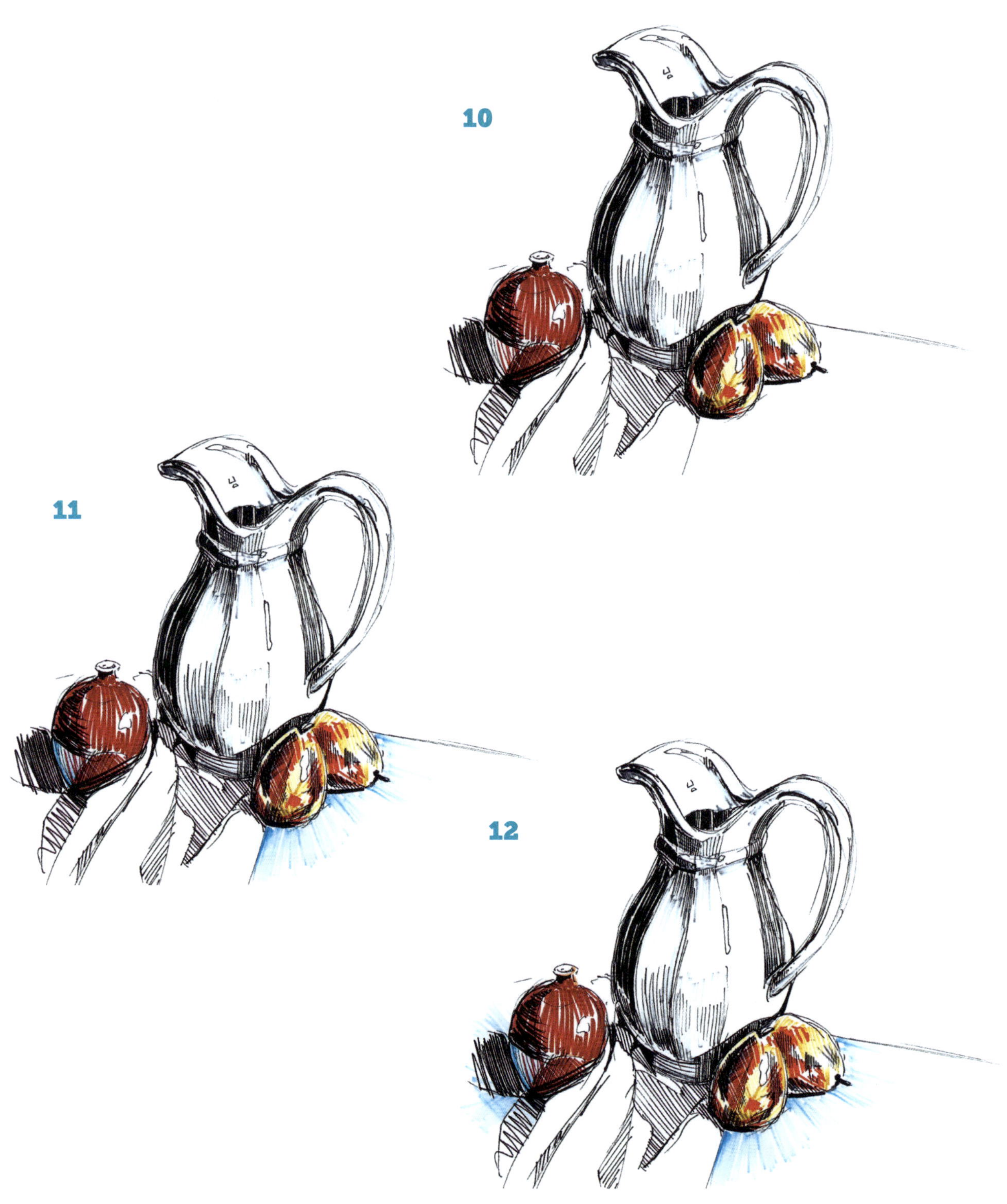
10
11
12

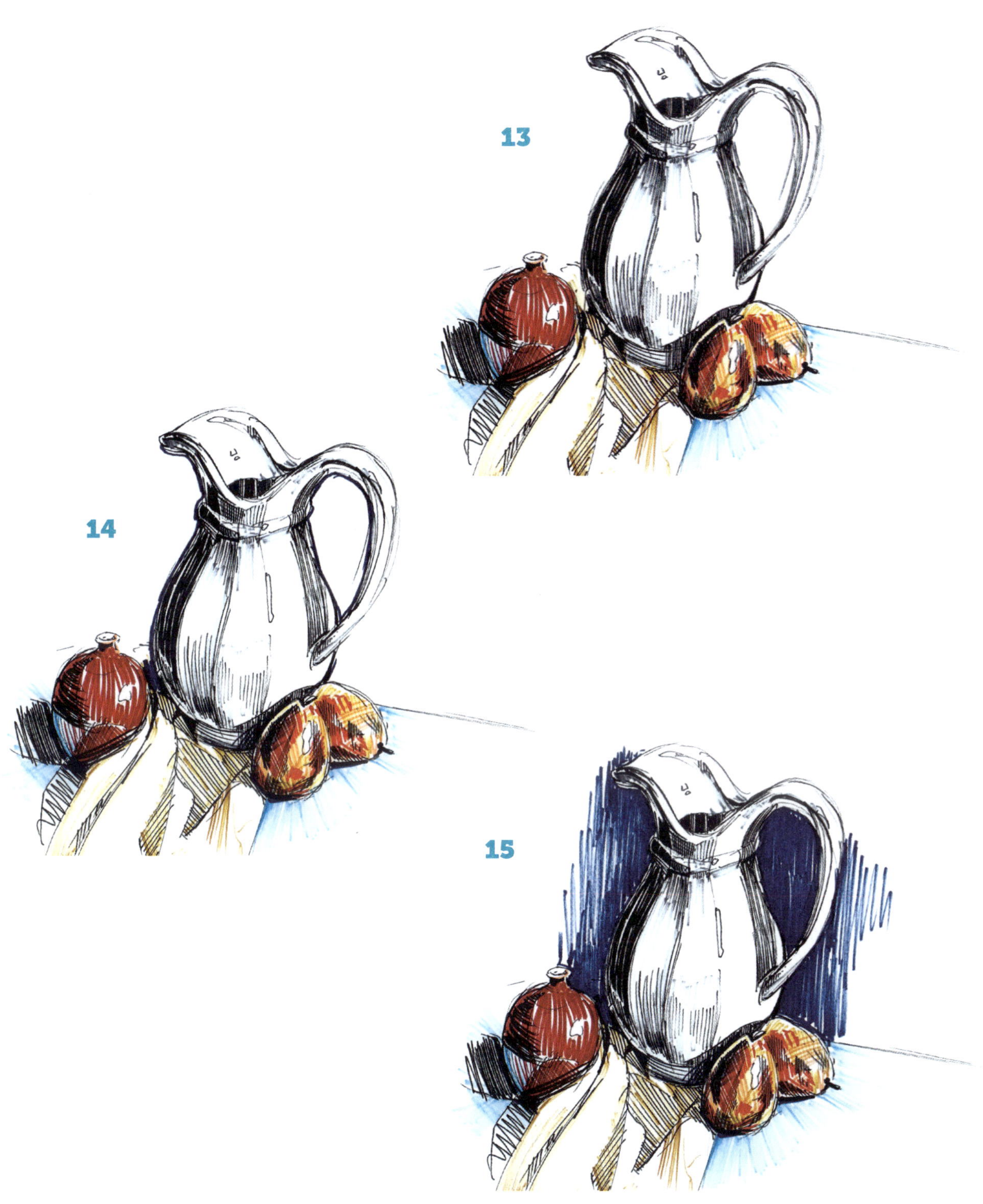
13
14
15

SETZE EINEN FOKUS!

Denke wie eine Spiegelreflexkamera. Das Objektiv fokussiert einen Bereich des Fotos und lässt die anderen Bereiche im Vordergrund oder Hintergrund leicht verschwommen aussehen. Dieser Effekt, übertragen auf eine Zeichnung, kann sehr wirkungsvoll sein.

Zudem kannst du dir viel Zeit sparen und musst nicht jedes Detail des Motivs ausarbeiten. Achte aber darauf, welche Bereiche deines Motivs dir wichtig erscheinen.

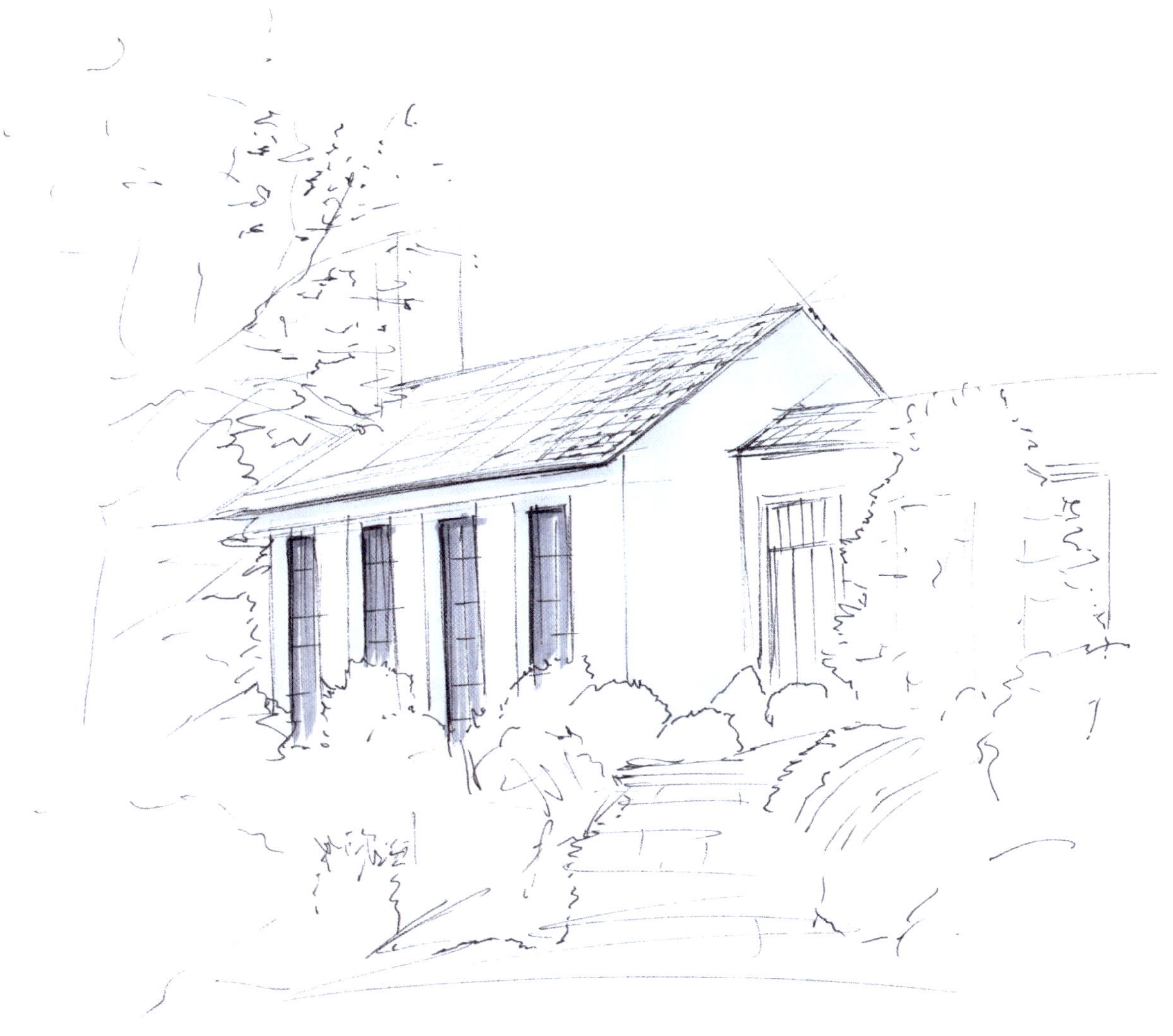

WOWEFFEKT!

Chrom oder Metall lässt sich besonders gut mit einem weißen Fineliner zeichnen.

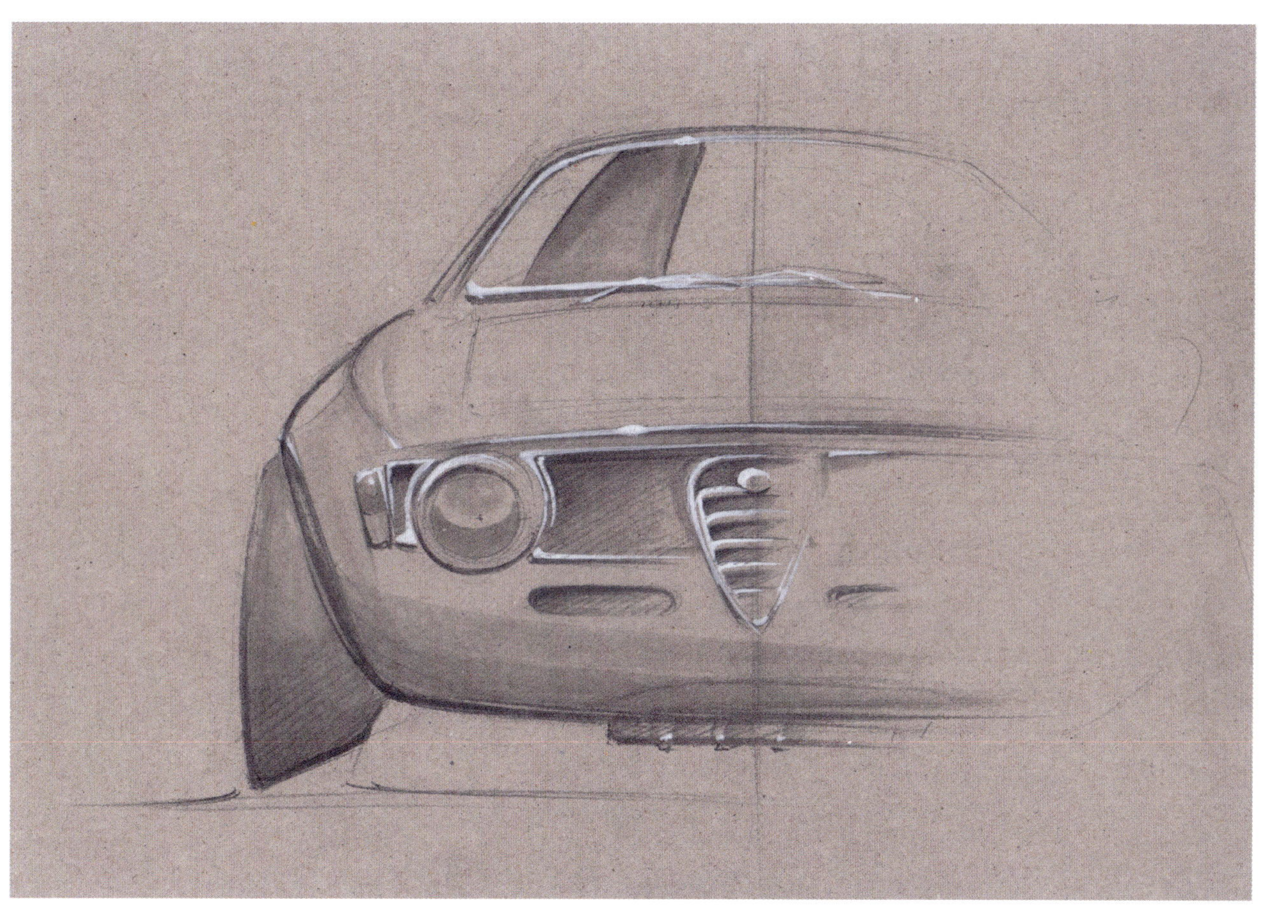

ZEICHENÜBUNG

Stillleben einmal anders. Habe den Mut zu unkonventioneller Koloration, z. B. wie hier mit einem Marker und breiten Strichen.

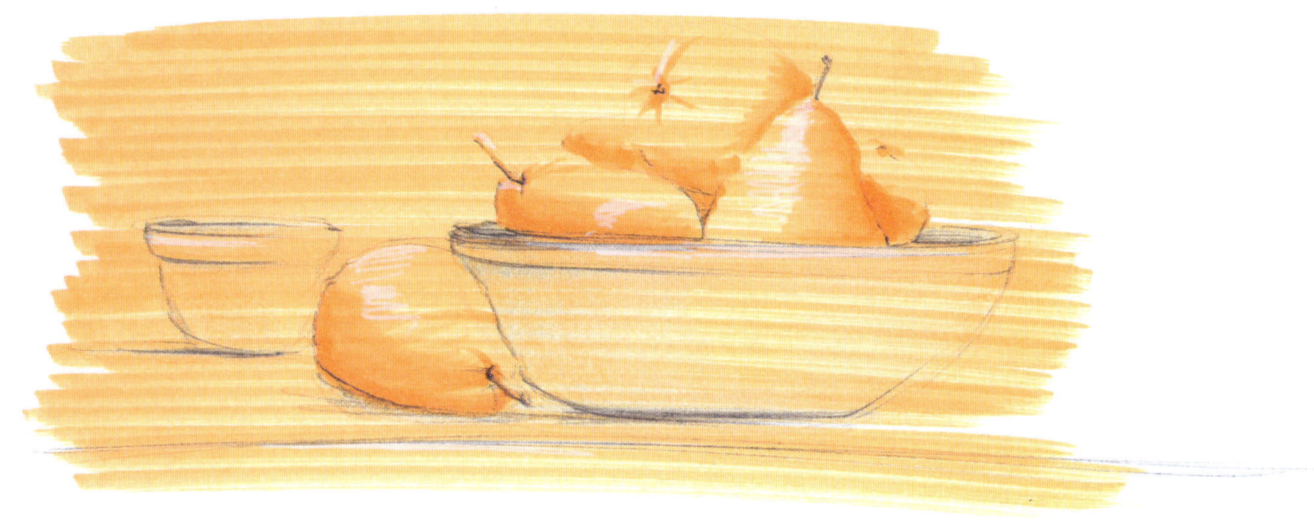

Los geht's!

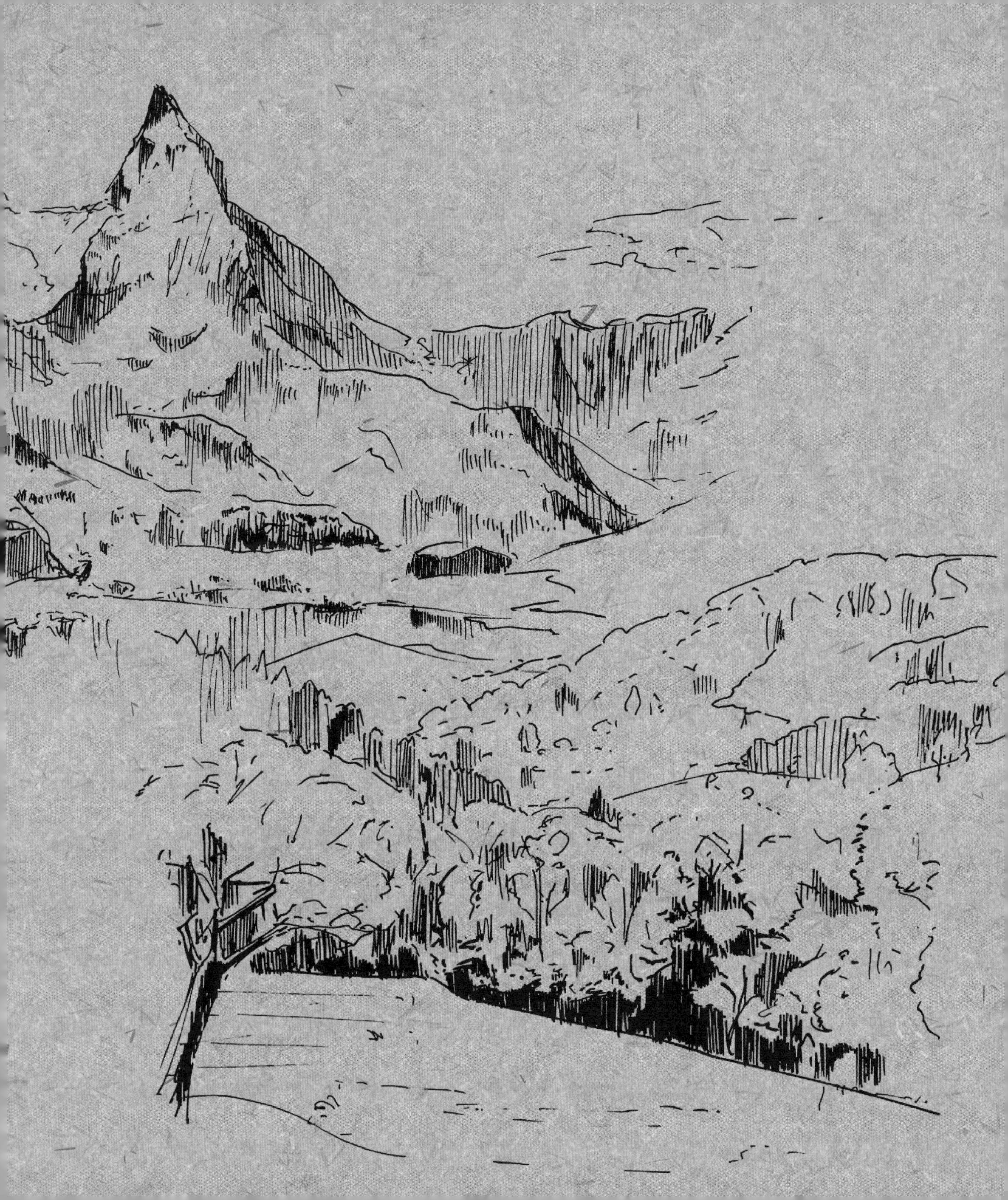

NATUR UND LANDSCHAFT

BERGE

Berge und Bäume gehören zu den Motiven, die wirklich nicht einfach sind. Wieso eigentlich? Wahrscheinlich weil es außer ihrer Form so wenige Anhaltspunkte gibt.

Wenn du aber genau hinschaust, wirst du sehen, dass es doch einige Anhaltspunkte gibt. Schaue dir die Schatten an. Wo geht es rauf und wo runter? Von wo kommt das Licht? Und was verdeckt was?

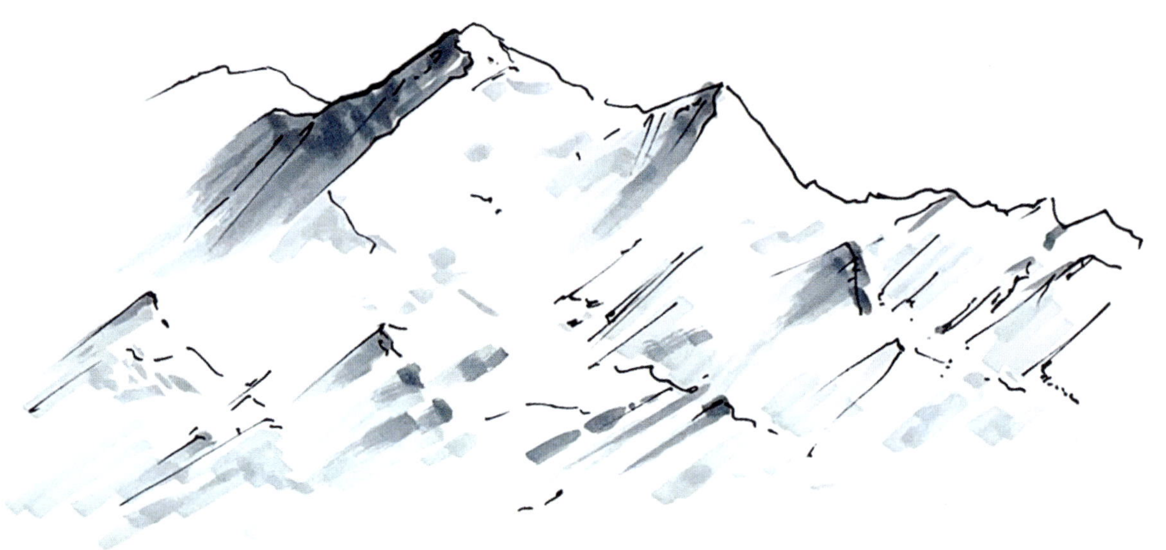

WOWEFFEKT!

Eine Bergkulisse lebt von Licht und Schatten. Alleine dadurch lassen sich Berge wiedergeben.

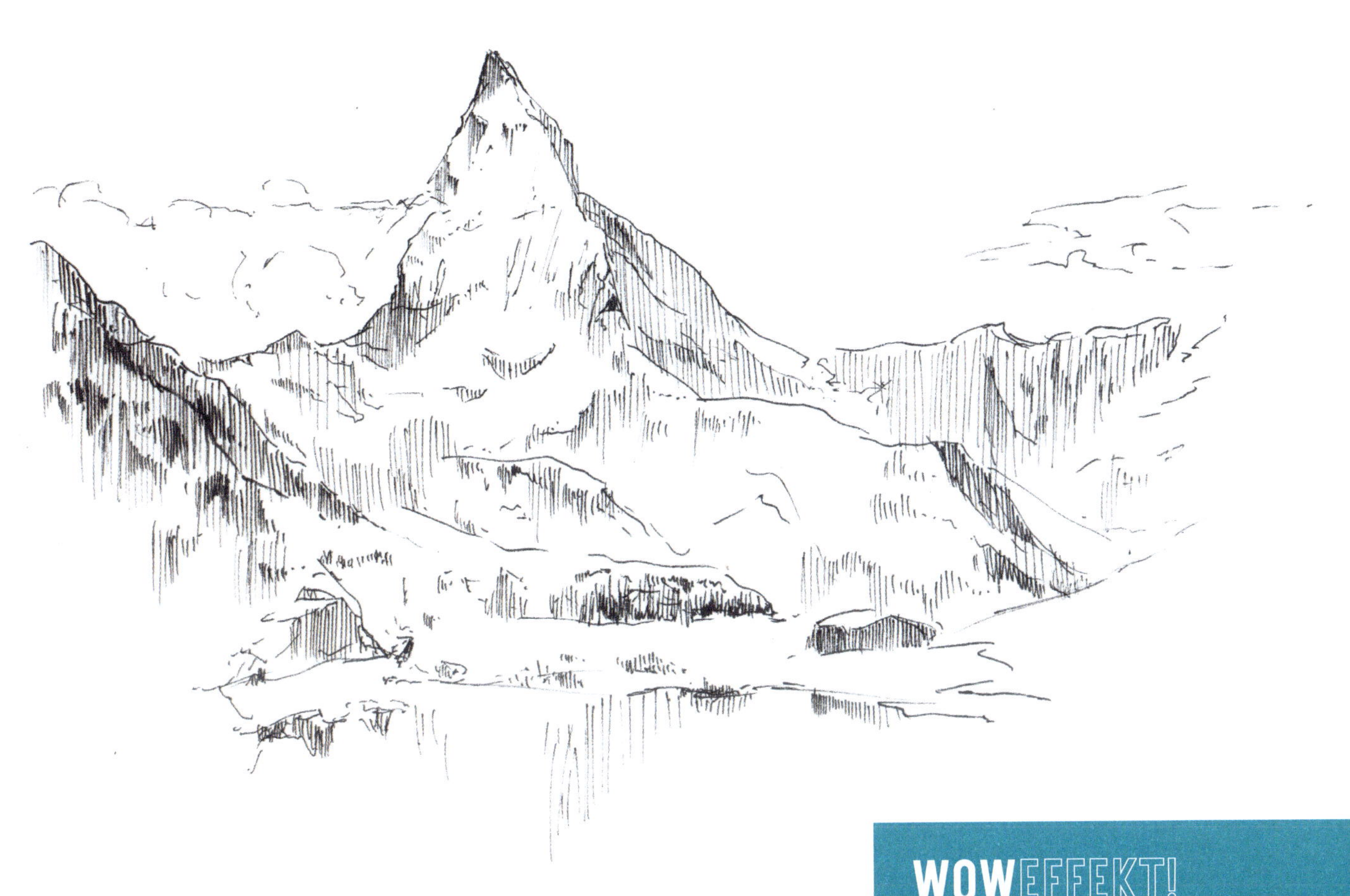

WOWEFFEKT!

Mit der flachen Seite des Bleistifts lassen sich Berge ganz einfach und schnell zeichnen.

SEE

Die zeichnerische Abbildung von Wasser basiert auf dem Spiegelungseffekt der Umgebung. Sobald du die Umgebung direkt am Ufer ins Wasserbild spiegelst, ist der Effekt gegeben.

Achte aber darauf, dass die Spiegelung verschwommen dargestellt wird. Farben der Umgebung können sich auch im Wasser spiegeln. Je ruhiger das Wasser, desto ruhiger die Spiegelung.

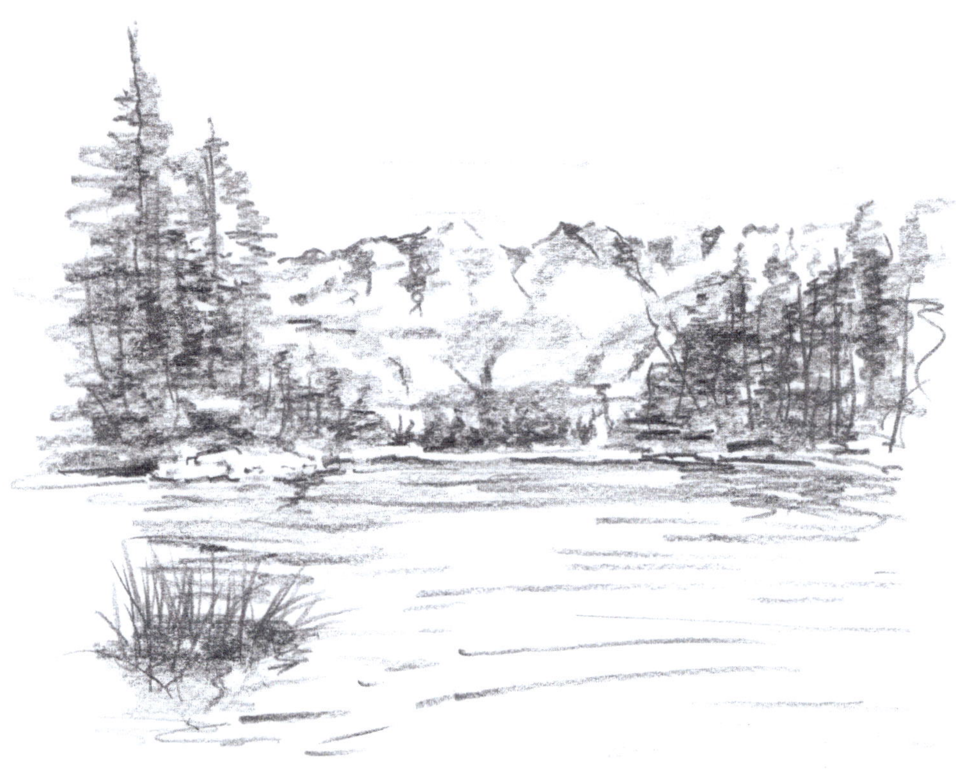

WOWEFFEKT!

Sehr oft zeichne ich etwas in den Vordergrund. Z. B. Gräser oder einen Steg. So erziele ich mehr Tiefenwirkung im Bild.

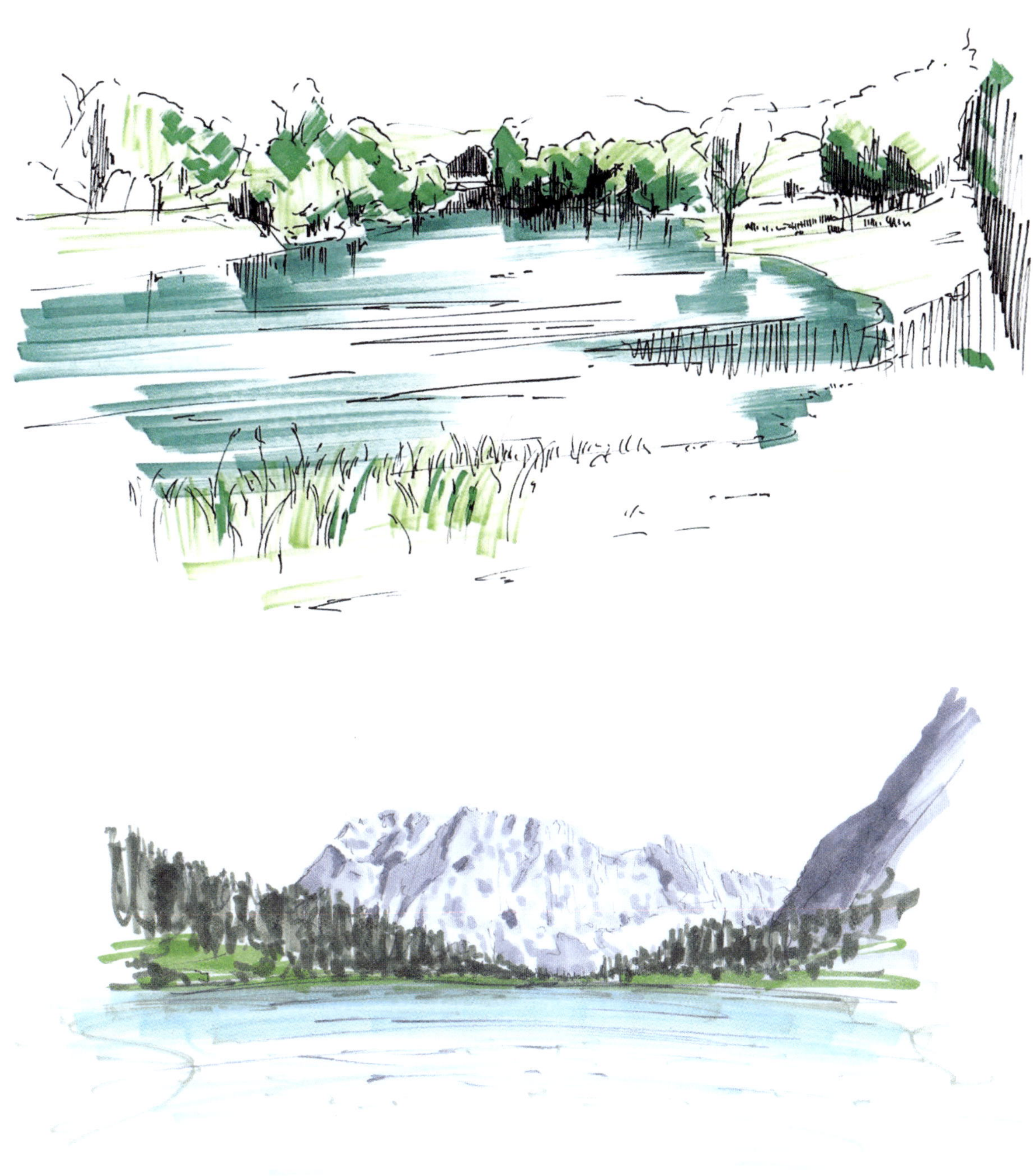

WALD

Mit dem Wald verhält es sich ähnlich wie mit den Bergen. Scheinbar viel zu viele Details. Aber auch hier lassen sich Bäume in Hell- und Dunkelbereiche aufteilen. In den dunklen Flächen kannst du auch einige unregelmäßige helle Bereiche mit einbeziehen.

Achte dabei darauf, dass Äste eines Baumes sehr unregelmäßig sind. Manchmal sieht man die Äste auch innerhalb einer Baumform, nämlich an den Stellen, wo der Baum etwas lichter ist.

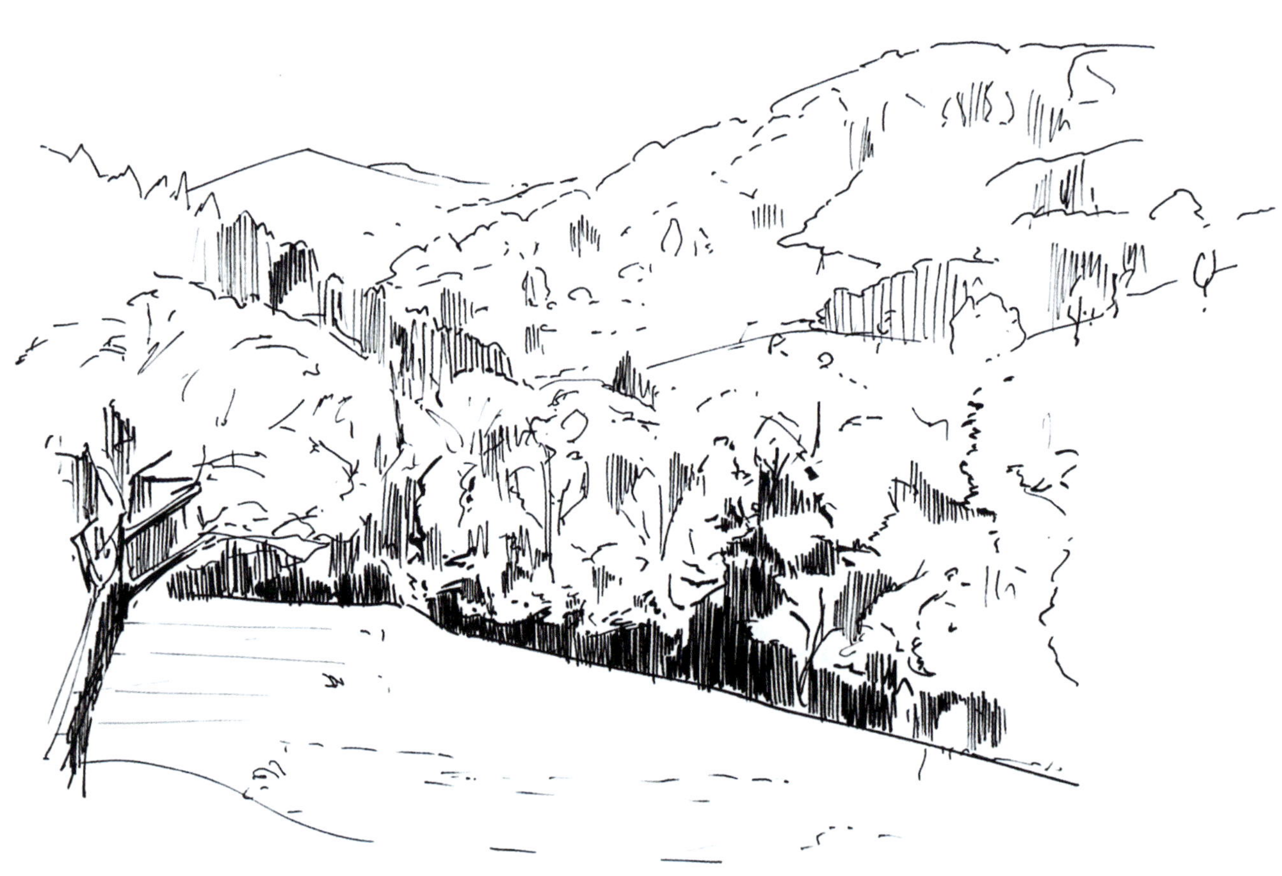

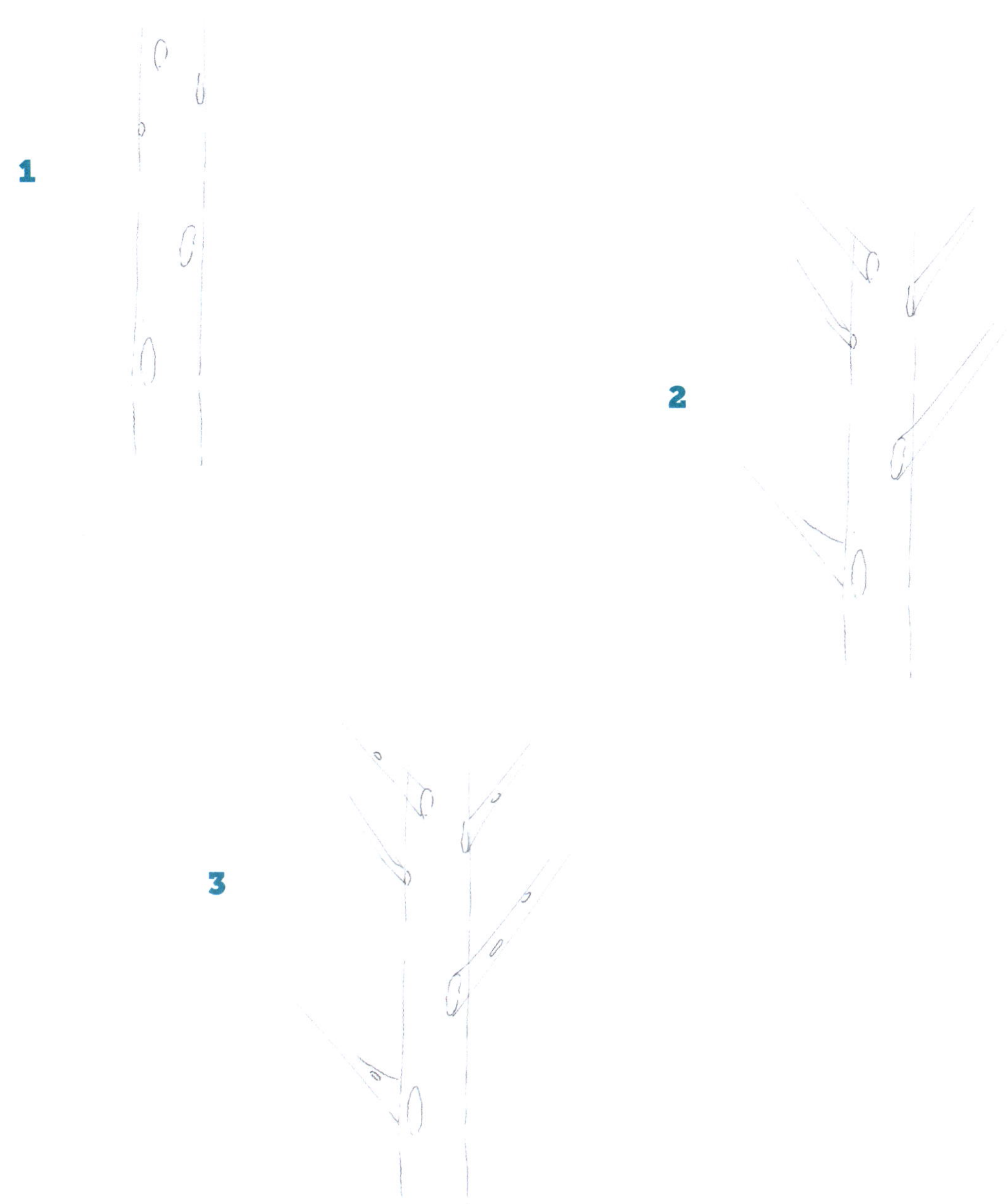
1
2
3

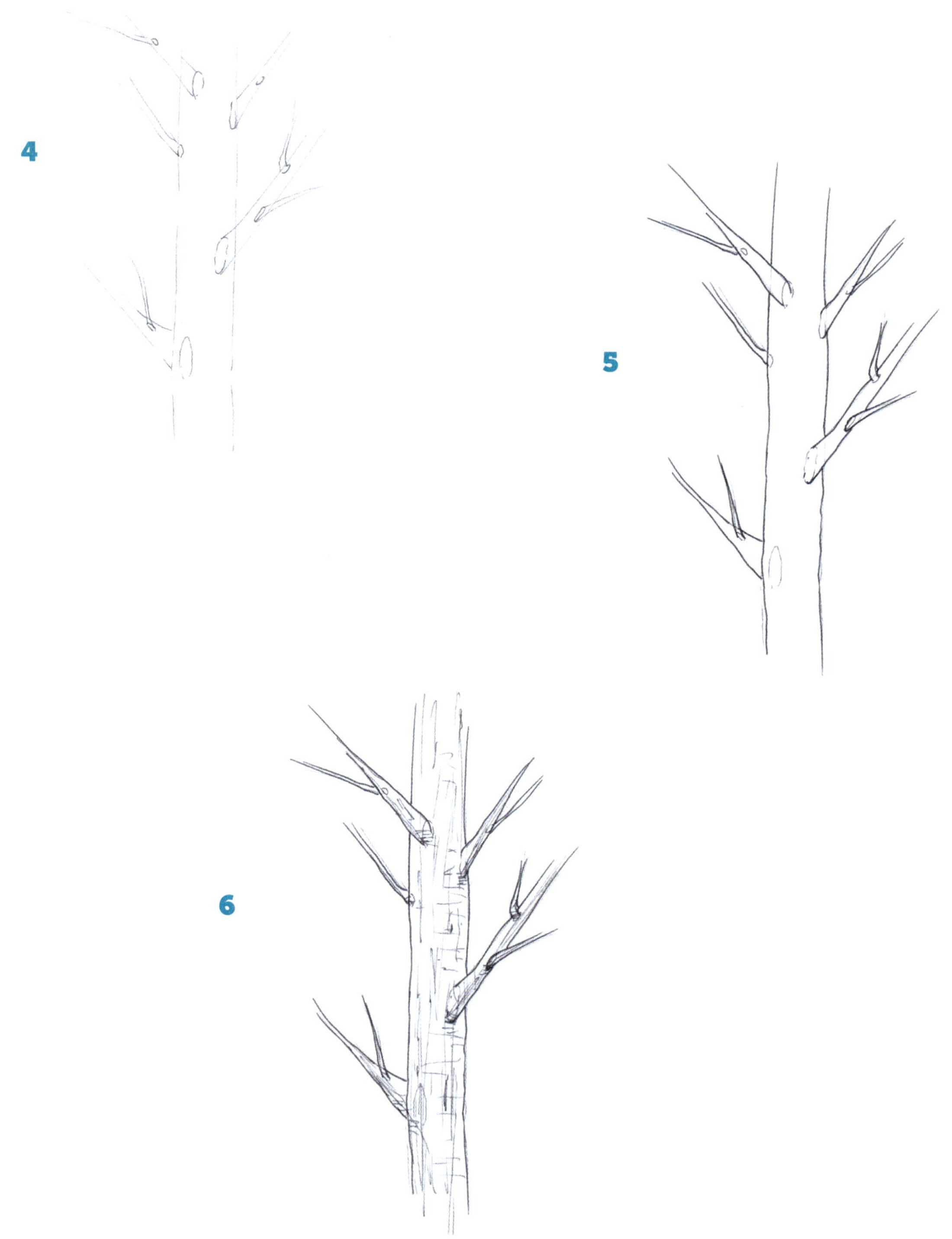
4
5
6

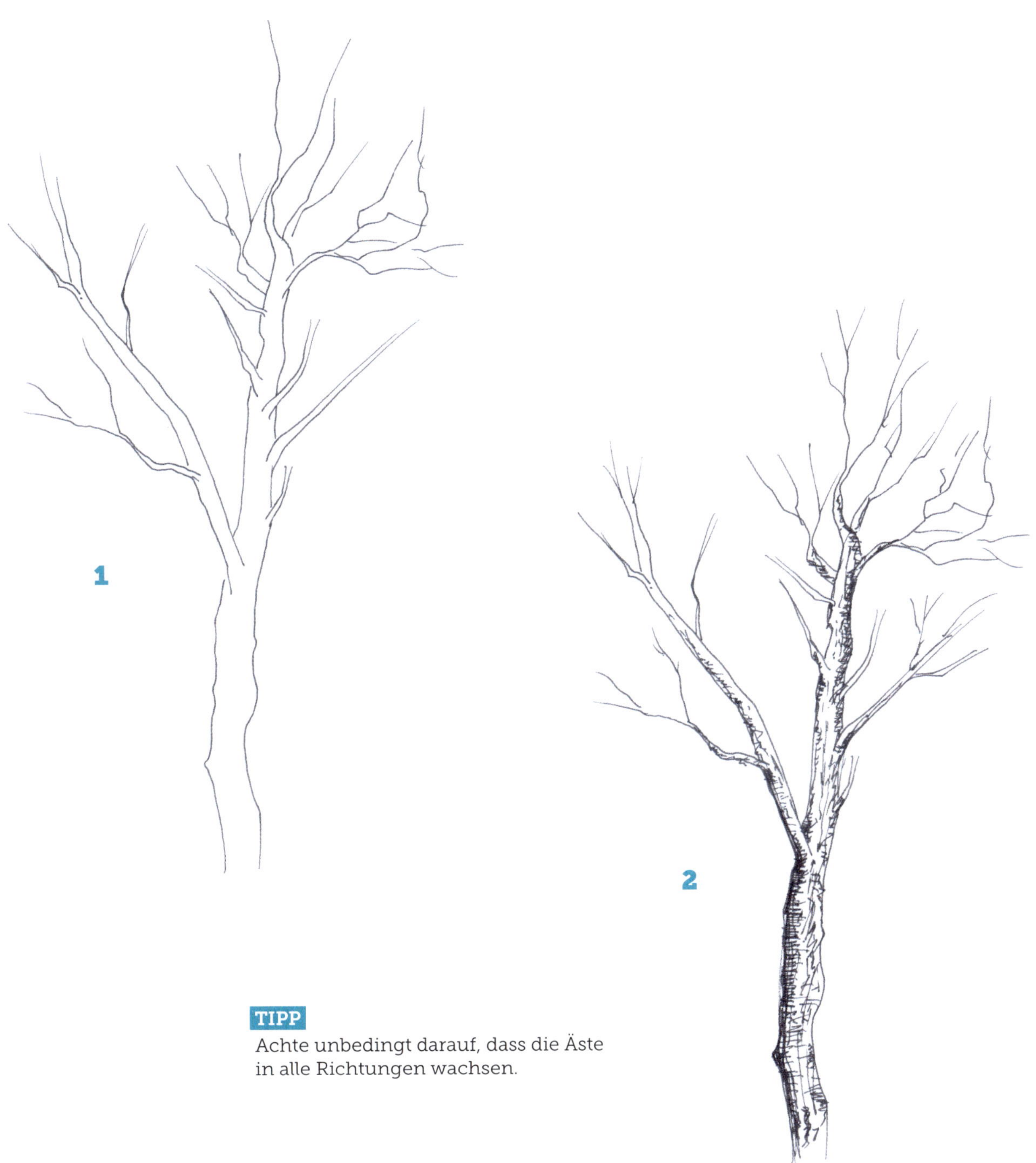

TIPP

Achte unbedingt darauf, dass die Äste in alle Richtungen wachsen.

MEER

Es gibt diverse Arten ein Meer zu zeichnen. Mit Aquarellfarben oder Markern ist es am schnellsten und einfachsten. Das Meer braucht viel Weißraum. Dieser kann am Horizont gezeichnet werden, aber auch in Form von Wellen. Wir alle kennen „Die große Welle vor Kanagawa", das Gemälde des japanischen Künstlers Katsushika Hokusai.

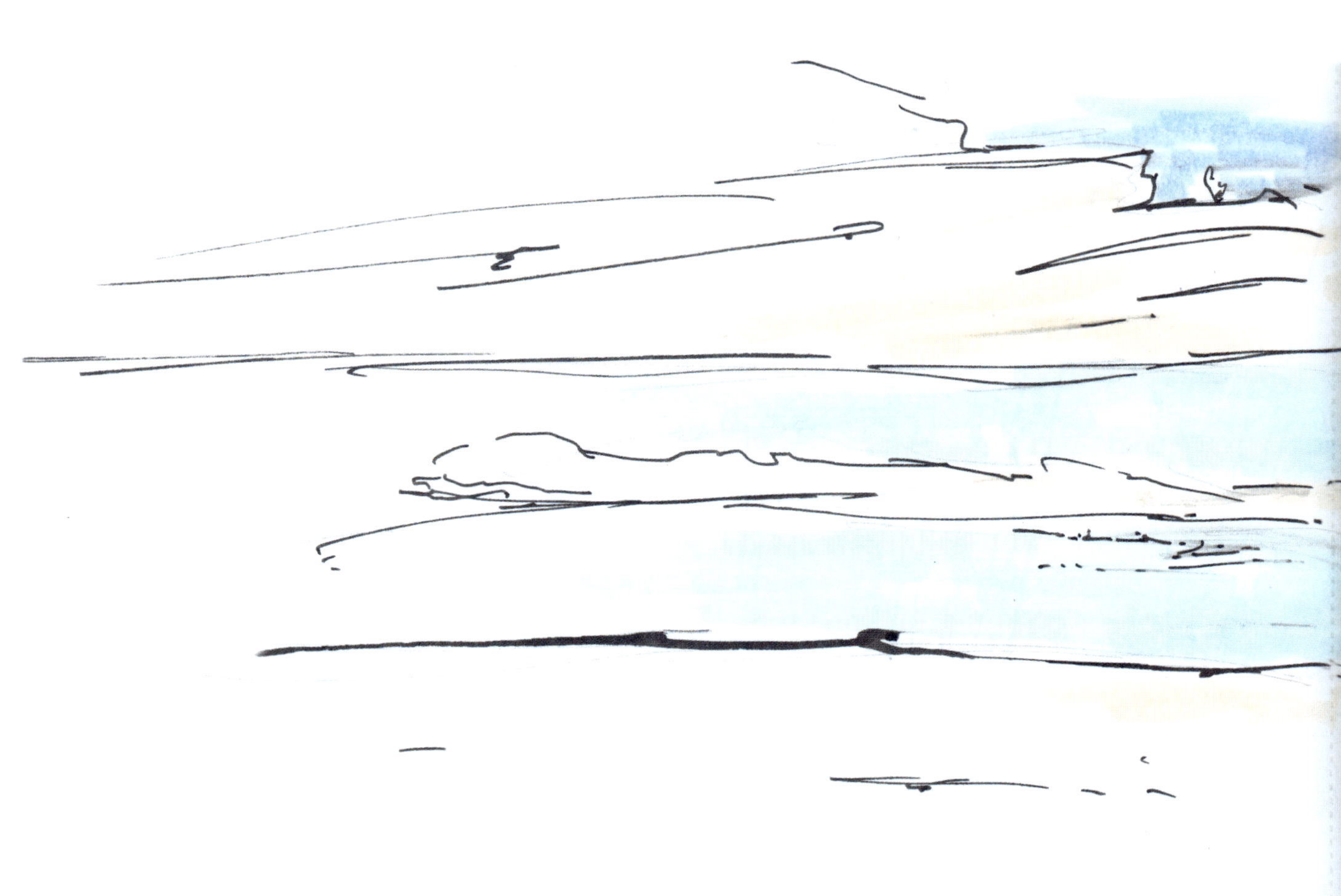

WOWEFFEKT!

Versuche mit schnellen Strichen und breiten Farbstreifen den Verlauf vom Ufer zum Horizont zu zeichnen.

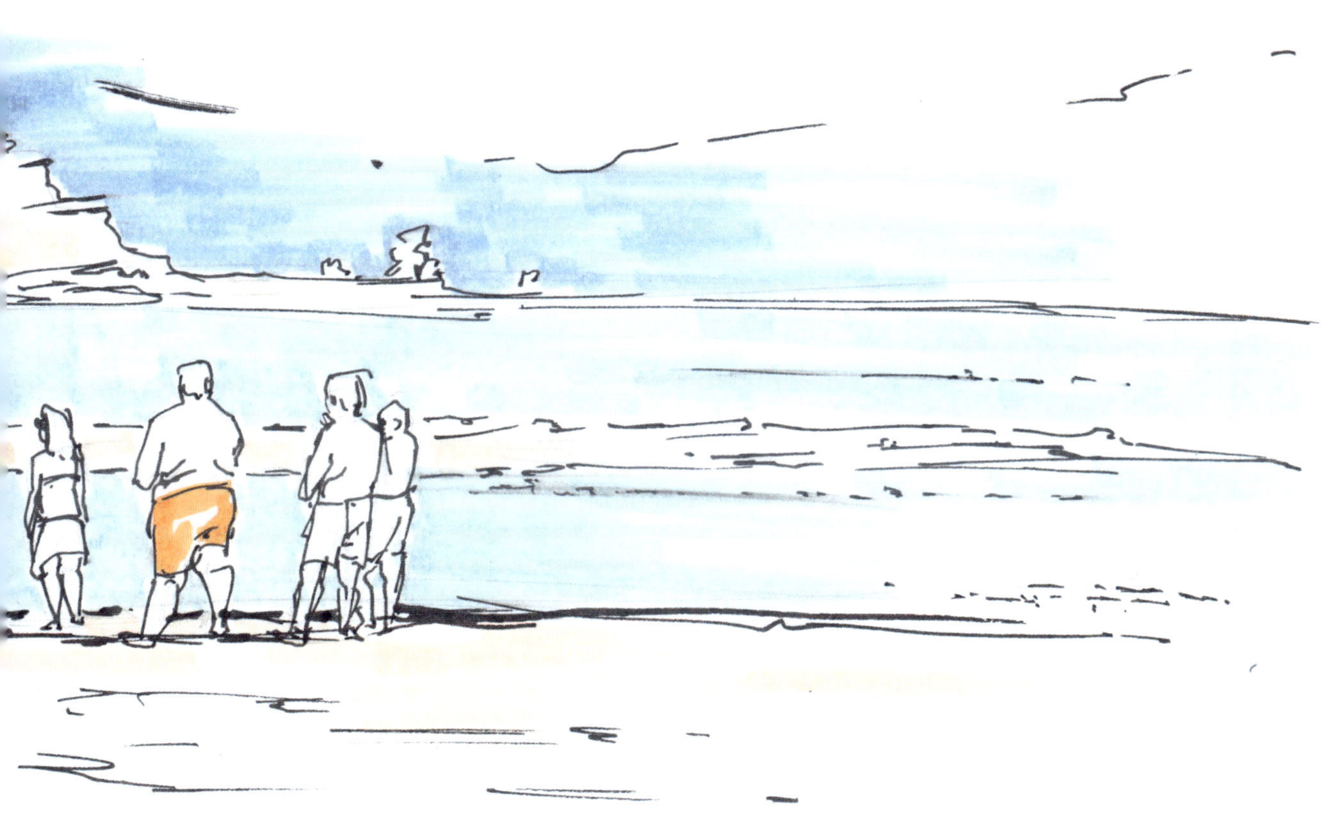

INSPIRATION

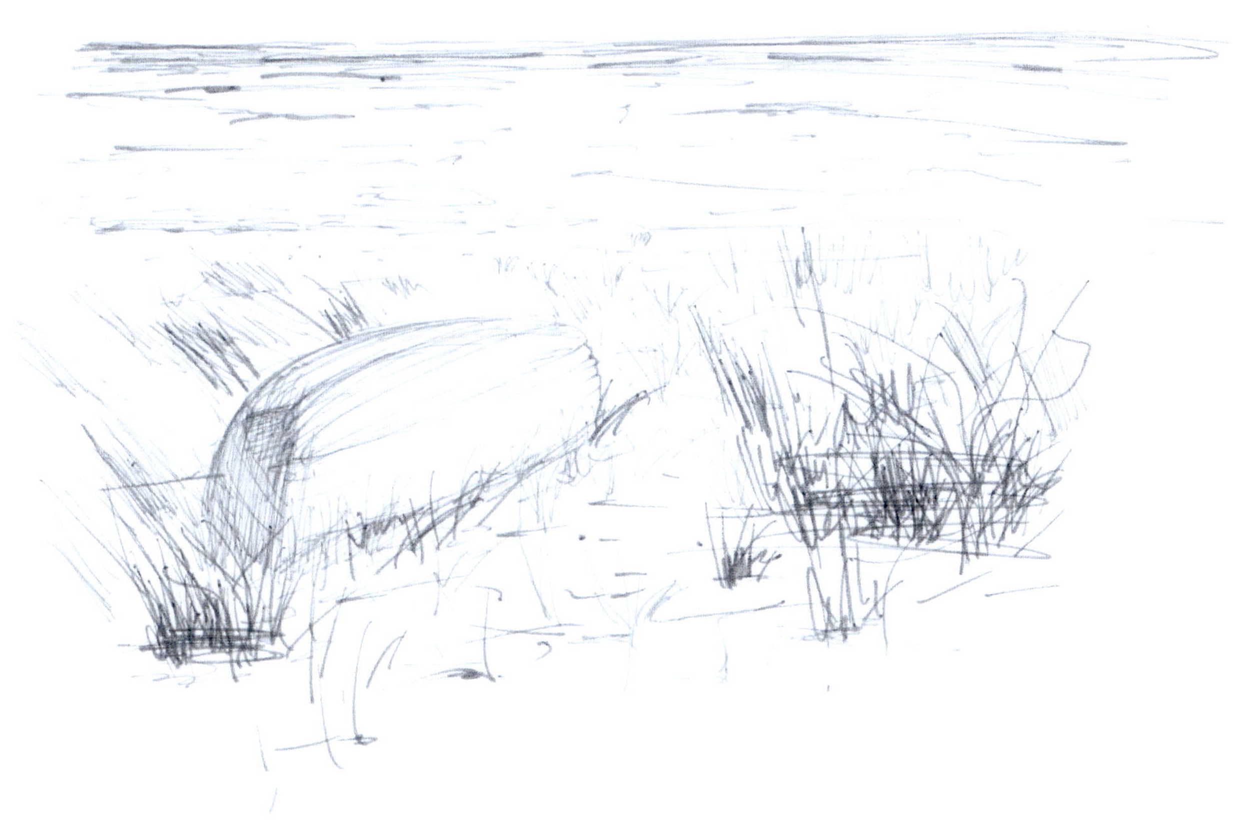

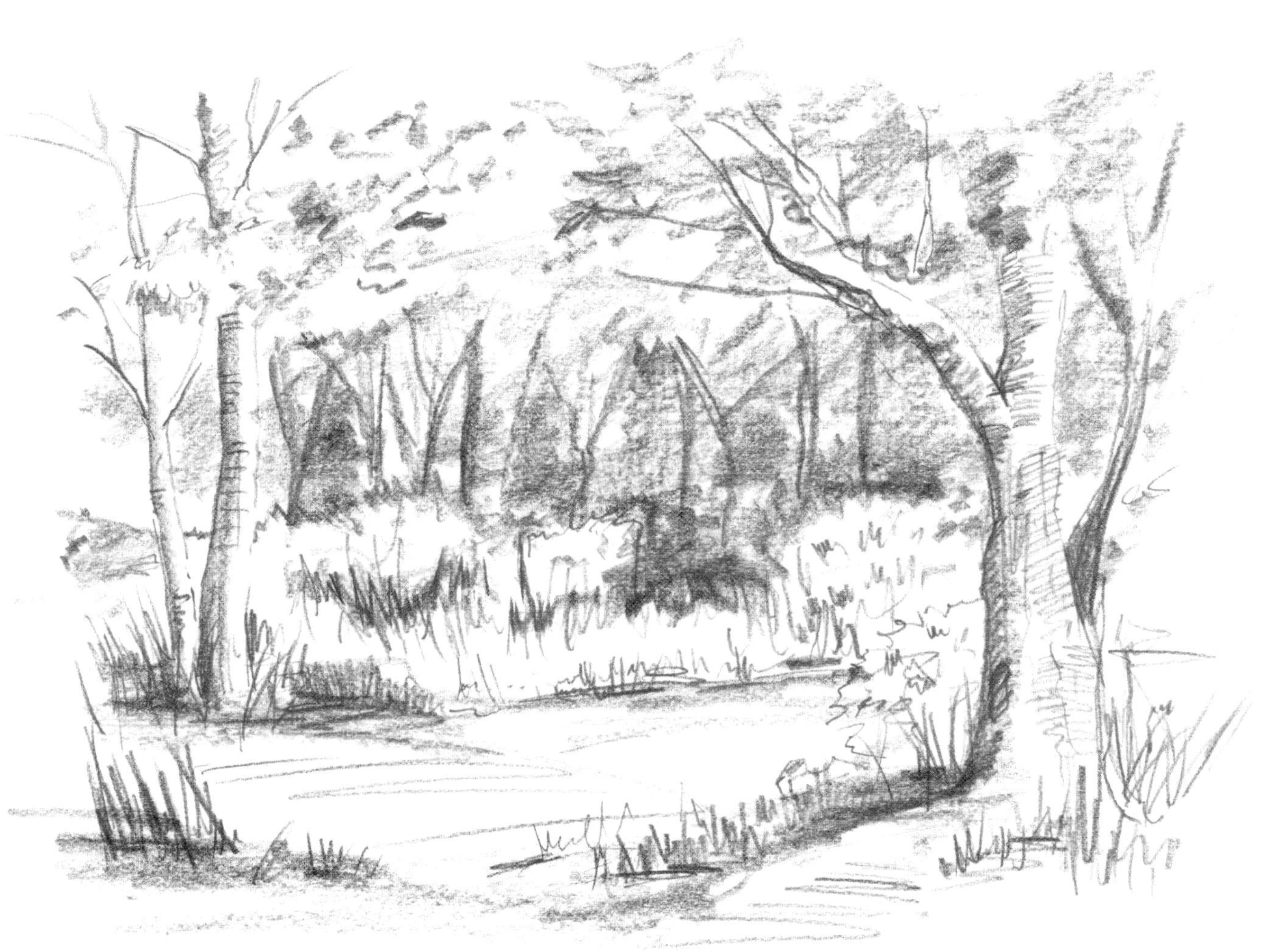

ZEICHENÜBUNG

Hast du einen Lieblingsplatz in deiner Umgebung? An einem kleinen See vielleicht oder am Meer? Vielleicht auch an einem nahegelegenen Fluß? Schnapp dir deine Stifte und zeichne draußen!

Los geht's!

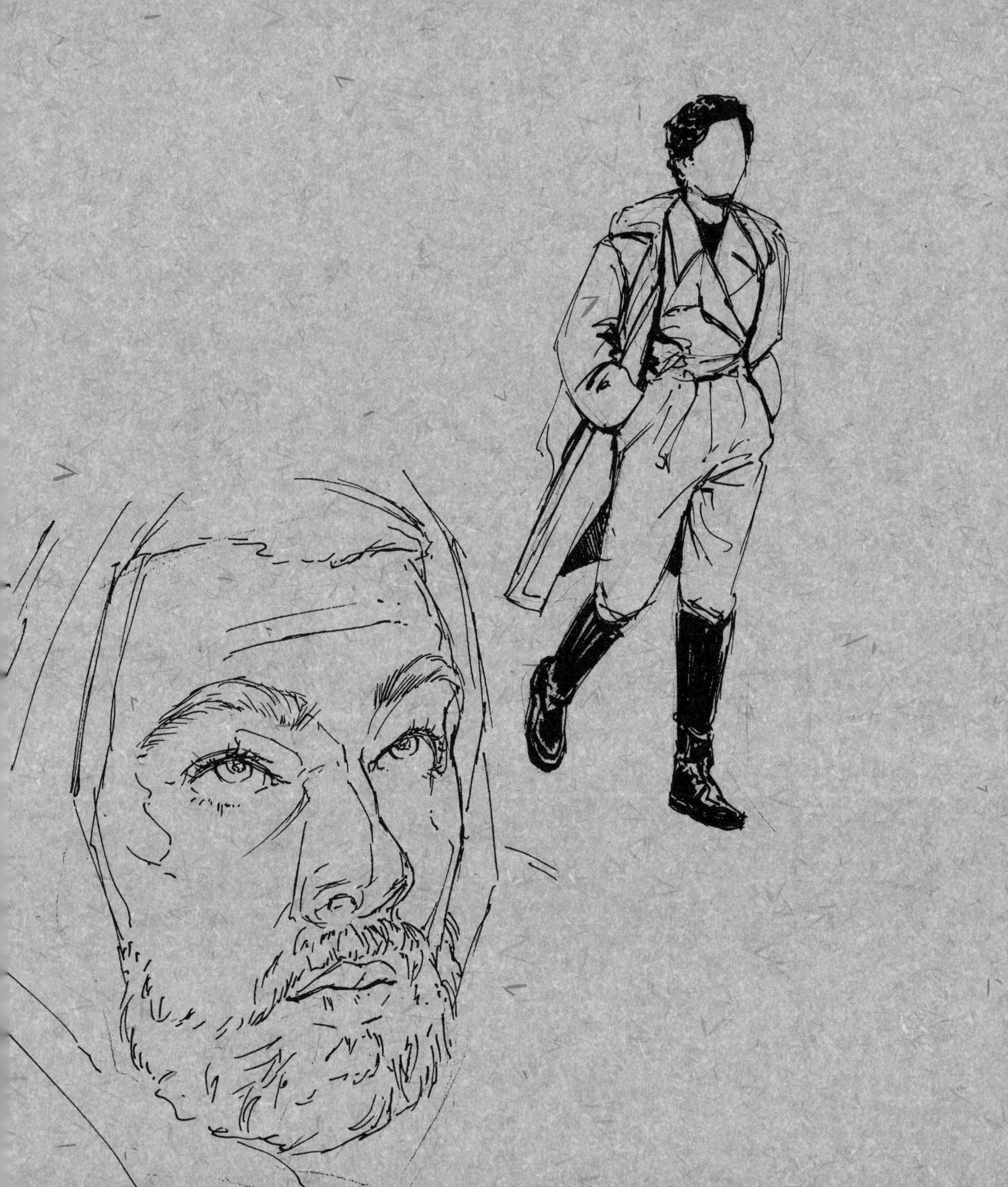

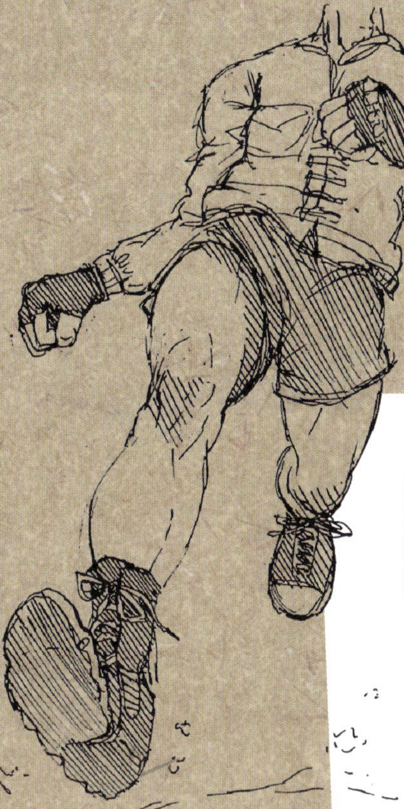

MENSCH UND FIGUR

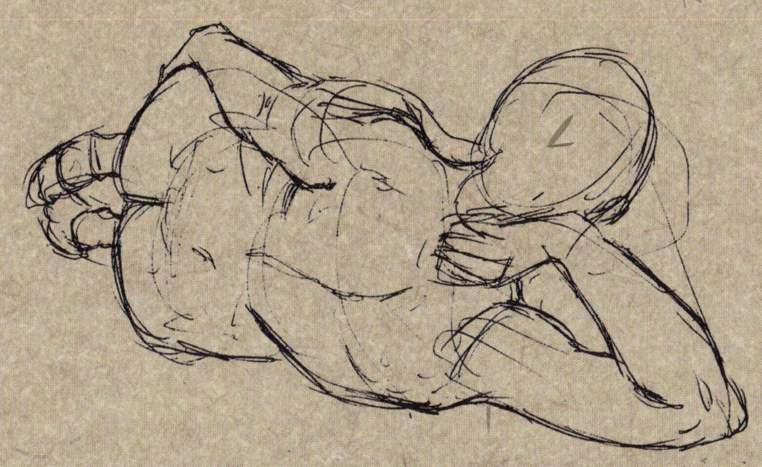

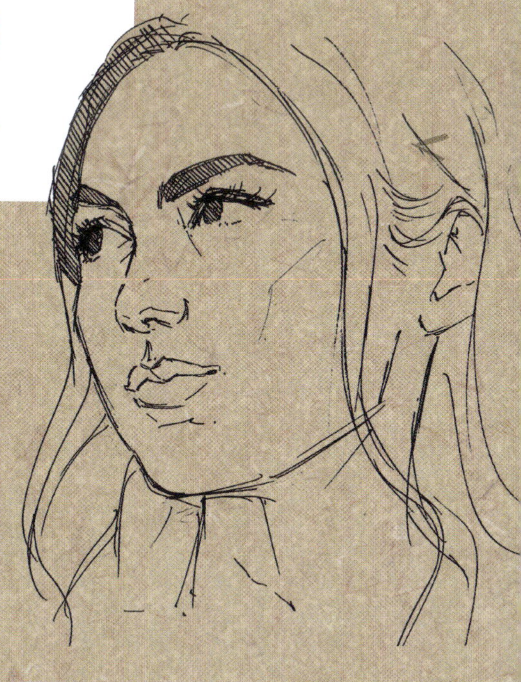

PORTRÄT

Bei kaum einer anderen Disziplin ist anfangs die Wahl des Zeichenwerkzeuges so entscheidend wie beim Porträtzeichnen. Wer mit Pastellstiften ein realistisches Porträt zaubern möchte, der sollte zunächst mit anderen Techniken üben.

Wir empfehlen Bleistifte oder Fineliner für den Anfang. So lernst du auf welche Details es beim Porträtzeichnen ankommt. Details wie Mund- und Augenform, Licht und Schatten.

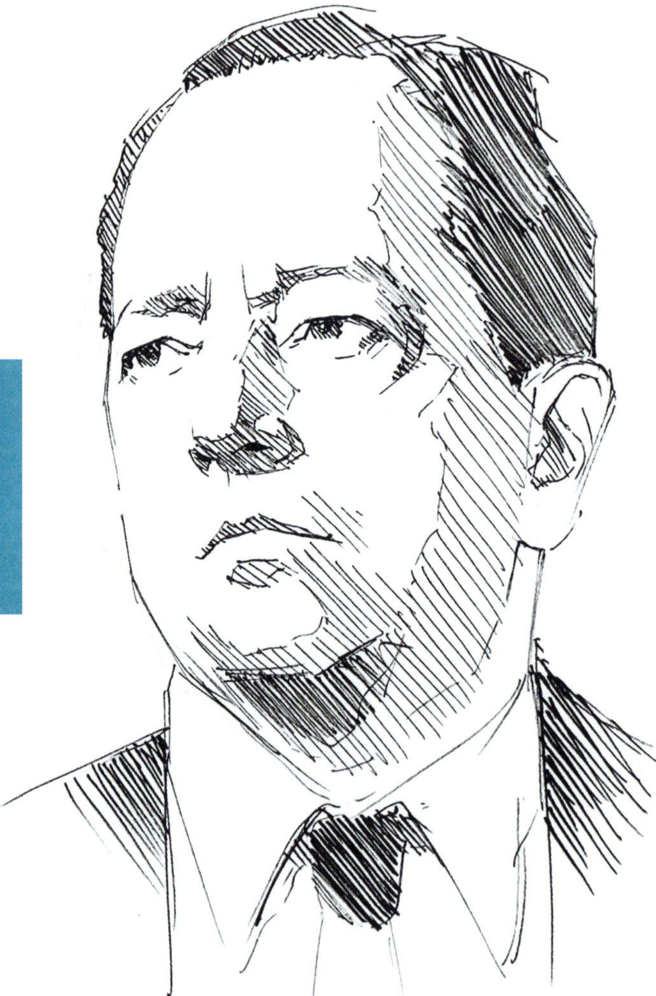

WOWEFFEKT!

Viel Weißraum bitte. Das linke und das rechte Porträt spielen auf unterschiedliche Weise mit dem Weißraum.

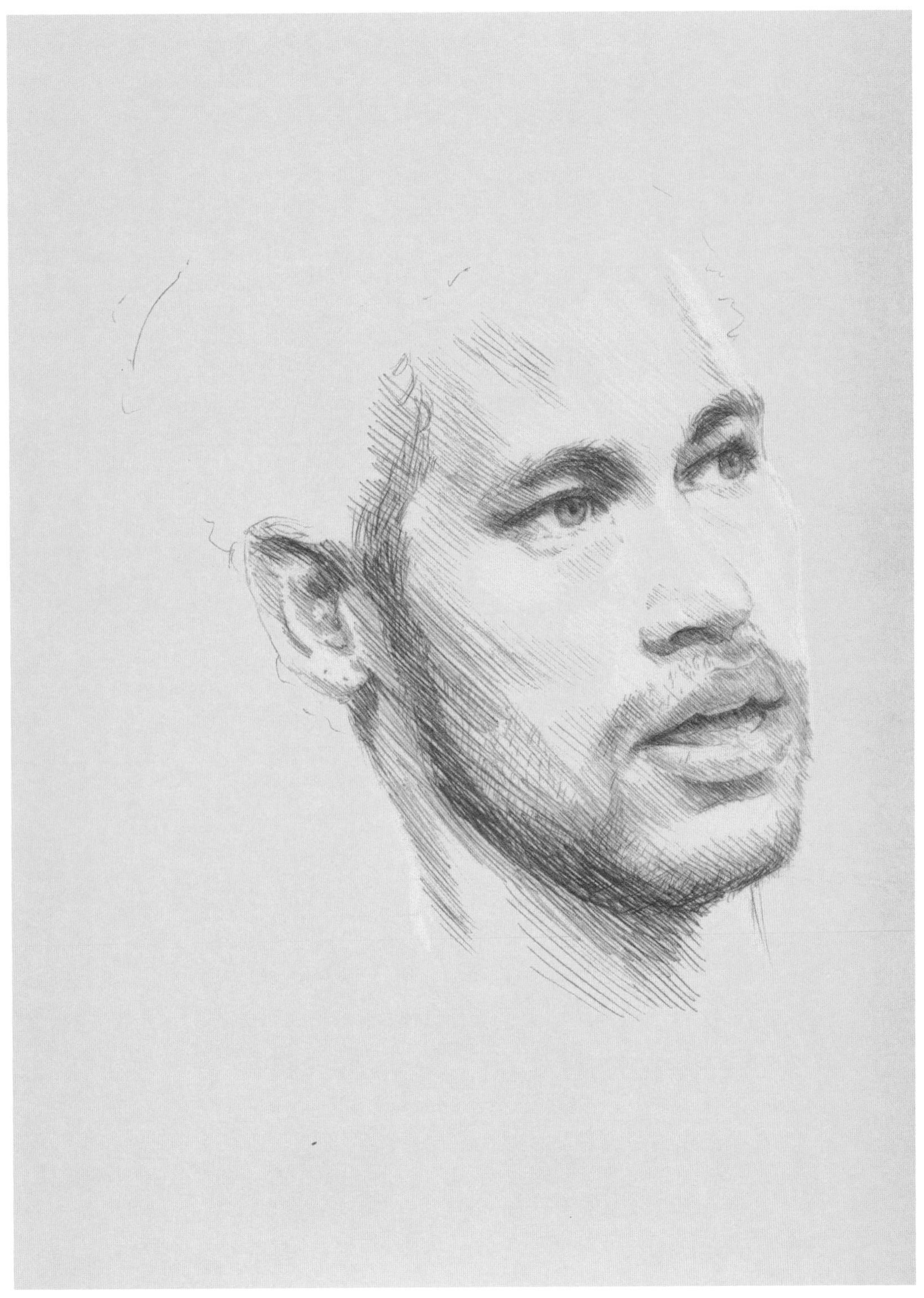

Auch die Perspektive spielt bei der Porträtkunst eine Rolle. Sobald du mit den Grundlagen des Porträtzeichnens vertraut bist, solltest du mit dem Profil- und Halbprofil-Porträt weitermachen.

Im folgenden Beispiel haben wir das Halbprofil-Porträt etwas erschwert, indem wir die Horizontlinie über dem Kopf des Mannes gesetzt haben und ihn noch dazu hinaufschauen lassen.

1

2

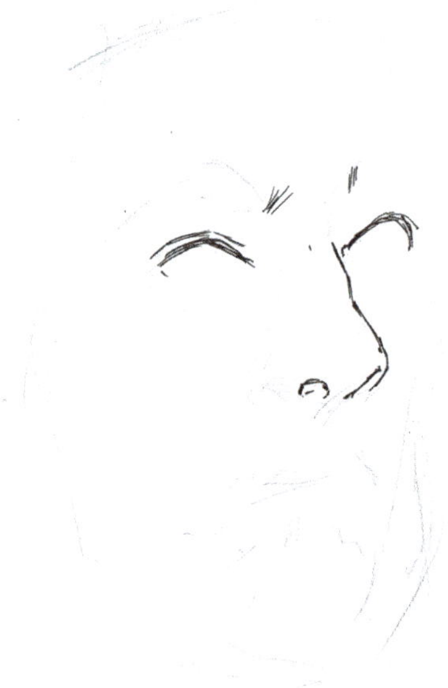

WOWEFFEKT!

Eine einfache 45-Grad-Schraffur sorgt für Tiefenwirkung.

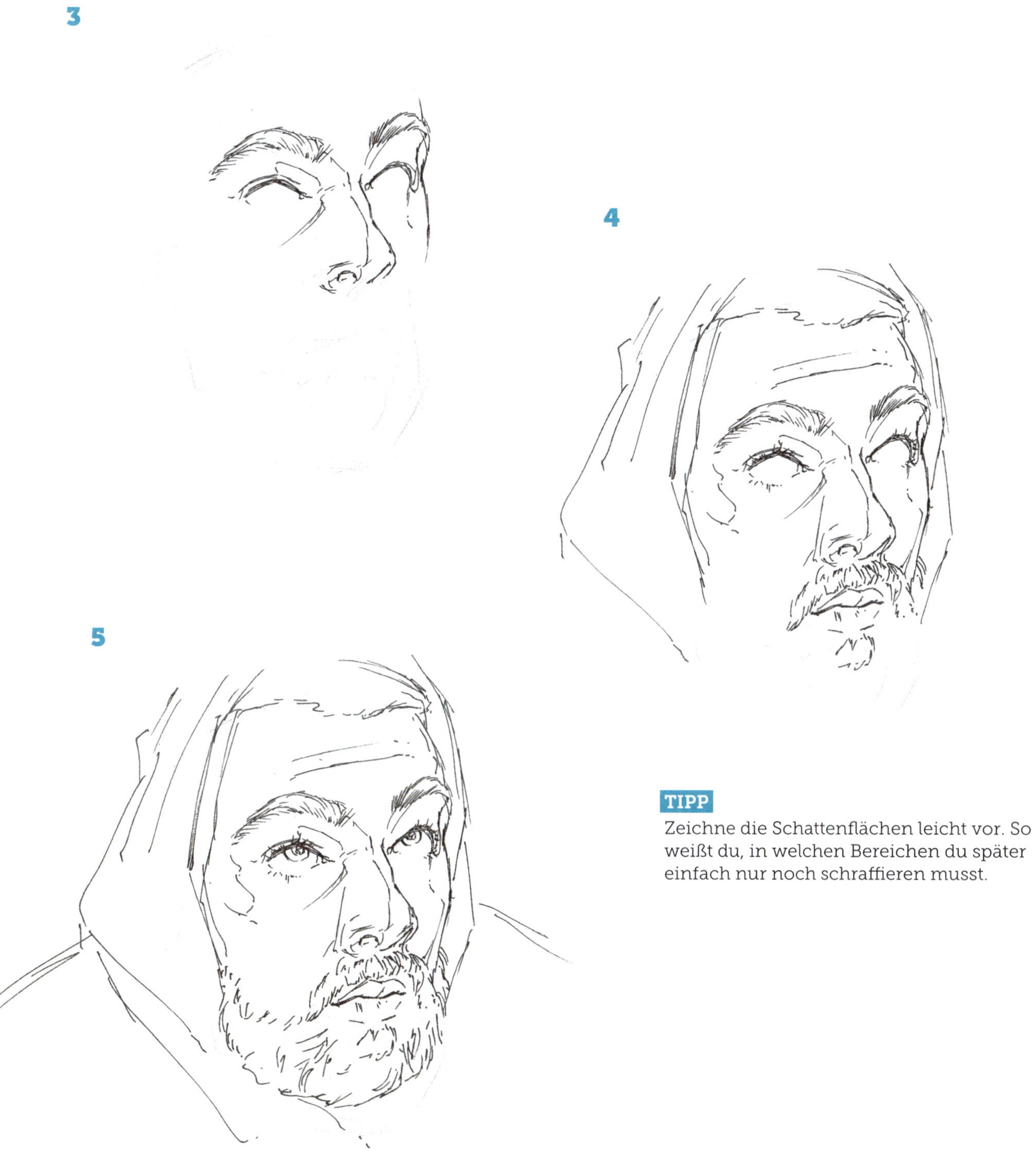

TIPP
Zeichne die Schattenflächen leicht vor. So weißt du, in welchen Bereichen du später einfach nur noch schraffieren musst.

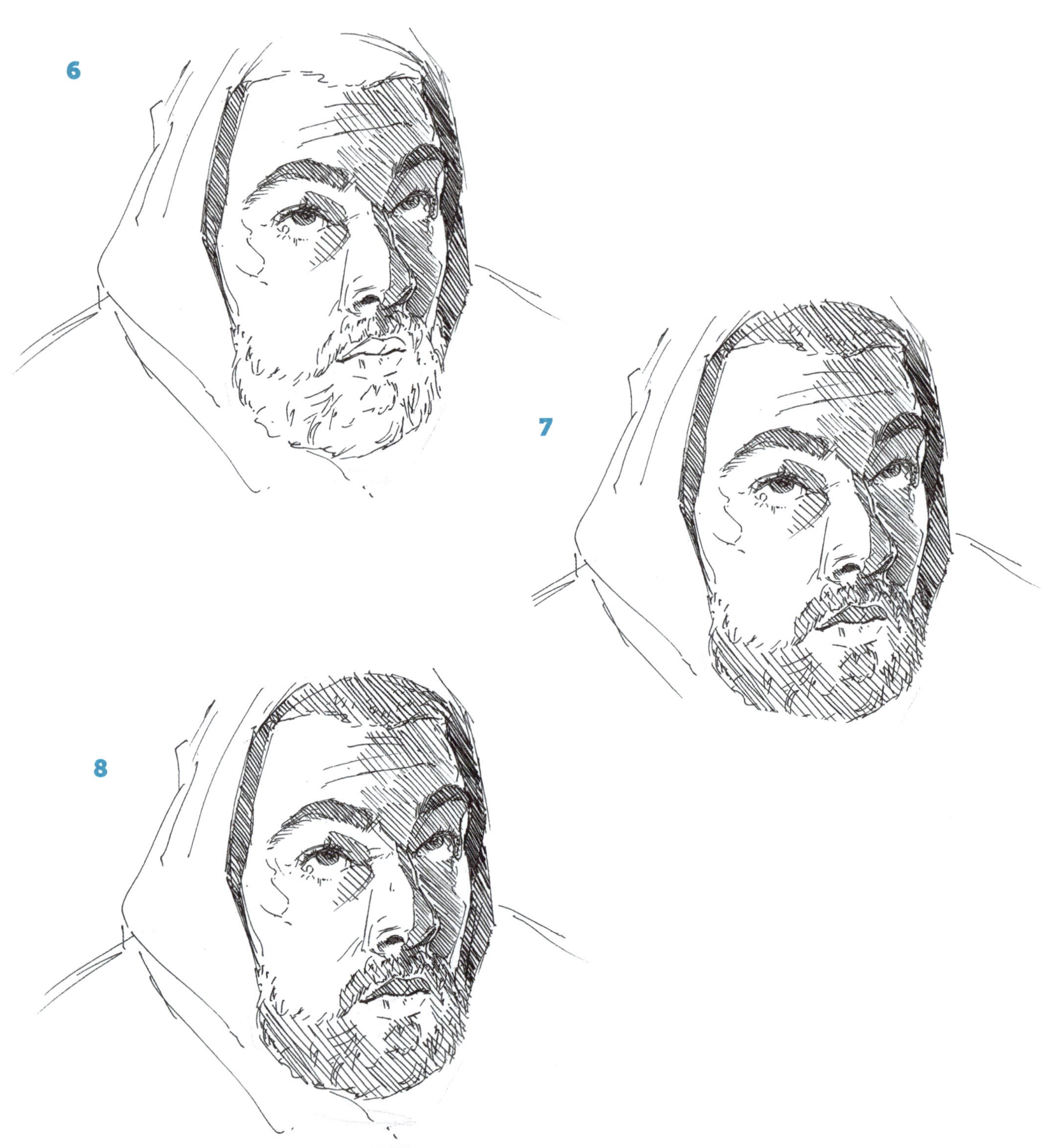
6
7
8

Porträtzeichnungen wirken oft interessanter, wenn der Blick ins Leere schweift. Diese Art der Darstellung kennen wir aus den Gemälden alter Meister.

Im folgenden Beispiel greifen wir die Zeichentechnik nochmals auf und zeigen dir, wie du Haare auf das Wesentliche reduzieren kannst.

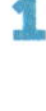

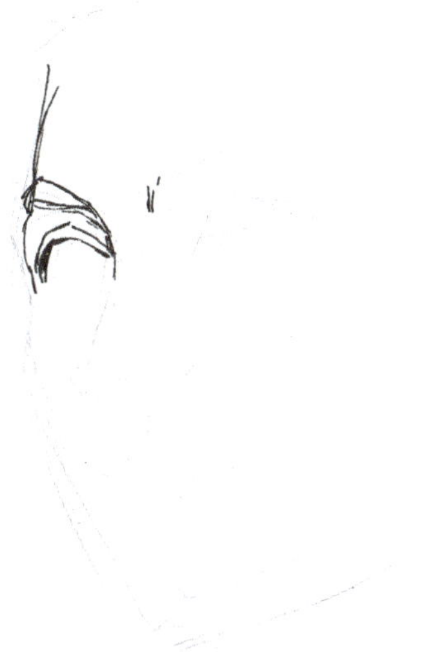

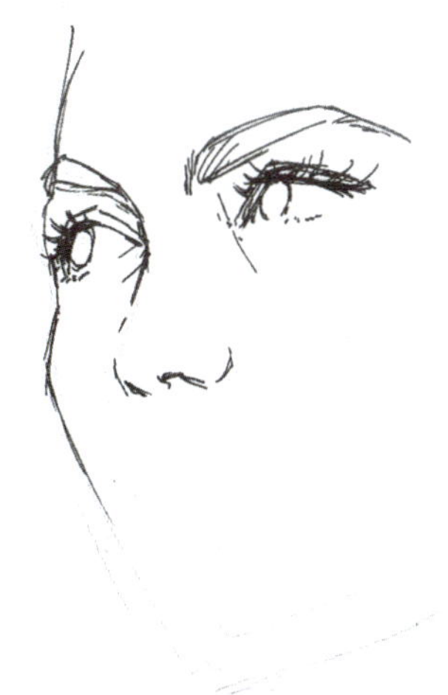

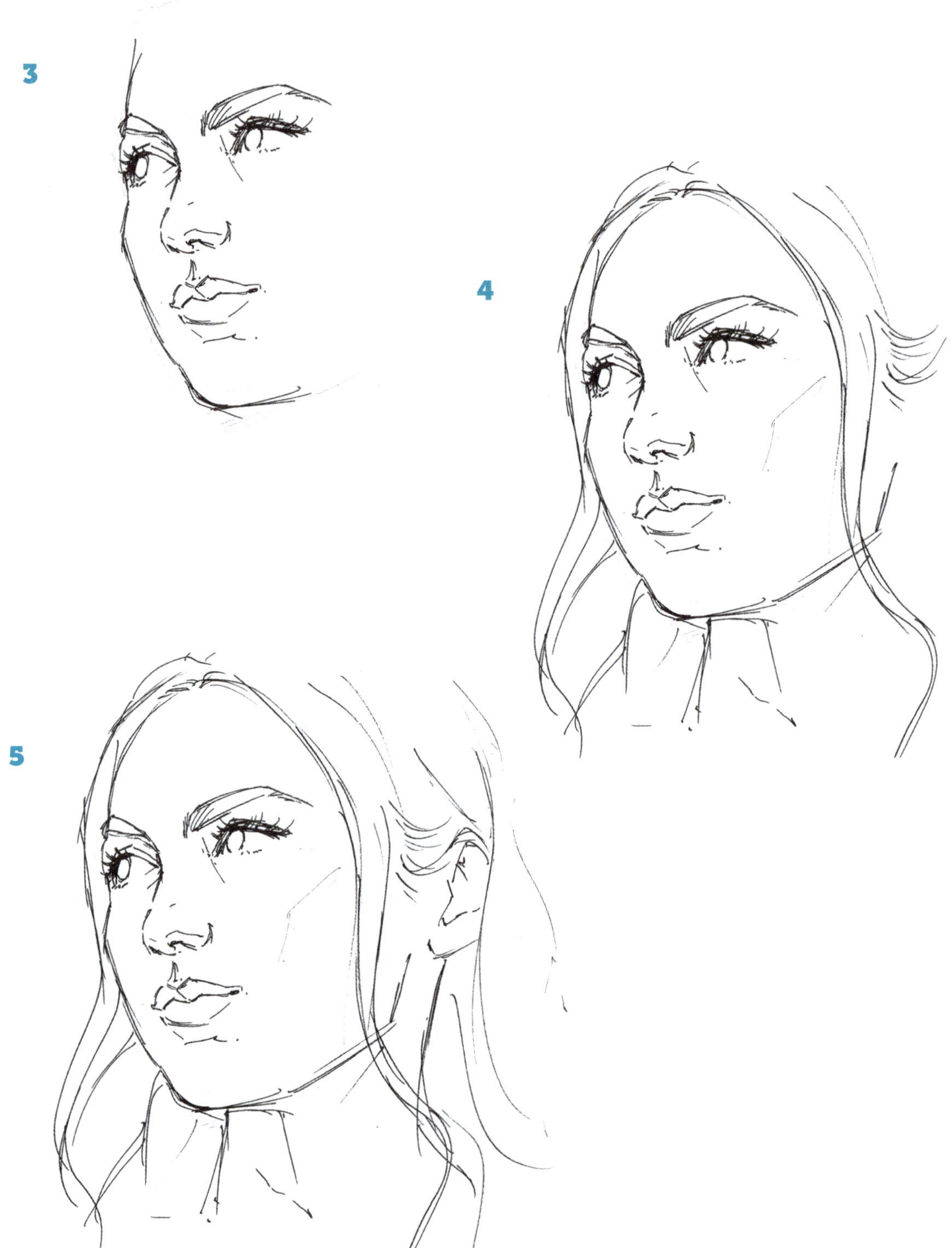
3
4
5

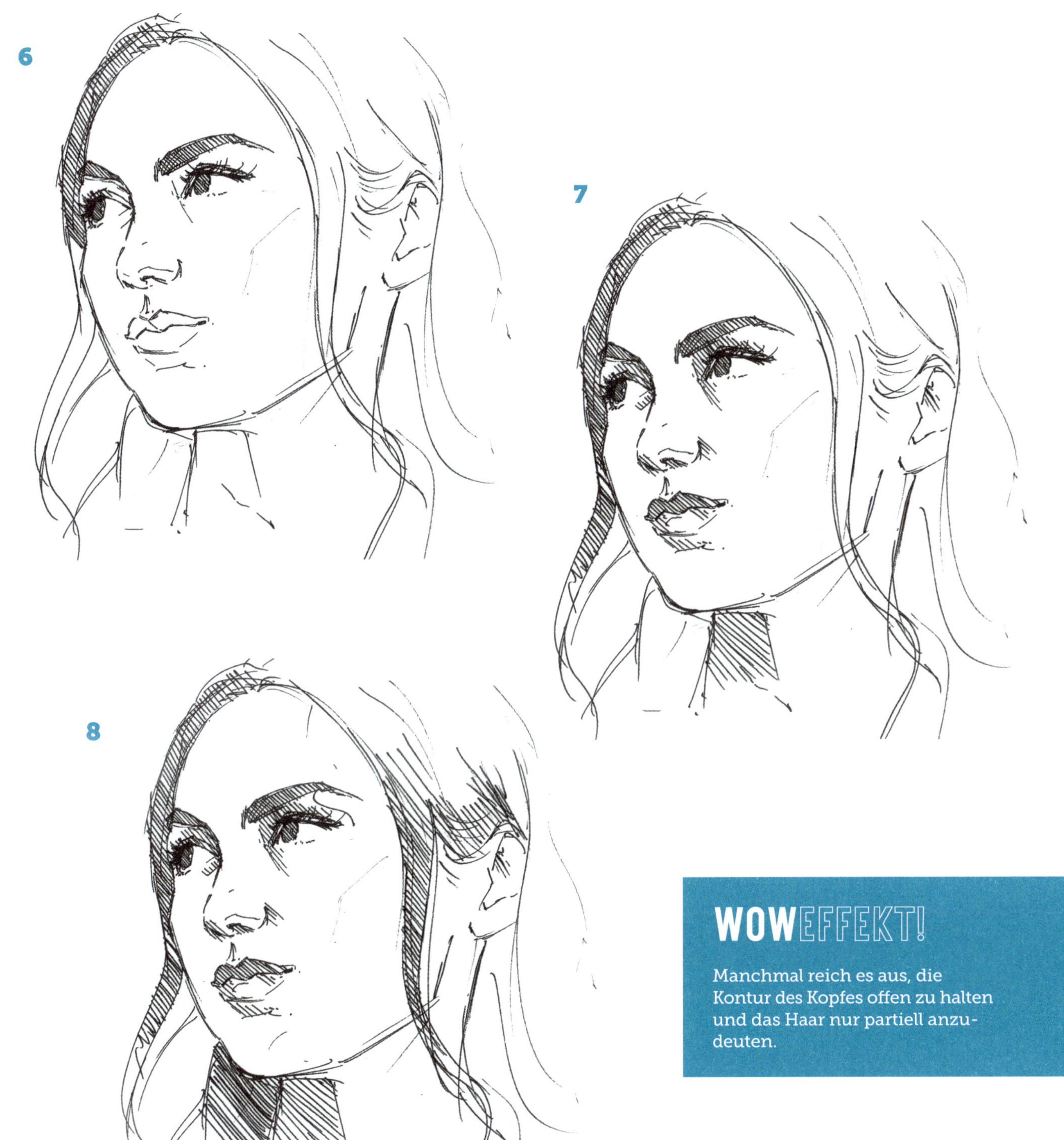

WOWEFFEKT!

Manchmal reich es aus, die Kontur des Kopfes offen zu halten und das Haar nur partiell anzudeuten.

FIGUR IN BEWEGUNG

Figürlich zeichnen ist das Eine, das Andere aber Figuren in Bewegung zu zeichnen. Eine gute Inspirationsquelle sind Comics. Hier findest du reichlich Beispiele, an denen du üben kannst. Aber auch sich selbst im Spiegel zu betrachten hilft sehr.

Um die Wirkung von Bewegung noch besser herauszustellen, solltest du mit unterbrochenen Linien arbeiten. Unterbrochene Linien sorgen unbewusst für Bewegung und Dynamik im Motiv.

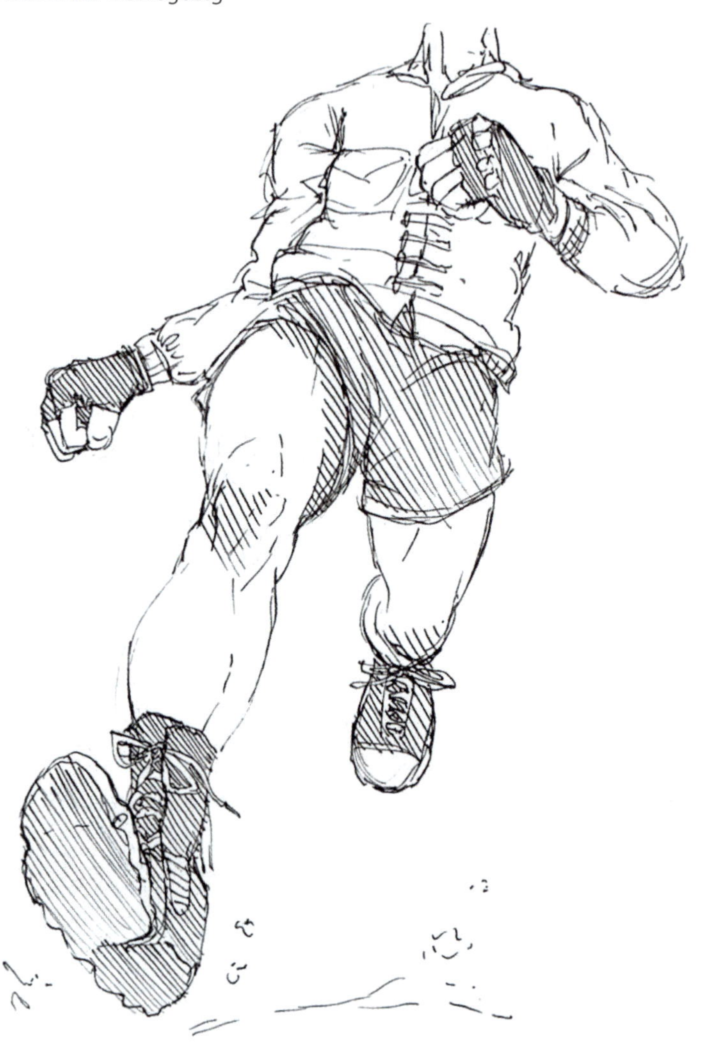

WOWEFFEKT!

Mit einem Schatten auf dem Boden, kannst du sehr einfach darstellen, dass die Figur ein Bein vom Boden abhebt.

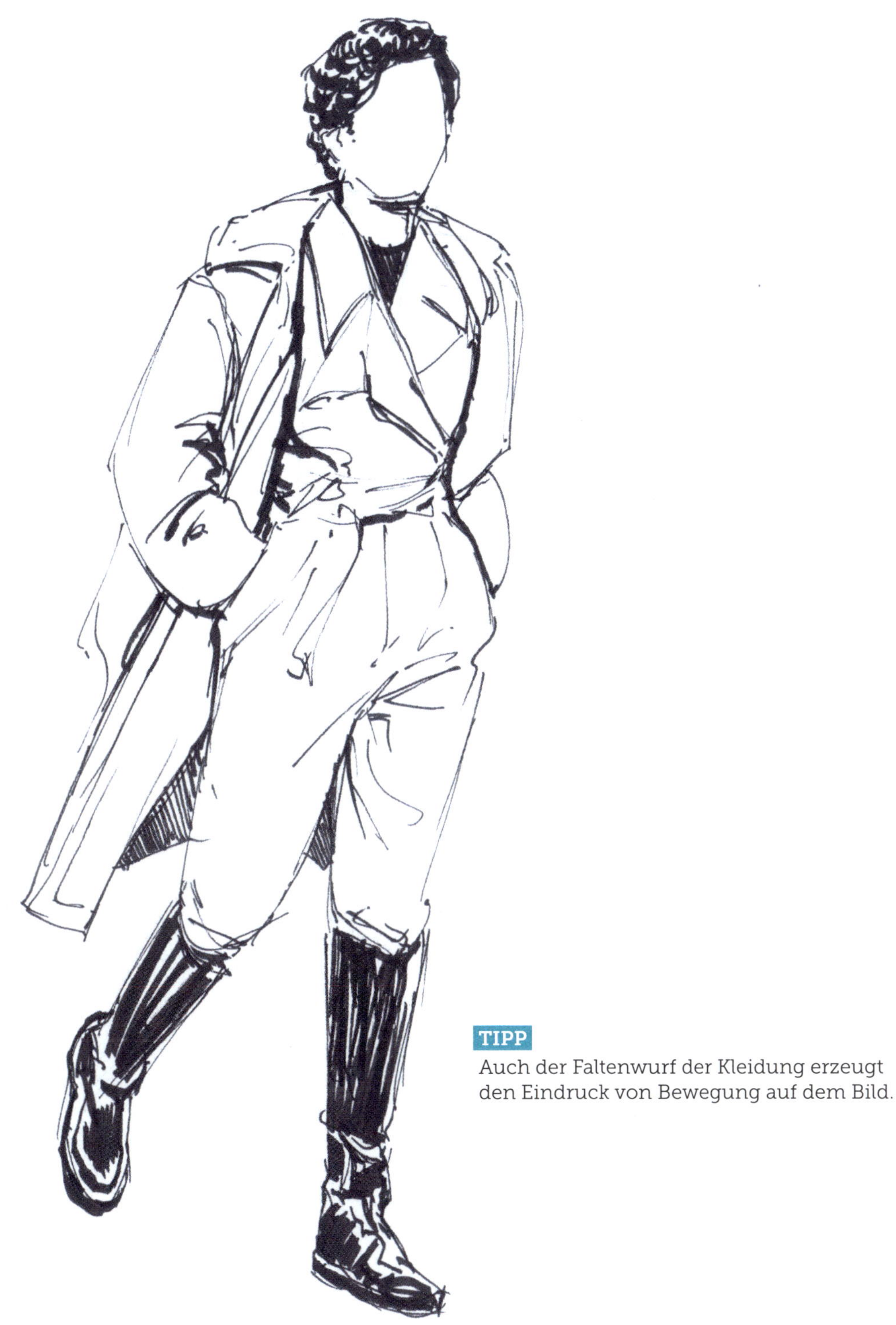

TIPP
Auch der Faltenwurf der Kleidung erzeugt den Eindruck von Bewegung auf dem Bild.

FIGUR IN PERSPEKTIVE

Menschen in Perspektive zu zeichnen bedarf dem Verständnis vom perspektivischen Zeichnen. Zeichne zunächst diverse Rechtecke in verschiedenen Perspektiven, um zu verstehen, wie sich die perspektivische Verkürzung auf den menschlichen Körper verhält.

Modelliere die Umrisse deiner Figur und taste dich bis zur endgültigen Form vor. Anschließend kannst du auf Details eingehen oder deine Zeichnung farbig ausarbeiten.

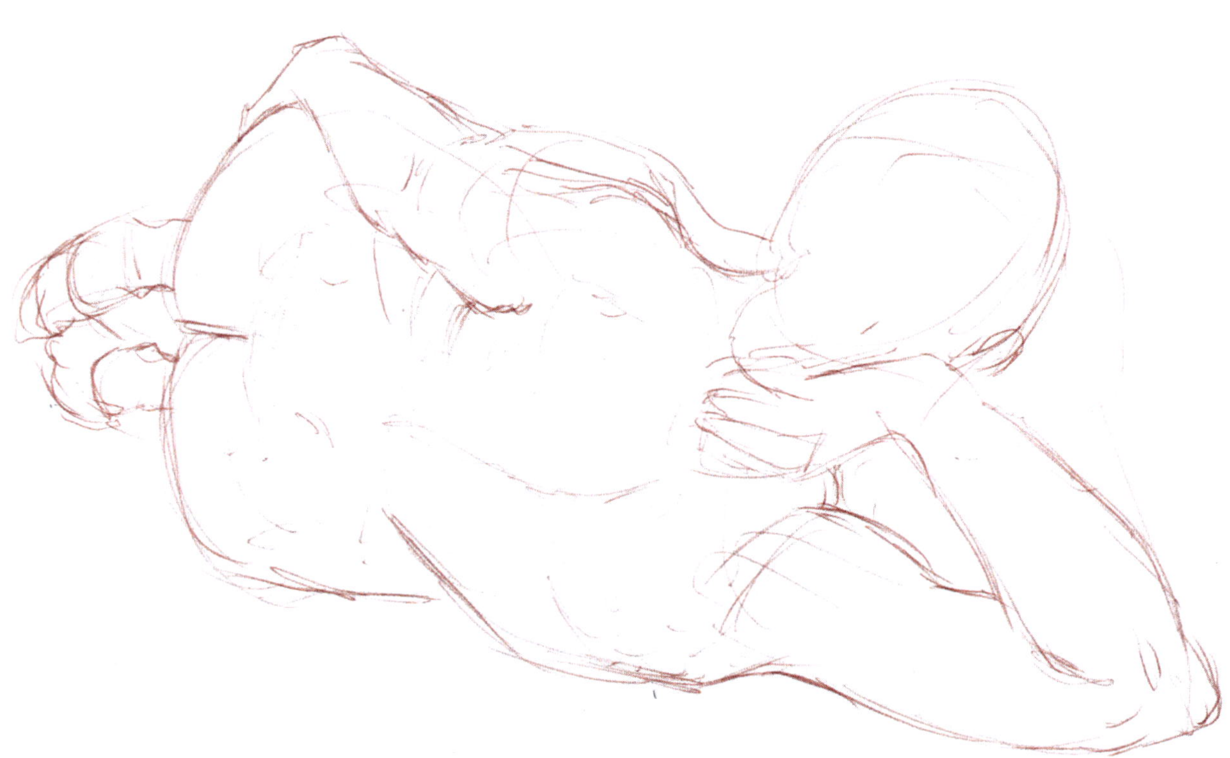

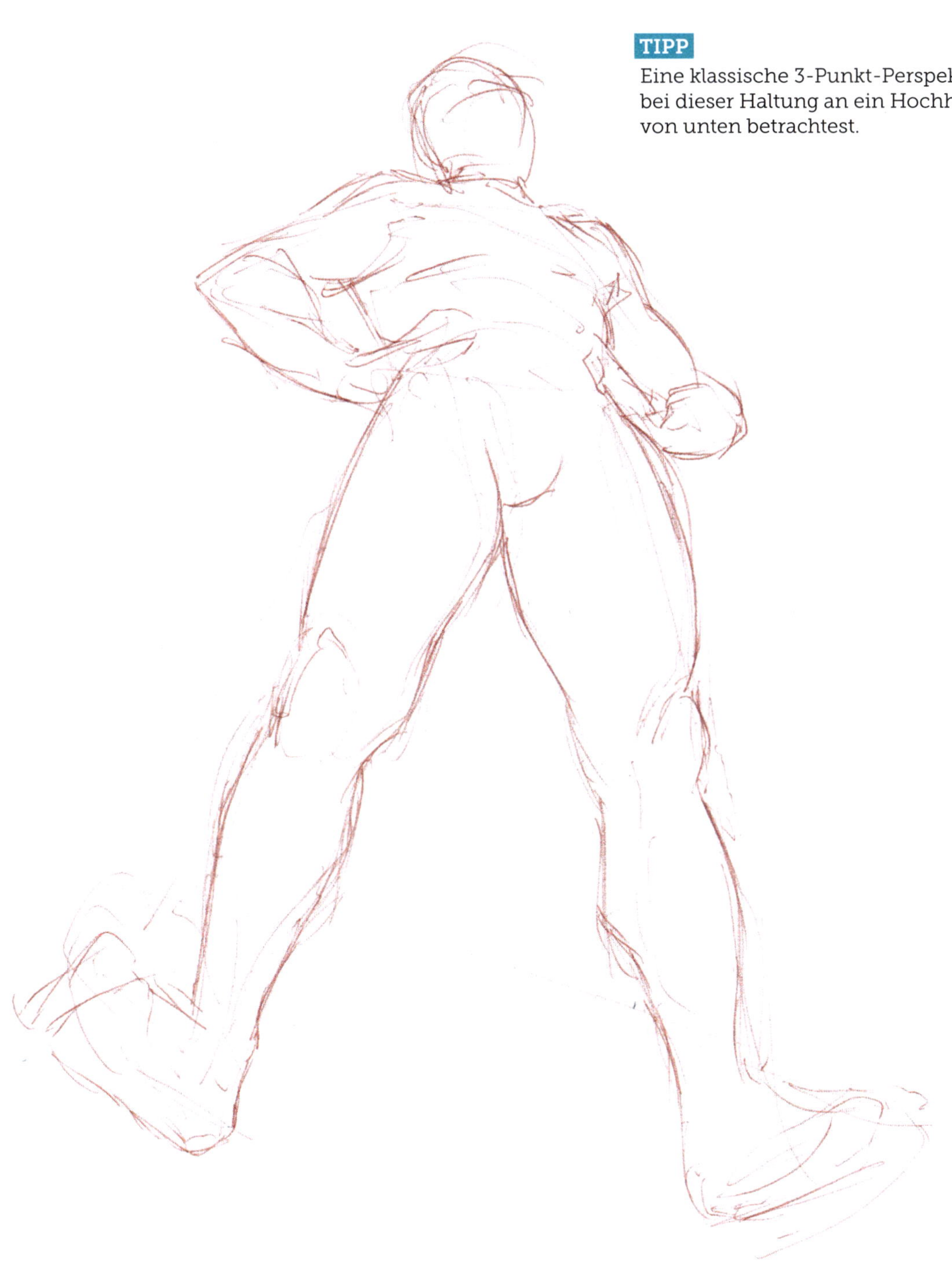

TIPP

Eine klassische 3-Punkt-Perspektive. Denke bei dieser Haltung an ein Hochhaus, das du von unten betrachtest.

MENSCHEN IN KLEIDUNG

Der wichtigste Aspekt beim Zeichnen von Stoffen und Kleidung sind die Falten. Kaum ein Kleidungsstück außer der Strumpfhose liegt exakt am Körper an. An den Knickstellen bilden sich Falten im Stoff. Denke auch an den Schatten, den die Falten werfen. Typische Stellen dafür sind Kragen, Schal oder ein Mantel, der offensteht.

Bei der Wahl der Zeichentechnik ist alles erlaubt. Wie wäre es mit einem Fineliner und Markern?

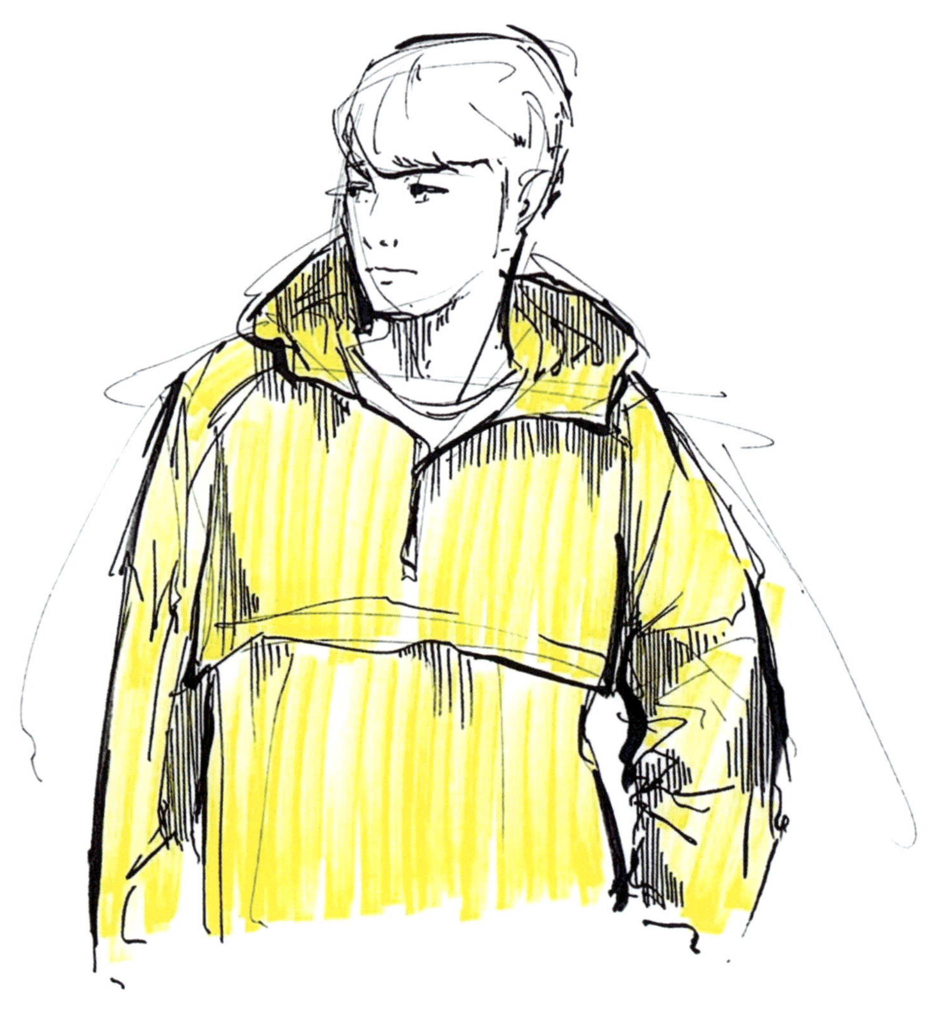

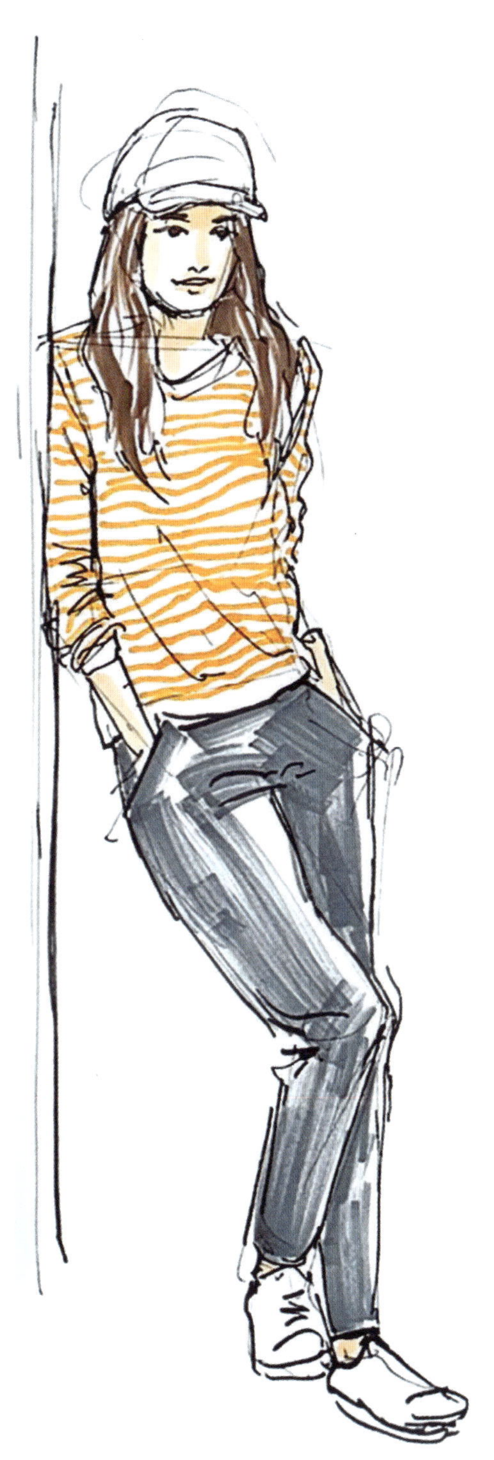

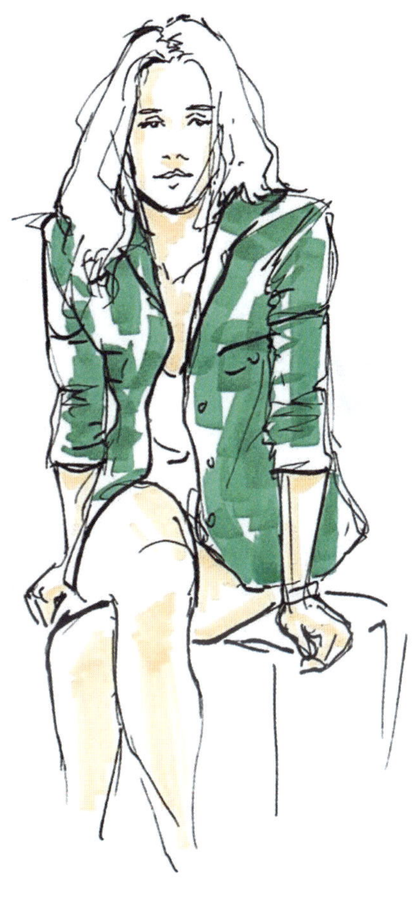

ZICKZACK

Achte auf die einfache Darstellung von Falten.

INSPIRATION

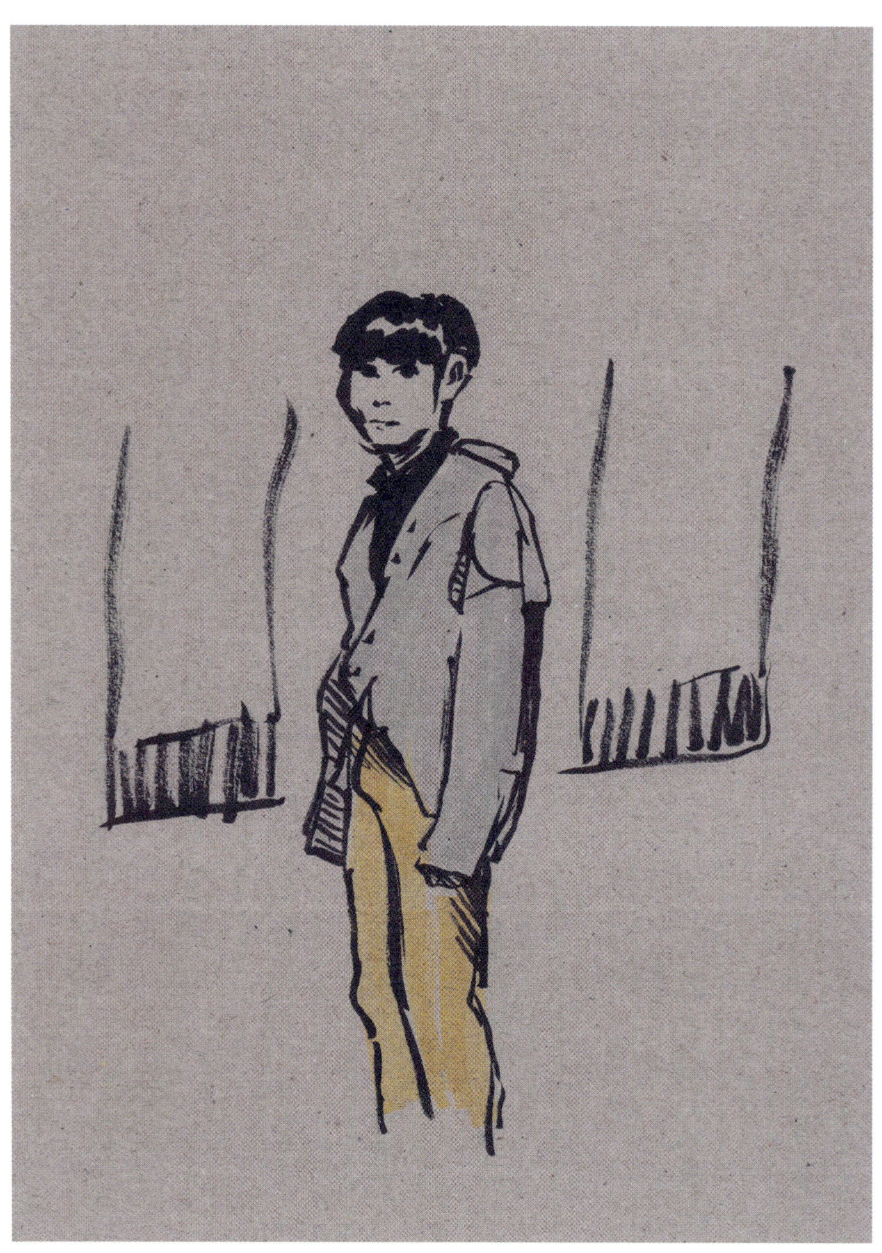

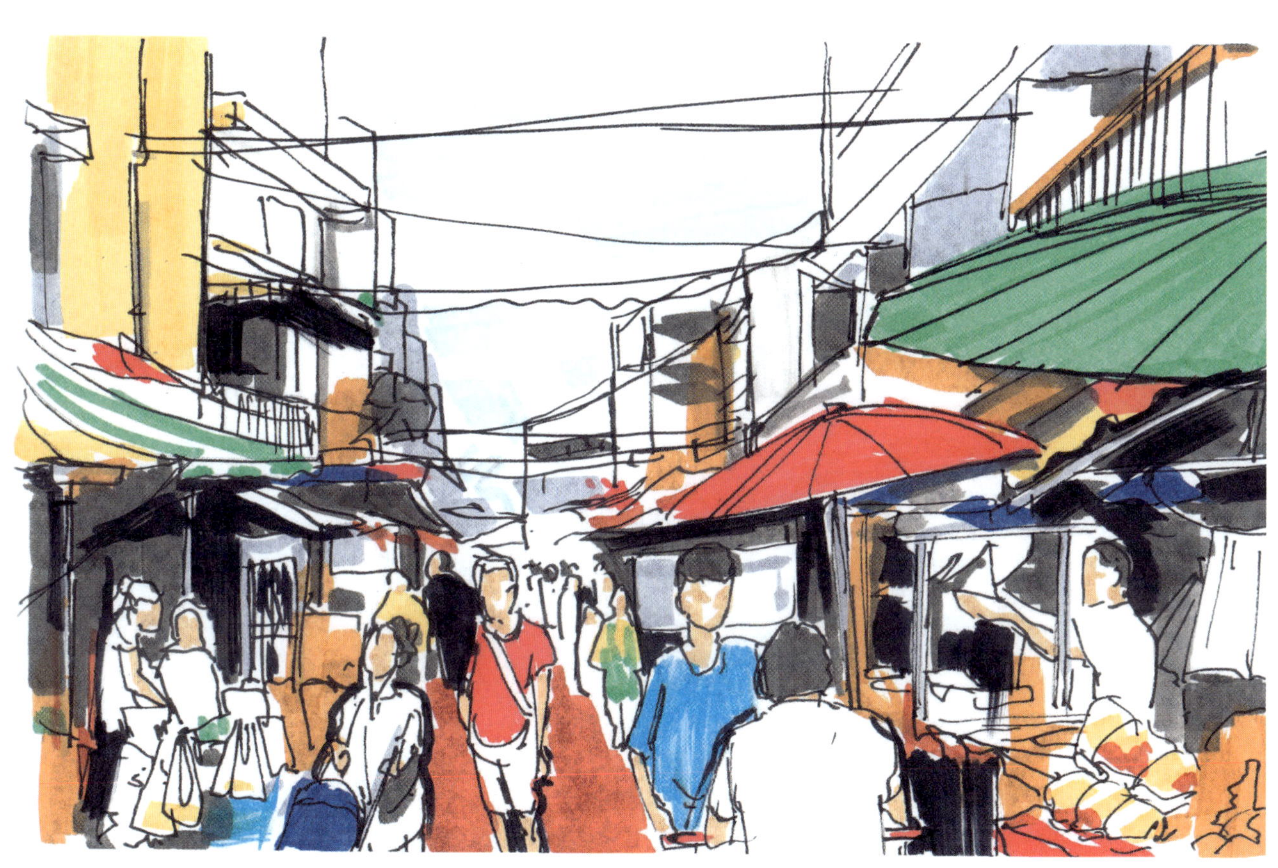

INSPIRATION

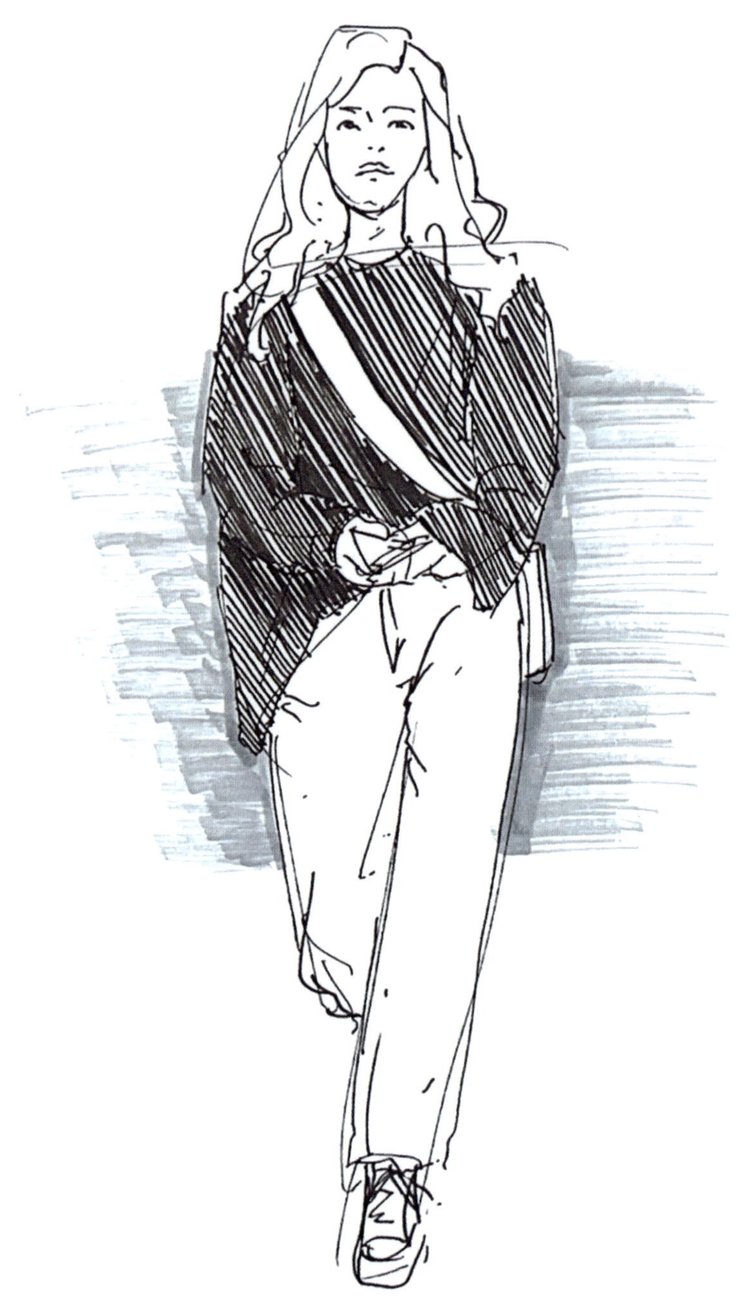

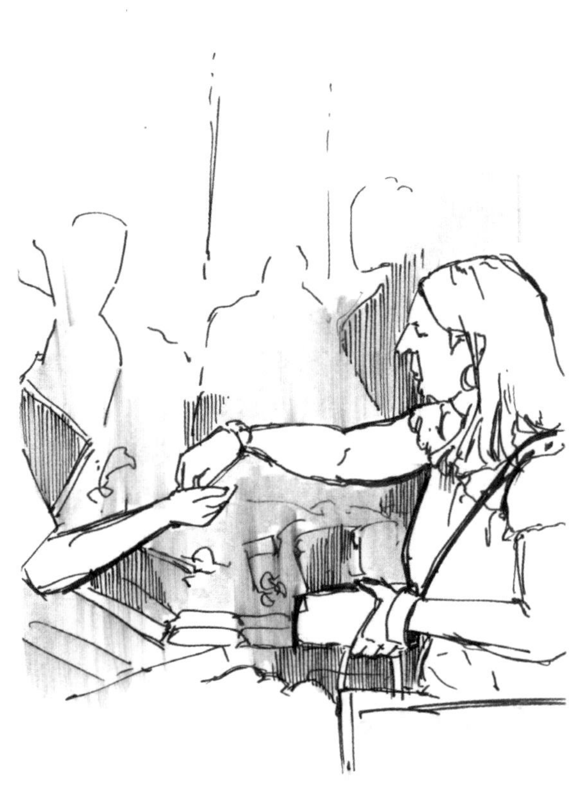

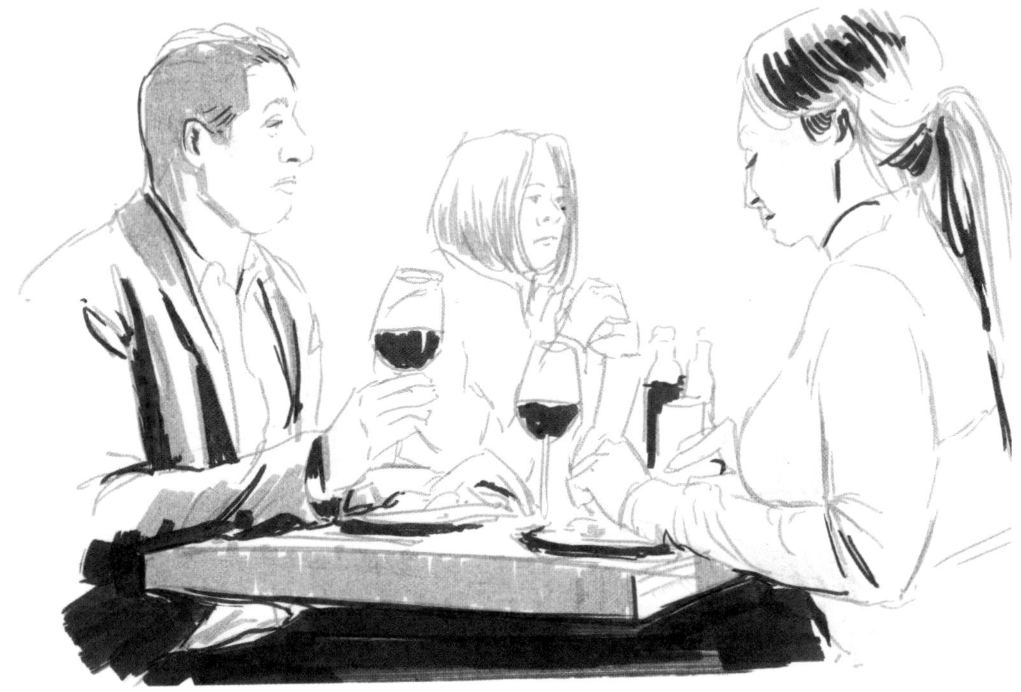

ZEICHENÜBUNG

Weniger ist mehr! Zeichne ein Porträt und verzichte dabei auf die Ausarbeitung der Haare.

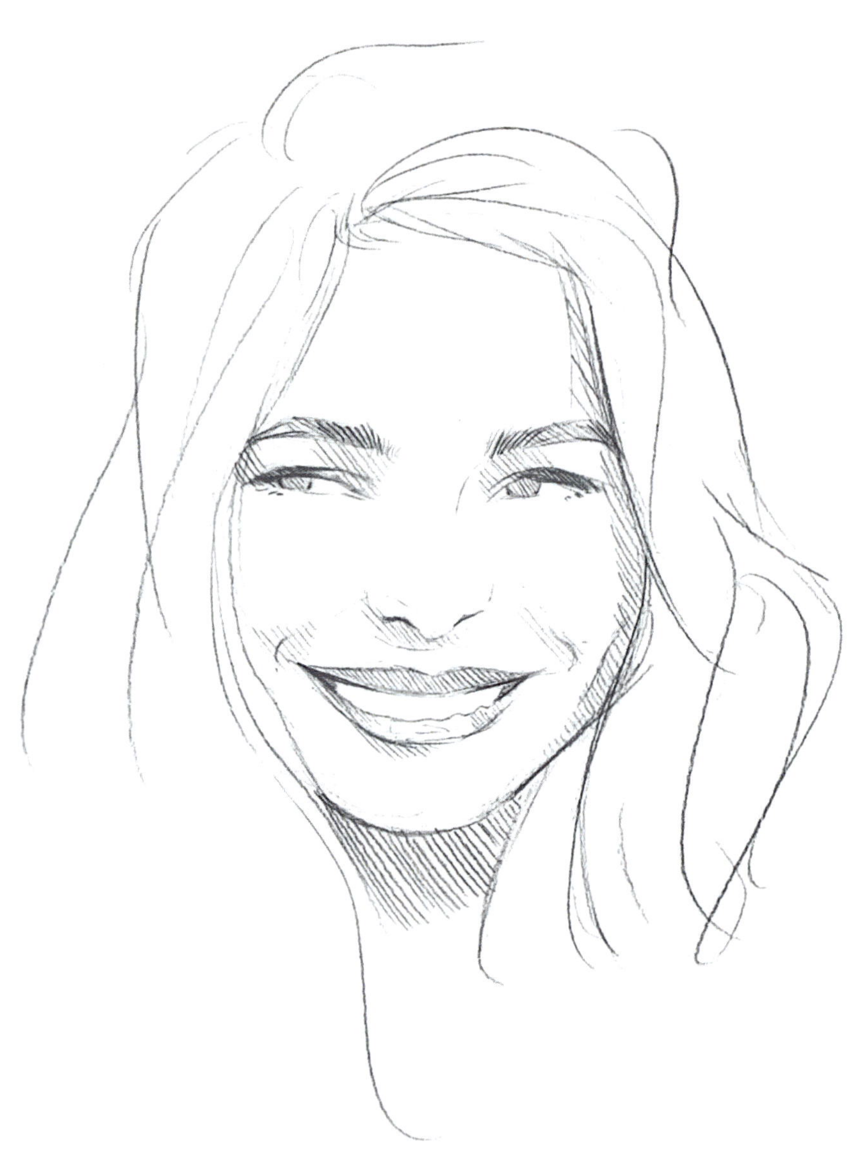

Los geht's!

DER **AUTOR**

ANDREAS M. **MODZELEWSKI**

Andreas M. Modzelewski ist Gründer und Leiter der Akademie Ruhr. Er verfügt über mehrjährige Berufs-/Agenturerfahrung als Creative Director in den Bereichen Print, Online- und Multimedia-Gestaltung sowie Lehrerfahrung an diversen Instituten, Hochschulen und Unternehmen.

Seine Kurse richten sich neben Berufs- und Studienanfängern auch an Firmen und Design-Teams aus ganz Deutschland, Österreich und der Schweiz. Seine umfassenden Erfahrungen und Kenntnisse als Diplom-Designer / Master in Design und ausgebildeter Bauzeichner eignen sich hervorragend dazu, die Fähigkeit des konstruierenden Zeichnens mit den Instrumenten der visuellen Kommunikation in Einklang zu bringen. Am meisten profitieren davon die Teilnehmer*innen seiner Mappenkurse, denen er und sein Team von Dozent*innen gerne ihr Wissen weitergeben.Der publizierte Autor ist neben seinen zahlreichen Seminaren für Verbände und Unternehmen, auch als Dozent an Universitäten tätig.

Fotografie: @ Philipp Kowalski

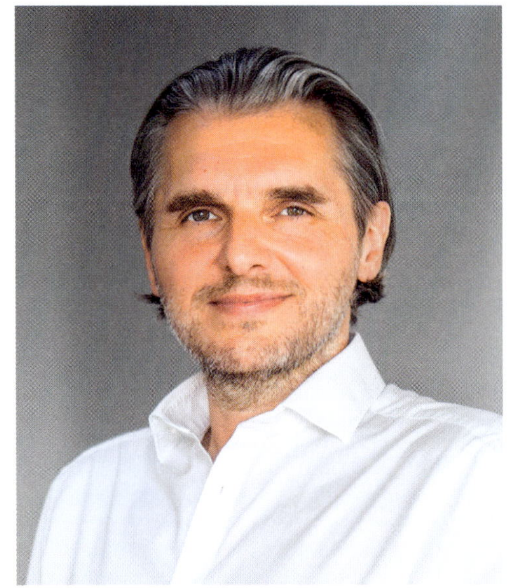

DANKSAGUNG

Die Idee zu diesem Buch entstand während der Beantwortung eurer Fragen und Anregungen zu unseren Zeichenvideos. Warum nicht alle täglichen Fragen in einem Buch beantworten?

So ein Buch schreibt sich natürlich nicht ohne mein Team. Johanna, ich danke dir für die tatkräftige zeichnerische Unterstützung. Du weißt, ich bin dein größter Fan und werde das vermutlich auch immer bleiben. Lieber Fabi, auch du bist mir im Akademie-Alltag oft ein Vorbild. Du hast immer alle Termine und Abgaben im Blick und ganz oft nebenbei noch einen Kurs- oder Workshopteilnehmer am Telefon. Diese Multitasking-Fähigkeit bleibt mir leider bis heute noch immer verborgen.

Ein ganz großer Dank gilt natürlich auch dir, Franzi. Ich danke dir, dass du meine Ideen wieder einmal so gelassen und tiefenentspannt umgesetzt hast. Es ist mir jedes Mal eine Freude mit dir zu arbeiten. Ohne euch, Silvia und Katharina, wäre auch dieses Buch optisch nicht so auf den Punkt gebracht. Vielen Dank für euer tolles Layout!

Für die letzten 13 Jahre voller Anregungen, Fragen und Kommentare in unseren Zeichenkursen und auf unseren Onlinekanälen möchte ich auch unseren Kurs- und Workshopteilnehmer*innen danken. Ihr seid der Grund für dieses Buch. Ein besonderes Dankeschön gilt vor allem Kaweco, dem kleinen aber feinen Familienunternehmen, das uns immer mit seinen wunderschönen Schreib- und Zeichengeräten ausstattet. Danke euch!

In diesem Buch habe ich mich besonders über die Zusammenarbeit mit Faber Castell gefreut. Mit eurem "Pitt Graphite Matt" werdet ihr die Zeichenwelt ein Stück weit revolutionieren. Ganz große Empfehlung an jeden, der gerne mit Bleistift skizziert.

Und natürlich: Danke an meine Freundin Paula, die mir bei all den Projekten jeden Tag mit viel Liebe und Unterstützung zur Seite steht.

Andreas M. Modzelewski

IMPRESSUM

Bibliografische Information der Deutschen Bibliothek.

Die Deutsche Bibliothek verzeichnet diese Publikation in der Deutschen Nationalbibliografie.

Detaillierte bibliografische Daten sind im Internet über http://www.dnb.de/ abrufbar.

EIN BUCH DER EDITION MICHAEL FISCHER

1. Auflage 2022

Covergestaltung: Katharina Bittel

Redaktion und Lektorat: Franziska Klorer

Layout: Katharina Bittel

ISBN 978-3-7459-0929-6

Gedruckt bei PNB Print SIA „Jansili“, Silakrogs, Ropazu novads, LV-2133, Lettland

www.emf-verlag.de